U0825748

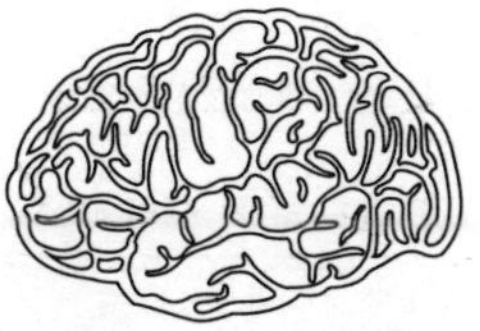

危机中的中国思考

下卷 / 中国未来何处去

夏斌 / 著

東方出版社

图书在版编目（CIP）数据

危机中的中国思考. 下 / 夏斌 著. —北京：东方出版社，2012. 9
ISBN 978-7-5060-5369-3

Ⅰ. ①危… Ⅱ. ①夏… Ⅲ. ①中国经济—研究 Ⅳ. ①F12

中国版本图书馆 CIP 数据核字（2012）第 219203 号

危机中的中国思考（下）：中国未来何处去
（WEIJIZHONG DE ZHONGGUO SIKAO XIA：ZHONGGUO WEILAI HECHUQU）

作　　者：夏　斌
责任编辑：孙秀丽
出　　版：东方出版社
发　　行：人民东方出版传媒有限公司
地　　址：北京市东城区朝阳门内大街 166 号
邮政编码：100706
印　　刷：北京市文林印务有限公司
版　　次：2012 年 12 月第 1 版
印　　次：2012 年 12 月第 1 次印刷
印　　数：1—8000 册
开　　本：710 毫米×1000 毫米　1/16
印　　张：22. 25
字　　数：320 千字
书　　号：ISBN 978-7-5060-5369-3
定　　价：56. 00 元
发行电话：（010）65210059　65210060　65210062　65210063

版权所有，违者必究　本书观点并不代表本社立场
如有印装质量问题，请拨打电话：（010）65210012

作者语

我在2003年给他人一书写序时曾说过：

“人们多称经济学是‘显学’，是人文科学的‘皇冠’。翻阅《汉语大词典》，显学是指著名的学说、学问。《韩非子·显学》所载：‘世之显学，儒、墨也。’古希腊的Philosophia（哲学）一词，意即爱智慧。马克思主义概括，哲学是关于世界观的学问，是自然科学、社会科学和人类思维的最高概括与总结。古人也称：‘知人则哲。’由此一系列看来，难道哲学不比经济学还‘显’？金融大鳄乔治·索罗斯在反省市场原教旨主义、现代经济学与经济社会的《开放社会——改革全球资本主义》一书‘导言’中，开宗明义说道，‘这是一本实践的哲学著作’，‘涵盖许多层面：哲学的和实践的，公共的和个人的’。看来，一个熟谙市场经济的索罗斯，欲透彻地解释经济社会，仍想求助于哲学的思考。还曾记得，一个世界级的经济学大师说过，经济学是一门不成熟的科学。所以我想，称经济学为显学的，肯定是出于经济学家或爱好经济学的学者口中、笔下，也许哲学家、史学家等只是不计较而已。”

同时又曾说：

"从事于经世济用之学的经济学者，基本可分三类：一是理论经济学者——专攻原创经济学。假定前提，数学推导，创新理论；二是政策经济学者——参考理论，根据脚下踩的国土现状，研制制度、政策；三是'飞机场式'的经济学者（保罗·克鲁格曼认为经济学作品大体分三类，即希腊书信式、动态报道式和飞机场式），其经济学作品多是用经济学最佳兜售者语言写成，此类书大多在飞机场销售（当然也包括宾馆、书亭）。这三类经济学者，社会都需要。恐怕在我们所处的伟大的、特殊的转轨时期，政策经济学者更为重要。因为我始终认为，体现经济学的学问，其基本规则是唯一的。我们这一代大多数经济学者的使命，恐怕多是研究如何逐步'转轨'、'过渡'，研制一定的制度、政策，使我们的经济和体制去最大限度地贴近、发挥唯一的'基本规则'功能。原创经济学者很重要，但那是凤毛麟角，规则不可能不断涌现，不断被人发现。飞机场式学者也重要，要让'显学'能经世、能济用，社会缺不了他们。然而，一个经济学者一般从事其中一项或两项，当然不乏三项兼而有之者也存在。但要视精力、阅历和相关知识了。"

今天，作为一个研究经济政策的经济学者，写一篇文章、作一次演讲，我更在乎以下三点：

第一，要会发现问题。即思想要敏锐，能见微知著，察于青萍之末，善于捕捉经济运行中的新矛盾、新问题。而且，在重大问题和矛盾的发现和思想、观点的形成中，重要的，不是在某一问题上，自己曾说过没有，说了多少，而是什么时候说的，是不是最先去发现，最先去说的。是独特的发现，独特的见解？还是鹦鹉学舌，或受人启发，再作补充延伸、详细描述？这至关重要。因为要做一个出色的政策研究者，必须善于发现新问题，学会洞察历史新趋势、新特征，在旁人还对一经济现象习以为常时，能及时、果断地提出现象背后的问题实质，这对需要前瞻性决策之人而言，是最大的福音。"世界上没有两片完全相同的叶子，人不能两次踏进同一条河流”,历史不会简单重复。因此作为学者,自然不应去说旁人已说过的观点(即使为了证明某一新的观点,要说,也要表明引了谁的观点,又为了想说明什么),嚼人家已嚼过的馒头,这既浪费自己的时间,也浪费他人的时间。

第二,要能准确判断。政策研究要真正经世济用,面对错综复杂的矛盾和问题,必须能透过现象抓实质,正确把握经济规律、经济大势,以及规律与大势所呈现的新特征。因为在不同时空下,由规律与大势所决定的新特征其表现的现象往往是不同的,不同的学者出于不同的视角可以有不同的简单的或复杂的情景描述。但对决策者而言,至关重要的,是要了解矛盾与问题的实质,不需要一般的描述。因此作为研究者能否以三言两语,作出准确无误、简洁明了甚至接近大白话的判断,这是命穴。啰里啰唆、模棱两可、故弄玄虚的判断,是不被人欢迎的。其实,世上任何一门学问都可以作出近似“大道至简”的结论。若“道”不能“简”,只是你的理解问题。言简意赅,写短文,说短话,远比洋洋大言要难,因这要有深邃的洞察力、扎实的文字功底。当然,为了作出一判断,阐述一观点,需不需要稍复杂的推理、实证过程,又需视当时决策者的知识功底与眼力而定。政策研究切忌长篇说理、教育人式的文字。

第三,要具操作性。政策研究不是理论范式的研究或熊彼特所说的经济分析方法的研究。自然,在发现问题、作出判断后的第三步,要能提出可具操作的政策或制度建议。因为政策研究要回答的:不仅是“应该怎么办”,而主要是“具体怎么办”。要“有破”,还要“有立”。不是光批评现行政策,而是要能提出新的建设性意见。所谓建设性意见,自然其潜台词或者前提是,你先要了解现行的实际运行是如何的?矛盾症结及细节又在哪里?否则的话,所提建议往往被实际操作部门人士所嘲笑为“隔靴搔痒”,“不生孩子不知肚子疼”,“不当家不知柴米贵”。但要真能做到这点,必须要有曾经的实践,或者深入实践的调研。舍此是难以做好政策研究的,至多是经济现象解释、理论推理(严格讲,出色的理论成果最终还是来自于实践)。

自认为,经济政策研究如能做到上述三点,其思想、其观点,就能从一国经济的发展、政策制度的历史演变中找到"影子",就能见证历史,影响历史。这是政策研究者的使命。这使我想起20世纪80年代中期,一位美国经济学家曾说的一句话,他们所关注与推崇的中国经济学家,不是把美国的西方经济学知识介绍到中国来的人,而是从中国改革开放历史中能找到他的思想"影子"的人,因为前者只是教授。这句话曾默默影响着我搞政策研究工作,也一直是我努力方向中所注意的。尽管自己离这个要求差距还很远很远,但起码在认识上,头脑还是清楚的。

本书汇编了自己在美国2008年金融危机前后几年的研究文章、演讲稿、与海外官员学者的对话、答记者问、报告以及"微博摘录",分上下两卷。绝大多数已公开,有的未公开过。这些文稿的特点:第一,主要是围绕美国危机的主题进行思考,即对中国与外部经济、对外国际收支平衡所涉及的国内经济、货币政策、相关的改革开放措施,包括金融监管等进行的思考。但并不包括金融改革与开放的全部政策内容,因后者的范围更广,包括对各类金融机构的监管、金融市场建设的具体建设问题等,也尽可能不包括货币政策运行中的短期分析和技术细节等。第二,文稿有长有短,参差不齐。因为有的是内部研究报告,字数要求很严,仅限两千字左右,微博则更短。所以读者会发现,有些文稿仅是指出问题、作出判断、提出建议,或者有的几乎就是数条干瘪瘪的建议和仅是提出发问。之所以如此,因为写一文稿的语境、当时听者或读者对正讨论问题的判断,往往已"路人皆知",故无需赘言了。第三,忠实原意。编此书时,仅对原文稿的个别标点符号做了纠正,对前后文章思想、观点重复较多的地方,作了删减或省略。除此之外,基本未动。特别是对思想、观点、政策建议均保持原貌。"丑媳妇不怕见公婆。"今天看来,也许有些思想、观点未必全面,自己也不满意,或者有的甚至是错的,已直接、间接影响了历史的,也未作修改。因为历史是无法修改的。人的认知水平永远有局限。一个人的思想、观点不可能是一成不变，也不可能是永远正确的。留这些在书中，也许对后人研究中国经济政策史的人会有兴趣。为此，全书对每一篇文章、演讲、报告等的编辑，按时间顺序排列，并一一注明了刊载的媒体或公开的出处，以便查证。

另外，本书收入了我在2009年纪念中国改革开放30周年期间撰写的《30年伟大实践的理论——关于建立渐进改革有效理论框架的认识》一文。这是一篇纯理论探索的文章，尽管与美国金融危机、宏观经济政策没有直接关系，但该文体现的认识、思想方法，应该说始终影响着我日常的政策研究，故特收入本书。

在此书编辑过程中，要特别感谢国务院发展研究中心刘煊女士、薄岩女士及萨日娜女士，她们在书稿的电子编辑中付出了辛勤的劳动。要特别感谢东方出版社的陈涛先生、孙秀丽女士，对本书的编辑提出的不少好建议及付出的辛苦。

2012年8月

目录

（下　卷）

危机后中国企业奔向哪里？[①]

（2009 年 8 月 28 日）

我们知道，本世纪初到 2008 年初，全球经济持续多年的高增长以美国金融危机为标志，出现了重大的转折。这场危机的根本原因，在西方主流经济学家眼中，原因很多很多。什么华尔街的贪婪、监管不力、高杠杆率等，我都不以为然。我认为这些原因固然重要，但这是技术性的、第二层次的。这场危机的根本原因，是在这轮经济全球化中，美国政府错判了形势，在积极推动全球化的过程中，宏观决策失误，拼命扩张信用，刺激房地产市场泡沫，扩大消费，促进经济的高增长。这从美国政府主观角度来讲是政策失误。美国政策失误能犯这么大的事，英国、德国、欧洲央行、中国宏观政策失误能犯这么大的事吗？不可能。说明这场危机背后还有深刻的制度原因。那就是世界的国际货币制度有问题。以美元为主导的国际货币体系有问题。美国正是利用了这样的制度，但主观上判断失误，客观上拼命发美元，才造成了这么大的事。

---

① 此文根据作者在 2009 年 8 月 28 日《英才》杂志主办的“北京 2009（第三届）贡献中国高峰会”上的发言整理。

今天美国危机了，这意味着什么？我曾在多次场合说，当危机爆发的2007年，小布什总统曾经批评，“华尔街喝醉了”，我补充小布什的话，“华尔街喝醉了，酒是谁送的”？相当部分是中国送的。现在华尔街不“喝”了，我们就要自己“喝”，就需要扩大内需、扩大消费。原来华尔街喝的是“XO”，我们中国人一般不喝这个“酒”。北京人喝“二锅头”、南方人喝“花雕”，那么我们就需要进行产业、产品结构调整。整个世界经济近七八年就是这样的发展路径，很简单。

因此，在目前情况下世界经济两大“发动机”，一个是美国，一个是中国，都面临着重大的结构调整。美国可能比中国更加困难。奥巴马正在推动医疗保险改革，美国一议员说，美国出现了自他从政以来从没出现过的国内老百姓情绪的对立，有的甚至把奥巴马画成希特勒画像，说他是反白人的民族主义者。而且，美国白宫前两天刚刚宣布，今后的10年财政赤字要达到9万亿美元。所以，美国在推进医疗保险改革的同时，又要加快结构调整，刺激经济，无非是要多一点出口、多一点投资，不能再像以前那样，把资源更多地放在搞金融、搞服务上。其结果会怎么样？必然会出现美元贬值。因此，美国的经济未来形势存在很多的不确定。

中国也必须要结构调整。现在大家都在讲结构调整，媒体也在宣传结构调整，我认为这里面可能要搞清楚几个关系。

中国经济目前复苏了，但是谁都认识到经济长期可持续增长的基础不扎实、不牢固，都在说，那么背后大家的潜台词是不是都一样呢？未必。

最近国务院刚刚开会，是关于钢铁、水泥、多晶硅等方面的投入，怕产能过剩，正在进行结构调整。这个结构调整，讲的是投资问题，要防止这些不该上的行业和企业产生更多的环保、资源问题，或者说产生更多的不良贷款压力问题。

有的也在讲地区结构、城乡结构，这个结构问题更多谈的还是投资的分配问题，当然也涉及一定消费总量下的分配问题、增长的潜力和社会的结构稳定问题。

有的也在谈收入分配结构问题，要解决的是社会稳定问题，涉及的是消费问题。但我们知道,收入分配结构并不是解决消费政策的全部。要推出很好的促进经济可持续增长的消费政策,大家知道不仅仅是收入分配问题。反过来说,收入分配的结构问题,不是刺激消费的全部。因为,扩大消费涉及很多政策问题,包括扩大民营投资问题,包括国有股减持问题。

所以,我们都在说中国经济可持续增长的基础不扎实,要解决结构问题,但潜台词并不一样。当前什么是主要的结构?是"高储蓄、低消费"的结构失衡,这是中国经济当前主要的结构问题。这个结构问题集中体现反映了上面各种各样的结构问题。与此同时,这个结构问题讲的是宏观经济变量间的失衡问题、地区结构问题、企业产品结构问题,是经济中的问题,但不是宏观经济变量结构出现的问题。所以,中国经济下一步要走好,必须要提高消费。

危机后美国经济结构正处于大调整,我们中国巨大的制造能力、巨大的产能怎么办?如何提高消费?我主要讲三点:

第一,能出口的尽可能保出口,增加出口。我们现在是投资、消费、净出口三大比例有点失衡。这是当今世界经济格局的反映,当然也是我们要致力于调整的方向。但是,从世界经济的历史看、从长远看、从中国的崛起看,我们现在的净出口在三大比例中间是需要相对调整,但并不意味绝对量需要减少。中国在崛起、中国在赶超,"中国制造"的绝对量还要大大增加。中国出口今年可能是世界第一。现在是三大比例失调,需要调整。但是我们必须清楚,我国出口占全球出口的比例还不过是7%、8%左右,在2007年是7%左右。而英国经济在它的顶峰时期,1870年英国出口占全球出口的比例达到18.9%,快20%了。美国在它的顶峰时期,1950年美国出口占全球出口的比例曾经高达16.8%。也就是说,现在我们的投资、消费、净出口比例不平衡,是有问题,但是从中国崛起、中国制造在世界的位置来说,与英、美历史顶峰时期相比,我们还差得远。

第二,从大趋势看,今后的10年、20年,"金砖四国"、亚洲经济将进一步保持快速增长,世界经济的重心在向东移。我们企业的制造、物流、销售、产品设计,包括在全球的兼并,要未雨绸缪,要抓紧时间,顺应世界经济发展的潮流，向东移。向东盟、亚洲移，向非洲、拉美国家移。企业家的眼睛不要光盯着美国、欧盟和日本。这些国家需要盯，但是在全球经济格局变化的情况下，我们要未雨绸缪，先走一步。

第三，我相信我在去年危机刚爆发时说的话，即美国的金融危机对中国来说，是坏事，同时又是好事，给中国带来了两大机遇。因为全球经济失衡，因为各个国家的原有经济结构走不下去，必须要结构调整。眼前看，中国政府也困难重重，在抓紧结构调整。但是，我相信过5年、8年以后，两大机遇之一，就是中国会逐渐成为消费大国的机遇。

现在我们正在很痛苦地调整，3年、5年以后，居民的消费能力将比今天有快速的增长。因此，中国的企业界，要睁大眼睛，当好中国大消费市场的“好猎手”。面对不断变化的中国消费群体，要研究、借鉴发达国家居民消费是怎么走过来的？在走过来的过程中间，他们的消费兴趣是什么？为此，我认为，在这方面，我们的企业家可以从五个方面考虑。

一是开发新产品，加快消费品的升级换代，包括高档休闲和奢侈品消费。

二是顺应节能环保的大趋势，创新各种节能环保的消费品，占领未来几十年消费品竞争力的制高点。

三是细心研究中国农村大市场和准备不断进城的几亿农民工吃、穿、住、行的消费特点，抓住中国大众化的基础性消费品的开发。

四是围绕主消费内容，如住房、汽车等，仔细观察、细心研究主消费的衍生消费。在这方面，企业家比我精通多了。比如说，家庭装饰品、日常用品、汽车上的导向图，以及配套的郊游用品等。

五是配合中国人均收入水平在不断提高和中国老龄化的趋势，不断地创新和开发新的消费内容，就是有些老百姓现在没有想到的消费内容，比如说休闲、医疗养生、老人护理、儿童智力开发、不同内容的家政服务等。

我相信，中国企业界只要顺应全球的潮流，抓住全球结构调整的机会，抓住中国大消费市场崛起的机会，开动脑筋，埋头苦干，中国企业界头顶上的光环，不仅仅是“中国制造”的光环，而应该产生更多的“中国服务”的光环、“世界办公室”的光环、“中国市场开拓者”的光环。

中美经济学家颐和园话危机[1]

（2009 年 8 月 29 日）

讲三点评论。

第一，关于危机的根本原因。应该通过我们的讨论，让美国经济学家了解，这场危机的主要原因，不是所谓金融监管的那些技术问题。有监管技术和微观的原因，但不是主要的原因。如果说是主要原因的话，大家可以想一下，如果中国的金融监管出事了，欧盟的金融监管出事了，是否也一定会酿成全球这么大的危机？不可能！说明监管技术是主要原因从逻辑上讲不通。我认为主要原因一是美国政府的宏观政策失误，一边在积极推动全球化，一边对这轮全球化没有做好思想准备，不断扩大信用，运用金融杠杆，不断降低利率，最后弄巧成拙了。二是它拼命扩大信用能够造成危机，中国、欧盟、日本等如果扩大信用能造成全球这么大的全球性危机吗？造不成。又为什么，很简单，就是以美元为主导的国际货币制度可以为美国所利用。所以，这场危机的实质性原因，一个是美国政府宏观政策失误，一个是美元主导的国

---

① 此文根据作者在 2009 年 8 月 29 日“中国经济 50 人论坛”举办的“中美经济学家颐和园论坛”上的讨论发言整理。

际货币制度有问题，被失误的宏观政策所利用。

第二，关于国际货币体系的改革问题。我很愿意通过余永定教授，转告联合国货币体系改革小组负责人斯蒂格利茨教授，关于国际货币体系的改革，没有美国政府的积极推动和参与，就不要抱有太大希望。当然经济学家的来回讨论，无可置疑，也有可能推动国际货币体系中间的某些细节改动，但是从根本上要解决当今世界货币体系的不稳定，刚才余永定说的几个问题是不容易解决的。而我们能够做的，能不能像刚才一位美国专家建议中国搞节能减排、低碳经济的思路一样，能不能从一点一点做起，从眼前做起。比方说，最主要的，就是让制定国际货币体系游戏规则的程序稍微改一点点，也就是美国17%的份额权能不能稍微缩减一点？一点一点来。美国应该从长远的国际经济持续稳定角度出发，要有个姿态。我相信中国政府在低碳经济问题上，肯定会从全球的角度，从双方协商的角度，会有姿态。那么，在国际货币体系问题上，美国政府也应该像对低碳经济那样的态度一样，一点一点，从眼前做起，这是我的第二点评论。也就是说，国际货币体系的实质改革不可能，不要抱太大希望。为什么？我今天就不展开说，因为时间不允许。

第三，关于复苏中的结构调整问题。中美是两个很重要的国家，但美国的财政和中国的财政根本不能相比，窟窿很大。我认为中国的结构不平衡问题相对好解决，也有条件解决，关键是政府的决策，取决于决策的决心和决策的时机，这是我的基本判断，不展开说。

从美国角度说，我认为美国比较难。当前美国社会两大问题，一个是经济问题，一个是奥巴马总统自己说的，是从执政以来最艰难的问题，它不是经济问题，是医保改革问题。目前美国国内整个国民情绪非常对立，有的已经打出了把奥巴马画成希特勒那样的画像，有的批评他是反白人的种族主义者。奥巴马也下定决心准备以不连任总统为代价来解决这个问题。所以，现在美国的问题很复杂。要解决这些问题，美国白宫已公布，10 年内要 9 万亿美元的赤字，这是美国建国以来最高的赤字规模。在经济问题加上医保问题的背景下，我认为美国主流政策经济学家，咱不谈学院派的，应帮助美国政府出好点子。

这届政府要员中，听说已从布鲁津斯基金里一下子出了30多人。决定目前这样一个预算，意味着什么？将来的风险是什么？中国经济将来的风险是增长下滑的风险。美国的风险不仅仅是这个问题。因为定这么大的赤字预算，我相信美国官方经济学家和政策智囊，潜在的思考是想先渡过目前的难关，完了以后还是想恢复历史上的经验做法，先贬值，然后再升值，通过资本市场融资。

在此，我需要与美国政策经济学家讨论的是，应该对今后5年、今后10年世界资本市场格局会出现什么变化，有新的思考。不要简单按照历史上曾经成功的做法来规划今后的预算。如果这么做的话，我认为很危险。因为在这样的战略引导下，有可能把美国这个经济上、军事上的霸权国家，引向更快下滑的方向。我的潜台词是，对其他国家在这轮金融危机之后，对世界资本市场格局的看法，对“去美元化”的倾向，美国经济学家不能不重视。也就是说，从长期看，你再升值时，是不是全球的资金还会像过去历史上曾经演绎过的一样，又大量地回到美国，要打个问号。不管南美也好、俄罗斯也好、中东也好，都在想少用美元，用本币做结算、投资。包括我们也在想人民币国际化问题。因为是各个国家都看到了当前国际货币体系的问题。所以，美国定财政金融政策时要注意新情况的出现。

中国金融成功的经验是什么？[1]

（2009 年 10 月 15 日）

理论是概念体系的总和，是系统性的理性知识，是对客观事物本质的抽象；而经验是人的感官接触客观世界后，对客观事物的表象的认识。如果对新中国金融改革发展的理论进行总结，我认为还没有独立的理论，因为我们面临的是整个计划经济向市场经济的转轨，是在市场经济理论的指导之下正一点一点向前走。因此，我只想从经验角度来分析，改革开放以来中国金融成功的经验是什么。

一、经验与启示

第一，中国金融事业的成功不是简单照搬西方教科书。

中国的金融改革如果说是成功的，其一系列政策措施，都是针对当时经济发展中的问题和矛盾出发的，很多做法是针对解决当时经济中急需要解决的矛盾，而不是简单照搬西方教科书的概念与结论，也

---

① 此文由《现代商业银行》根据作者相关文章编辑，经作者修改后载于该刊 2009 年 10 月 15 日出版的一期。

不是照搬世界金融最前沿、最时髦的技术与创新。因为金融本身是第二性的,经济是第一性的,而改革开放30年来市场经济和计划经济因素始终混在一起,没法用成熟市场经济体抽象后的概念来指导复杂的经济运动。

第二,中国金融体系的健康发展必须是企业、市场、调控三者的协调关系。

1986年金融改革之初,学者们都在探讨中国金融改革的方向到底是什么。我当时认为,关键是处理好六个字"企业、市场、调控",即实现专业银行企业化是我国金融体制改革的关键内容。其实我们在改革的一开始就讲银行的商业化,无非那时候用的是"企业化"一词而已,就是让银行变成真正的企业,银行也会破产,赚了钱可以分奖金,自负盈亏;"市场"就是要形成金融市场,这是我国金融改革的最终目标;"调控"是讲实现对金融市场的调控,这是我国金融体制改革最后成败的标志。整个金融体制改革,就是始终要处理好这三者的关系。

第三,中国金融事业的稳定发展需要与中国金融监管能力相适应。

1998年亚洲金融危机后,我国取消了信贷规模限制,到了2003年"非典"之后,又逐步恢复对信贷规模的控制,最近又开始放松。这一方面是因为我们的监管能力上升了,有了一系列指标的要求;另一方面,银行企业自身的风险控制能力和上世纪八九十年代相比,已有很大提高。所以我认为,中国金融事业能不能发展,包括金融创新能否加快,取决于金融监管能力能否与之相适应。现在我们的理财产品比较杂乱,银行、证券和保险都在抢这块蛋糕。鉴于过去信托公司的教训,主管部门明确规定不能承诺最高投资回报收益,不准在媒体上做宣传。但现在各类金融机构实际都在做宣传,人们的手机上也都有这类信息。

除了教训,如果说有什么启发的话,我认为,中国金融事业成功的标志,不要单纯看金融的指标,主要应该看金融是不是促进了经济稳定持续的增长,用这种思路看金融,金融保持国民经济持续稳定发展的核心作用的意义就明显了。改革中,不能简单地把我国的金融指标和国外发达国家的金融指标相比。金融改革的目的还是为了经济。

金融资产的增长，并不意味着金融事业发展得好，这是启示，不是经验。客观上讲，经济稳定增长是根本，美国的现状是经济不稳定，发展很快，泡沫吹得很大，是好事还是坏事？一看就很清楚了。过去谈到改革成果时，往往都把存款增长多少也作为成绩，存款增长快实际意味着货币供应快了，意味通货膨胀隐患大。这些东西现在慢慢认识到了，纠正过来了。我们长期以来计划经济所延续的好与坏、是与非的概念，现在都在发生微妙的变化。

第四，在总结中国金融发展经验的过程中，不要浅层次地总结美国金融危机的教训。

现在很多报纸上讲，美国金融危机是因为高杠杆化，是因为华尔街金融高管的薪酬刺激。这虽然是其中的原因，但我认为都不是根本的原因，只是表层的原因。

所谓高杠杆化，从理论上抽象分析，在某一个相对独立经济体中，如果政府部门能够基本控制住整个社会的信用，只是在某一个金融机构中，它的高杠杆比例很大，这个国家经济并不会出事，这是从纯理论上说。格林斯潘从2001年来不断降息，为什么不控制？是因为他认为金融市场是有弹性的，认为美国不会出事，不是监管不力，而是不愿意去监管。所以就主动不断降低利息，容忍信用的不断扩张，通过资产证券化、通过高杠杆化等，主动不断地去扩张信用。宏观上失控，是因为美国政府从整个国家利益出发，在网络股泡沫破灭之后，要保证老百姓的利益不断提高，必须扩大消费。所以，美国金融危机的实质，是美国政府宏观决策的失误，是对这一轮全球化没做好准备。

二、未来怎么走？

联系中国的实际，我们接下来怎么办？2009年中央经济工作会议以后，政府几乎是三头两天出政策。为什么？就是保增长、保就业，实质是保社会的稳定。2007年的GDP为11.9%，而2009年的压力很大,农民工和大学生的就业是重点问题。

压力虽然大,但是我认为,我们遇到了重大的历史机遇。如果把新中国成立以来60年分两段时间,1978年前的第一个30年,中国的金融由于搞计划经济,在世界金融体系中,我们是个几乎被遗弃的孤儿,没有人了解你;第二个30年,从改革开放到今天,应该说中国金融是世界金融棋盘中间的一个棋子,怎么下?其实我们很被动,是跌跌撞撞走到了今天的。但是人均GDP从100多美元增长到现在2000多美元,一个13亿人口的国家,30年里保持了GDP年均9.8%的连续增长,这是人类经济史上的奇迹,我们成功了。现在不管什么人,对这个事实都回避不了。但我们的问题还很多,下一个30年怎么走?我始终认为,未来还应该更充分地开放。

面对当前的国际环境,我们要把眼光放长一点看,美国危机是经济全球化和美元现象的共同结果。最近20年,全球化的速度在加快发展,一方面是网络技术,生产力推动;另一方面,中国、印度、俄罗斯、巴西等发展中国家和新兴国家约有30多亿人口,这些国家一下子进入全球化体系,意味着什么?通俗地说,意味着发达国家的很多资本都转移到了穷国家。发达国家的资本和穷国的便宜劳动力结合,必然产生生产分工格局和生产供应链的变化。

在亚洲金融危机以后,一些国家更明确地认识到,要保持国家的经济安全,必须要积累一定的外汇。那么美元状况如何呢?2001年网络泡沫破灭,美国经济往下走,美国政府一方面积极推动金融全球化,要求各国资本项下开放;另外一方面,本国降低利率,扩大信用,以催生房地产价格上升,带动财富效应,使老百姓有钱消费。而老百姓的消费增长,就能导致美国GDP中有70%的消费增长。

如果把美元供给和需求结合起来动态分析,1971年越南战争后,由于美国经济慢慢走下坡路,美元贬值,然后美国向全世界宣布美元不准兑黄金,全世界开始了浮动汇率,各国就相继出现了金融危机。历史数据表明:全球贸易在增长,容忍美元可以多发一些,美国的经常项目赤字占GDP的比例如果是2%,世界很太平。2006年达到了6%,世界经济必然不太平。美国降低利率,扩张信用,贷款给企业用于进口，进口大于出口，就是贸易赤字，赤字过大，就冲击世界经济。这就是这轮危机问题不断放大的机制。

在这个背景之下我们怎么办？中国人要冷静，要理性分析。随着亚洲经济和中国经济的发展，美元相对地位会衰退，但在10年、20年内，美国还是第一大经济体。危机以后，美元还是主要国际货币。因此，对国际货币体系的改革，头脑要冷静。重点不在“体系内”，而是“体系外”。我个人认为，中国的复兴，需要外部的金融环境，首要的是汇率的环境稳定。经济复兴之路，到2025年或者2030年，和美国GDP完全并驾齐驱的时候，人民币肯定要出去。但现在还不成熟，要有个过程，需要慢慢探索。

关于当前国际金融体系改革与我国金融开放的思考[①]

（2009 年 10 月 27 日）

对当前国际金融体系改革和中国金融开放这样的大问题，几分钟不容易讲清楚，概括谈一些想法、观点。

第一，我国政府要未雨绸缪，要以长远的战略思想来思考、研究当前的国际金融体制改革和中国金融开放。就是要用长远一点的规划来想眼前的一些事情。我们正在制定“十二五规划”，美国危机以后，国际金融秩序在重建，这个重建工作可以预计，不是一个五年计划时间所能完成的，而现在国际间涉及的一些重大问题的解决，也不是 3 年、5 年能够解决的，所以我们在研究制定眼前的对策时，首先要有长远的战略性的判断，以战略性的意图来指导当前的工作。这样才能做好当前的工作，否则的话可能出现，在策略上是对的，在战略上是错的事情。而且，国务院也已经正式向全球喊出，2020 年上海要办成与人民币地位相适应的国际金融中心，这意味什么？意味着已经有长期的目标，到那时资本项下要实现基本全部开放，那么近期一年一年怎么落实？落实什么？

① 此文根据作者 2009 年 10 月 27 日在“中国经济 50 人论坛”内部会议上的讲话整理而成。

必须要有长远的计划打算，特别是在美国金融危机以后。

第二，对于国际金融体系的改革，我们一方面要积极参与，顺势而为，主动推动；另一方面，应该心中有数，对国际上的一些改革，不能抱有不切实际的、过高的希望，包括 IMF 的改革、全球金融监管治理等。美国金融危机以后，尽管美国的地位在走下坡，但是世界经济的大格局并没有变化。国际金融秩序的重建没有美国的积极参与和适当的让步是不可能重建的。我曾在 G20 华盛顿峰会前讲过，再过 20 年甚至 30 年，美元老大的地位不会变，现在还看不出有哪种货币、哪个国家能取代美元、美国。也许，到本世纪中叶，美国在世界经济的相对地位可能会有更明显的下降，但那也是 30 年、40 年后的事。为此，我们今天的努力，要基于长远趋势的判断，只能一方面顺势而为，积极参与国际货币体系改革，包括 IMF 份额的改革，总裁人员的选择，贷款的机制等；另一方面，必须另辟蹊径，积极推动亚洲经济一体化中亚洲的金融合作，推动人民币区域化进程，还应该更进一步追求亚洲各国汇率能不能尽可能稳定的机制。这里面包括怎么改革我们现在的外汇管理体制，怎么逐步增持黄金储备，人民币离岸市场怎么建设，资本项下怎么逐步开放等。对国际金融体系的改革，我们追求的目的，应该是两个。第一是尽可能形成大国之间汇率的基本稳定，为中国经济保障可持续发展创造一个良好的外部环境。第二，我们要什么？要尽可能地让自己的人民币逐步地“走出去”，只有这样才能不断减轻美元这样一种主体国际货币对中国发展的长期的负面影响，才能抵御因国际货币体系改革迟缓对中国带来的不利因素。国际货币体系改革的内容很多很多，我想来想去，我们应该从这两个方面做到心中有数，不断准备。

第三，应该加快亚洲区域内的经济金融合作，推动人民币的区域化。亚洲经济在世界中的分量肯定是越来越大，而亚洲区内各国的高储蓄率本身已能够支撑亚洲经济的高增长，关键就是亚洲的金融体系不完善。所以，中国应该以更加积极的态度来参与，有时候可以以暂时的妥协和让步，来争取更大的中国自身的战略利益。比如说，“亚洲外汇池”的问题，货币互换协议的金额能不能放大，范围能不能放宽，期限能不能放长？东亚经济共同体肯定是各国有各国的想法，可以去不断地讨论。在金融上,我们的重点应是去扶植亚洲一体化的金融市场。关于亚元问题可以让学术界去讨论,这个问题要想在政策上落实,还需相当长一段历史时期。当前我们应该主动去推动亚洲债券市场,包括人民币债券,同时也应该心胸大度些,支持日元武士债券在亚洲债市发行。在这方面,就是要想尽办法加快做大亚洲债券市场。从战略意义上说,对我们肯定是有利的。提高亚洲金融合作的水平,也是为今后亚洲各个国家汇率的稳定机制,寻找基础。当然这很难,但是我们应该积极去寻求。在中长期内,这一切都是有利于我们人民币逐步区域化的,并有利于人民币今后向国际化的过渡。

第四,抓紧人民币离岸市场的建设,这是当前人民币区域化的关键环节,也是鉴于国际货币体系改革艰难和中国利益追求的需要。因为目前我国的汇率制度是有管理的浮动,这是方向,中短期内不可能马上完全放开,为此,就要有资本项下管制作为配合。某种意义上讲,资本流动管制政策是汇率政策的一部分。而美国危机以后的中国利益,决定了我们又要追求人民币"走出去",这就要打破资本项下的管制,这本身是矛盾的。怎么办?资本项下管制只能是部分的、有控制的放开。如何才是部分的、有控制的放开?那就必须发展人民币的离岸市场。

怎么发展,这里涉及很多内容,因时间关系,重点说说关键的三个要素。至于人民币离岸市场当前迫切需要建,那么在哪儿建?我认为上海、香港都可以,但从各方条件来说,当前香港比上海更有利,具体理由不展开说了。在建立过程中,关键的三要素是什么?首先,要想尽办法,通过各种措施先让人民币"走出去"。其次,人民币出去之后,要让香港自身形成一个用人民币计价,用人民币结算,用人民币存款、贷款、进行资产投资的体系,一句话,要让人民币在香港形成一个能自身循环的"流",一个相对独立的"交易圈",在离岸"玩起来"。第三,外国投资者、外国居民之所以愿意拿人民币,都是因为看好中国,所以在这个过程中,我们又应该很策略地让外国人能够享受中国经济增长的好处,他才愿意拿。那就涉及人民币在外面"玩起来"的同时,要有一定的、有控制的渠道,让人民币又能够进来,做我们境内的股票、债券,做我们境内其他金融资产业务,包括银行同业拆借等。如何有控制?

技术政策上要建立"外汇人民币"账户，以区别于境内普通的人民币。这样，相对独立的货币政策才好掌握。

第五，黄金储备管理体制要抓紧改革，要松绑。逐渐增加中国官方黄金储备，应该是中国崛起的长期的战略方针，不能疏忽，要长期坚持。在增持官方外汇储备的同时，应该鼓励"藏金于民"，让中国的老百姓，让中国的企业手上持有更多的黄金，这不用怕。因此现在政策上不应是去管制他们，而是应该鼓励企业"走出去"，去收购、投资金矿，收购、投资和黄金相关的企业，经营国际上的黄金交易。现在关于黄金管理的条例还是上世纪80年代定的，早需要修改了。当时制定的背景是从"管"出发的，现在已经根本不适应。如果人民银行、外管局自己动手在国际上收购黄金，影响太大，所以应该鼓励企业、民间去动手。现在中国黄金集团等国有企业实际上根本动不了手，想动，政策不允许，所以应尽快修改相关条例。"十二五"期间我们能不能自己给自己下一个目标，达到黄金储备2500吨？现在才1030多吨，估计还在增加。增持黄金应该是中国对国际金融体制改革战略思考中的一部分。也就是说，作为国际金融体制改革的结果，在美元往下走的大趋势中，无非就是要逐步减弱美元的负面影响，中国崛起中的人民币要逐步走出去。怎么走出去？黄金储备是重要的战略保证，我们一定要有长期想法。这不是主张恢复金本位。上次在50人论坛会上，我曾说过，为什么美国今天危机那么严重，一点黄金都不卖，还在拼命地发纸票，道理不是很简单吗？

第六，研究金融对外开放，首先必须研究金融对内开放。现在中国金融体系的问题，相比对外开放，对内开放远远不够。在这方面今天重点谈三件事：

第一件事，我们应该以2020年为界，倒计时，计划通过两个五年规划时间，基本实现国内金融的充分市场化。有关这个方面的内容太多，我只能用这句话来概括。金融的市场化包括金融机构的准入和退出，民营资本想投资一个金融机构，投哪个金融机构都不让投，为什么？都应该让投。金融机构准入在国内应充分的市场化，而对外国资本，对外国战略投资者，倒应仍然坚持有限制的原则。对于金融机构的准入，现在有关监管部门有点害怕，害怕一旦机构破产了，风险老百姓不担，最后还是政府埋单。所以，这就要研究金融机构的退出机制。在两个五年计划内，特别是前一个五年计划内，这些机制要想尽办法建起来，包括存款保险和其他制度。为什么说以2020年为界呢？因为中国政府已经对外喊出去了，要在上海建立国际金融中心，这意味什么？意味着2020年资本项下要基本放开。我们准备好了没有？我们什么时候准备？所以我说应该倒计时，应该逼着有关监管部门必须在这个5年内，或者拖到下一个5年的前几年内，把这一系列问题全部解决。否则会来不及的。

市场准入中除了金融机构的准入、退出外，在各种金融产品的创新上，也应尽可能取消行政审批制度。现在很多都是行政审批，要求监管部门严格按照国务院有关"审批、核准、备案"这三个词办事，要严肃执政，绝对不允许有关部门暗中违反国务院的有关规定办事。行政审批、核准、备案，本身是有严格的不同含义。现在国务院领导太忙，顾不上，也没严格检查有关部门的具体操作行为。有些部门在执行有关规定中，名义上讲"备案"，实际上根本不批你，实为"审批"。什么叫备案？就是我把有关材料报给你，告诉你一下就可以了，这叫备案。我们一些部门可不是这么掌握政策的。因此，应要求有关部门不允许再发生不按国务院的有关规定办事的事了。

第二件事，要继续改善政策性银行体系。在中国经济追赶发达经济体的过程中间，我们一定要保留这个政策性体系，道理不多说。在保留这个体系中要分清：政策性银行可以搞股份制，但未必要上市。国开行为什么要上市？我始终没想通。可以搞股份制，但是未必要吸引海外战略投资者，这不是商业银行。政策性银行可以不以盈利为目标，但并不意味着允许它亏损，同样要加强监管，这是两个不同的概念。政策性业务可以由政策性银行干，也可以招标让其他商业银行干，因此，要建立分账核算制。在完善政策性银行体系中，这些原则问题必须清楚。至于现在银行体系内出现的一些矛盾，是因为国开行比较能干，干大了，发生了与其他银行间的矛盾，反而最初衷的原则不坚持了。

第三件事：要处理好国有控股金融机构的"党企关系"，真正完善金融企业的治理体系。我们金融机构的运行已慢慢在向国际先进做法靠拢。

现在最核心的问题是什么？中央巡视组、中组部也在调查，我跟他们讲，最核心的问题就是金融高管既当官，又拿市场高工资，这个体制不好。作为国有控股的企业，国有资本的代表由中组部派干部去，可以享受部长、副部长的待遇，但是对不起，你要享受中管干部的待遇，就要讲政治，经济待遇就要下降，而二把手以及其他副行长可以实行招聘、合同制，可以全球招聘，工资可远远超过一把手。也就是说，政府派出的董事长、董事是代表全民利益的，要兼顾全民的工资收入水平，何况你是“旱涝保收”的。其他经营人员全部实行市场化招聘，是合同制的，“旱涝不保收”，就是要拿高工资就有被炒鱿鱼的可能，取消中管干部的待遇。只要把这个体系建立起来，就根本不愁中国的银行体系竞争不过外国的银行体系，现在就是因为“党企关系”不明确，很多问题揉在里面根本不好解决。

第七，后危机时代的中国经济正在进一步崛起，你的崛起必然会“踩到人家的脚”，因此面对的是一个比过去任何时候都复杂的国际金融经济环境，此时中国金融决策和协调机制显得更为重要。解决这一问题，应该摆到议事日程上来。我说要解决并不意味“一行三会”中的“三会”又合并。2006年，我曾经建议，能不能在决策方面形成对监管部门的一个制约机制，提高决策效率的机制，形成反映一个市场呼声的渠道，给国务院提供决策咨询意见。也就是成立一个决策咨询工作小组，对小组成员“不给官位，不给工资，有事则聚，无事则散”。可以就某一个重大制度、规定提出咨询意见，在监管部门拿出意见的同时也拿出咨询意见，提高政府决策的效率和科学性。三个监管部门的协调，听说前一阶段是由国务院副总理通过“旬会”制度来进行。这么大的国家，副总理需要考虑的大事很多很多，亲自出面协调一些很具体的、操作性的问题，说明我们现在的制度有问题。应该尽快通过一定的调研，“一行三会”到底需要协调什么？如何协调？找到矛盾的症结，制定有关的协调制度。根据我过去工作的经验体会，重要的是对有关政府部门协调要有具体内容的硬约束。关键是要从处、局级干部到部长级干部，就协调方式、协调时限、协调后不同意见的报告方式等，规定详细的硬约束，这样才能杜绝他们之间的扯皮、防止耽误国事。

中国的主要结构问题是什么？[1]

（2009 年 11 月 14 日）

一、为什么要讨论何谓结构问题？

当前，在中国经济已进入复苏趋势中，相关结构调整的讨论和呼声日益提高。但是，综观相关领导和众多学者的观点与言论，尽管大家都在谈结构调整，似乎内容也都相似，但仔细分析，针对在后危机时代中国经济可持续增长的主要结构问题（注意：是主要结构问题）是什么？什么是当前我国经济总量增长中（注意：是总量增长）最大的结构不平衡？经济中存在的不同结构问题之间又是什么关系？以及大家都在谈经济回升基础不稳定、不巩固、不平衡的问题，“三不”的主要原因到底应指什么？其实，大家的观点和潜台词并不完全一样。这自然会对下一步采取的调整重点和调整力度，在政策态度上也是不一样的。如果政策取向相异，其结果，对中国经济的未来走势，肯定也是会有迥然不同的影响。因此，在明年及今后一个时期的宏观政策选择之

---

① 此文刊载于 2009 年 11 月 14 日《第一财经日报》。

前，有必要进行理论上认真的梳理与分析。

有的领导曾把中国当前的结构问题归纳为八个问题：需求结构、收入分配结构、三个产业结构、产业内部结构、城乡结构、区域结构、国土开发空间结构和外贸结构。

国家发改委张平主任在8月25日向全国人大常委会汇报时，曾概括提出：要把自主创新作为结构调整、转变发展方式的中心环节；把节能减排作为调整经济结构、转变发展方式的突破口和重要抓手；把缩小城乡、地区差距作为扩大内需特别是消费需求的着力点。

但是，国内也有相当多的学者认为，当前宏观经济总量中的结构失衡，主要表现为外需减少后的消费水平不足，是"高储蓄、低消费"的结构问题。即GDP = 消费 + 投资 + 净出口，总储蓄 = 投资 + 净出口，由于国内消费特别是居民消费比例长期偏低，GDP总量结构中长期较高的储蓄率只能表现为国内投资和以出口形式借给他国享受的福利。本人也曾在今年2月16日、9月3日"中国经济学家50人论坛"两次会议上提到，当前经济中确实存在诸多的结构矛盾，但从总量意义上说，如何提纲挈领？应主要关注什么结构矛盾？本人认为，多种结构矛盾的集中表现，是"高储蓄、低消费"的矛盾，"高储蓄、低消费"是中国经济当前主要的结构问题。为此，也曾提出应以"消费为纲"、进行"以消费为主导的结构调整"。

以上各方观点应如何理解？各结构矛盾间的关系以及当前中国经济主要的结构问题到底是什么？

二、什么是当前经济主要的结构问题？

从逻辑方法论讲，结构失衡往往是描述一个系统内部构成要素（子系统）之间关系的不合理，是总量、系统的特征反映。往往是：(1)总量存在问题，总是以某个层面的某种程度的结构失衡来表现。(2)但是，系统中诸多结构失衡中的某个结构失衡并不必然具有总量上的直接意义。(3)一系统内，结构失衡往往是多层次的，有时某个结构的失衡仅仅是总量、系统中的另一结构失衡的表现、结果。也就是说，总量存在问题，总是与一定的结构特征相联系，仅从总量入手解决问题，将不得不容忍甚至恶化原有的结构矛盾。调整失衡的结构，有助于消除“短板效应”，具有总量上的重要效果。当然，前提又必须在诸多结构矛盾中真正抓住主要的结构矛盾。

那么如何理解上述提到的很多结构矛盾？具体分析：

讲地区结构，目前更多的是在讲一定投资总量在地区间的分配问题，涉及的是经济长期增长的空间分布及社会公平问题，如果单从经济角度讲，说到底是个投资效率问题。

讲城乡结构，更多的是讲在一定的投资、消费总量中，如何向农村地区、落后地区倾斜，直接涉及的更多的是投资分配、投资本身内部的结构和社会福利的公平问题。

讲三个产业的结构，即第一产业、第二产业、第三产业的结构，更多的仍然是在讲一定投资总量中的合理分配问题，直接涉及的是投资本身的问题和投资效率问题。

讲产业内的结构或产品结构问题，也就是产能过剩的结构问题，更多的是基于产能的分配，在讲投资量的合理分配，是既为了防止资源浪费、环境污染，又为了防止不良贷款，因此直接涉及的仍是投资本身和投资效率的问题。

讲自主创新和节能减排的结构调整，也是讲投资总量的分配问题，直接涉及的是提高投资效率问题，进一步涉及的是仅从经济总量中的投资变量看，中国经济的可持续增长问题。

讲收入分配结构问题，是讲的如何提高低收入群体的收入和公平分配问题，这里直接涉及扩大消费的意义。但是，改善收入分配结构是可以提高居民消费率，但又不是提高居民消费率的全部政策含义。因为提高居民消费的政策又涉及其他一系列重要政策，譬如金融消费政策的改善、扩大民营资本投资、提高居民资本财产收入等。

然而，影响一个经济体总量增长的基本变量是投资、消费和净出口三个变量。这三个变量的均衡发展是一个经济体总量持续增长的基本前提。而三个变量之间本身存在有机的辩证关系，并不是简单的此消彼长的关系。在各国经济发展的不同阶段，投资、消费、净出口的相对合理的比例也不尽一样。上述列举的诸多结构问题，确实都是中国经济目前客观存在的问题，但是，如果单从宏观经济角度进行归纳，这些结构问题，要么讲的是投资本身比例问题和投资效率问题（如地区结构、城乡结构、三个产业结构、产品结构、自主创新和节能减排结构等）；要么涉及了投资、消费和净出口的关系问题，但也许并不是根本性的涉及或者直截了当的涉及（如收入分配结构问题、城乡结构问题），因为判断是否根本性的涉及，仍需要具体评估在讲收入分配或城乡结构问题时，是在多大的政策力度和调整程度上讲投资、消费和净出口的分配关系，是否在经济总量中三个变量间有实质性的数量变化，还是仅仅对一定消费总量和相对于外需减少而言，或者仅仅是在有限的增量下讲消费的分配和提高问题。若是后者，则只能说仍是在讲一定消费总量下的内部分配问题。所以，关键仍要看政策量化的取向和力度。

但是，我们今天突出结构问题重要性的背景，恰恰是在中国经济相对于2003—2007年两位数繁荣增长后，因美国危机爆发而外需面临两位数的陡降，中国经济还能否持续保持稳定增长（尽管未必再追求两位数增长）的背景下讨论结构问题，是讨论总量的继续增长问题。这是当前宏观经济政策分析中最主要的，也是最令人担忧的问题。因为能否继续保持一定的增长速度，直接涉及就业和社会大局的稳定。美国危机后，中国政府迅速采取了一揽子刺激经济的政策，这是非常必要的，也是正确的。在这些政策中，我们既有大力刺激投资的政策，也有刺激消费、改善民生、改善生态环境的政策，同时还有尽可能保出口的刺激政策。但是，实事求是地说，其结果，主要仍是靠投资刺激政策起了很大作用。因为前三季度GDP增长7.7%中，有7.3个百分点是投资拉动的。

然而，进一步摆在我们面前严酷的现实是，在2005—2008年的4年中，净出口对GDP两位数增长的拉动，分别为2.5、2.2、2.3和0.8个百分点，今年前三季度GDP增长7.7%，出口拉动是－3.6个百分点。美国是中国的重要出口国之一。在全球化中作为世界最大经济体的美国,其消费曾占 GDP 的 70%左右。危机后其家庭净资产已从 63 万亿跌到 40 多万亿美元,跌去近 1/3,财富效应已影响到目前居民消费率正下降,进口需求在缩减。美国减少进口的直接影响和通过世界贸易传递的间接影响,对中国的总体影响不可低估。世行预测,2010 年,中国经常账户盈余占 GDP 比例,将从 2008 年的 9.8%降到 2010 年的 4.1%,这意味着 2010 年中国净出口对 GDP 的拉动能在多大程度上由负转正,仍是个重大考验。所以中国 2010 年 GDP 的增长重任自然将主要落在扩大内需上。

而 2009 年前三季度在主要靠投资增长支撑中国 GDP 增长 7.7% 的同时,严重的问题也开始暴露:一是重复建设,六大行业的产能过剩;二是为配合大规模投资,尽管在美国零利率、美元泛滥环境下,国内货币政策仍不敢趋紧,货币供应超多,市场上已产生了对物价上升与资产价格泡沫的一片担忧;三是我们即使不去讨论在今年财政赤字基础上明年还能使用多大赤字的问题,就是目前过高的投资率如果持续下去,仍是使人担心。因为从中期看,今后几年世界经济即使复苏能否再恢复 2003—2007 年的高增长,随之能否出现世界贸易的高增长,要打个问号。那么,我国连续几年积累的高投资后所需的最终需求——消费在哪里(尽管投资中会派生一些消费的增长)?必然会引起人们对今后几年可能出现的投资效率和银行资产质量问题表示担心。然而,如果我们能在积极刺激投资的同时,又下更大的力量去刺激消费,共同消化国内巨大的产能,也许经济总量能在出口减少的背景下,以更快的消费增长率与较高的投资率之间的平衡,来维持总体经济继续保持 8%—9%的平稳增长。

简言之,美国危机了,世界贸易下降了,我国出口缺了一块,同时靠拼命扩大投资又是有限度的,因此,从继续保持一定速度的增长角度看,必须以近十几年来从未有过的消费增长速度来弥补。这是中国经济今后几年继续维持较快增长的内在逻辑,也是关键的结构问题。就此意义讲,当前中国经济的主要结构问题不是其他的,而是要尽快提高"消费"这块"短板"。保消费,就是保增长、保民生、保稳定。

至于上面涉及的多数结构问题,有的属于投资分配的问题,有的属于改善投资效率的问题，都不是总量意义上的主要结构问题。至于收入分配结构问题，属于改善消费结构和一定意义上提高消费水平的问题[①]，但从总量意义上讲，收入分配问题本身也不是直接构成总量中变量之间失衡的直接表现。收入分配失衡是形成“高储蓄、低消费”这一总量结构失衡的重要原因之一。前者是因，是深层次的结构问题，后者是果，是总量结构问题的直接表现。就此意义讲，如果说抓结构调整，何谓“抓手”？何谓“突破口”？抑制产能过剩、抓节能减排、抓自主创新、抓五大新兴战略性产业的创新和发展，非常重要，但是远远不够。因为要真正克服经济回升中基础不稳定、不巩固、不平衡的问题，除了抓投资分配和投资效率这一“投资”因素外，必须抓快速提高消费水平特别是居民消费的问题。由此，收入分配改革、社会保障体系建设、消费金融与消费基础设施建设、居民资本财产性收入、户籍制度改革和城镇化建设等，恰恰都是结构调整有效的“抓手”。特别是城镇化率水平的提高，更多的是上述各项结构调整政策的实施结果，是提高居民消费率的“载体”。

三、需注意的三个认识误区

抓消费是否意味着不重视投资与出口？正面回答是：突出抓消费，并不意味不抓投资与出口。突出消费为主导的结构调整，同样不排斥抓投资结构的调整与外贸结构的调整。不管从各国的发展道路看，还是从中国实践和理论上看，都能求证在中国目前的经济发展阶段，仍需要保持一定水平的高投资率和出口。因此，只要能刺激、维持

---

① 麦肯锡全球研究院在一报告中指出，中国消费占 GDP 比重过低，并非来自中国固有文化差异，是增长模式、金融体制、社保体制等体制性、结构性因素共同导致。该报告测算，到 2025 年，消费占 GDP 比重可达 45%—50%，约 15.3 万亿人民币，比法国全国 GDP 还略高一些。其中，改善消费信贷等“消费基础设施”可使消费占 GDP 比重提升 1.5—3.4 个百分点，改善社保体系，可使该比重提高 1.6—6.3 个百分点，向服务转型和提高居民资本性收入，可使该比重提高 3.5—6.0 个百分点。该研究报告并不认同提高中国居民消费仅仅指望收入分配的改革。

一定增长速度的投资与出口，仍应努力去争取。本文只是鉴于世界经济在艰难复苏以后几年内全球贸易规模会相对缩减，从中国投资与消费内在规律的制衡出发，又鉴于眼前刺激经济政策事实上的重心是更多的重投资而不是重消费的现状，从真正维持或者恢复中国经济可持续高增长的担忧出发，着重说明必须进一步突出长期以来反复强调而迟迟得不到很好解决的居民消费水平的提高问题。

强调“高储蓄、低消费”的结构问题是否为美国政府提供“口实”？因为G20匹兹堡峰会强调要治理全球经济失衡。世界舆论认为，失衡的主要原因是美国“低储蓄、高消费”，中国“高储蓄、低消费”，因此要纠正此失衡，中国要承担相应的责任。其实，此观点早在伯南克入主美联储之前的2005年已在散布。但是必须指出，这仅仅是美国危机中“局内人”的看法。本人在去年之初以来反复指出（近来美国一些著名经济学家也承认，如“泰勒规则”倡导者泰勒、金融期货之父里奥·梅拉德等），这场危机的实质原因，是美国政府错误判断这轮经济全球化趋势，长期采取拼命扩张信用的错误的低利率政策，并借助于以美元为主的国际货币制度所导致的。美国决策失误和美元制度是这场危机的真正元凶。而美国“低储蓄、高消费”、中国“高储蓄、低消费”仅仅是世界经济失衡的一种表现而已，是上述错误政策制度运行的结果。现在，中国主动扭转国内的结构矛盾，并不意味承认这场全球性危机的责任在中国。中国进行主动调整结构，恰恰是有助于纠正美国的错误政策。因此，我们应该理直气壮，不能怕被人抓住“口实”，而恰恰耽误自己的发展大业。

中国居民消费增长是否并不慢？中国“消费不足”是否被低估了？针对“以消费为主导进行结构调整”的观点，确实有人认为，中国经济从来都是以内需为主，近几年中国居民消费增长并不慢，每年实际增幅平均提高一两个百分点，今年前三季度消费零售额增长达17%，比GDP增幅7.7%高出9.3个百分点。这些确是事实，中国今年消费与去年消费比，历年消费自身相比，消费确实正出现逐步提高的态势。但是，现在讨论的问题是，在外需减少或几乎丧失（前三季度GDP的负拉动）、种种过度投资弊端、增长难以持续的背景下，经济仍要保持一定的高增长，怎么办？必须靠扩大消费。而正在逐步提高的消费速度又并不能满足后危机时代中国经济稳定增长的平衡需要。形象地说，中国居民新增很快的“一块消费”（也可包括政府消费）和美国危机后缩减的“一大块消费”（即相应缩减中国的“一大块出口”）不是等量的，而且根本不在一个量级档次上。

也有人认为①，中国“消费水平”被低估了，中国消费对全球可贸易商品的新增贡献已经超过美国消费者的新增贡献。不要过多地看重消费问题。我想现在主要不是讨论消费是否被低估的问题，而是即使调高评估，如果明年外需仍提高不了多少，投资高增长又难以长时期维持，总量增长怎么办？这是问题的实质。

四、如何提高居民消费水平？

这确实是一个长期在讨论并寻求解决而又难以快速解决的大问题。

国内消费包含政府消费与居民消费。提高消费率，一是从总量意义说，国内的总体消费要尽快提高；二是从结构意义说，国内消费中的居民消费更是需要提高。因为中国 GDP 总量在不断快速增长的同时，居民消费水平却出现了反方向的急速下降趋势。居民消费占 GDP 的比例已由改革开放初的 45%下降到了近年的 35%。那么如何提高？

人们在分析中国居民消费率偏低的原因时，往往从居民储蓄率相对偏高找原因，如亚洲文化、社会保障不健全等因素，这自然是原因之一。但是，恰恰需要进一步研究的是，为什么推动我国总储蓄率从 1996 年的 36%上升到 2007 年的 51%，不是居民部门（11 年中居民由 19%提高到 22%，仅提高 3 个百分点，但仍低于同期印度的 24%），而是政府和企业部门（两部门 11 年中由 17%提高到 29%，提高了 12 个

① 见摩根士丹利研究部王庆等人撰写的报告《“中国消费不足”被夸大》。

百分点，对总储蓄率增长的贡献率高达 80%）？[①] 也就是说，研究提高中国居民消费率，一要研究如何促进居民储蓄向消费的转化；二要研究如何进一步缩减企业和政府部门的储蓄率，从而提高居民的可支配收入，使居民在相对更高的收入水平基础上提高消费率；三要通过改变投资的内部分配结构，大力发展服务业，进一步开发与挖掘新的消费潜力。为此，采取的对策应是综合的。

毫无疑问，首先应尽快提高国民的社会保障水平，扩大社会保障的覆盖面，确保在医疗、教育、养老等方面让国民无后顾之忧。在这方面，重要的是财政要更快地向公共财政转型，包括国家大型基础设施建设资金，应尽可能从金融市场筹集，节省的财政资金，进一步用于扩大农村养老（2010 年实施 60 岁以上农村居民每月 55 元）、医疗改革（2009—2011 年投 8500 亿元）、住房补贴（2009—2011 年投入 9000 亿元）、农村补贴（2009 年投入 1230 多亿元）等资金来源。

抓紧国民收入分配结构的调整。通过对低收入群体加薪，提高劳动报酬在初次分配中的比重。通过二次分配改革，缩小收入分配不公现象，以进一步扩大低收入群体的消费。

提高个人所得税起征点，目的是提高以工资收入为主要收入的中产阶层消费能力。2007 年，44%的纳税适用税率为 20%，缴纳税额却占全部工资个税总收入的 44%，确实有些偏高。

继续鼓励各级政府，继续采取各种直接刺激消费的政策。包括发消费券、“家电下乡”补贴、车辆购置税减免等各项政策。

调整投资结构中向民生、向消费基础设施倾斜的力度，以少量的投资刺激广大的农村消费。包括大规模完善大城市与中小城市、与广大农村相连接的现代化销售、分销渠道和网上销售渠道；完善城乡结合的二手市场、汽车和耐用品消费市场；满足落后地区农村的用电、公路需求等。

---

① 见高盛公司乔虹等人的报告：《中国的储蓄率及其长期走势》。该报告同时预测，2015 年之前储蓄占 GDP 之比会下降 5 个百分点，2015—2025 年之间将进一步下降 12 个百分点，也即总储蓄水平会呈下降趋势。

实行有区别的消费信贷政策。对居民真正用于耐用消费品和教育等的支出,应大力发展各类消费信贷产品,并下浮一定的利率幅度,给予金融手段的大力支持。但对于房地产金融,在房地产市场和税收等机制尚未理顺之前、目前资产投资或投机氛围却又较浓的时期,仍不宜轻易松动政策。

要细心研究人均 GDP 在 3000—5000 美元期间居民消费升级需求和人口逐趋老龄化中的消费需求,鼓励政府资金与民间资金捆绑使用,并以税收、房建、医院改革等多种政策优惠支持,大力发展直接服务于消费的服务业。例如,仅仅银发产业,据有关专家分析①,我国现有 60 岁以上老人约 1.69 亿,养老床位数 250 万张。该比例国际上一般为 5%—7%。要达到 5%比例,中国尚需近 600 万张床位,仅上海达到此比例。每个床位投资需 50 万—80 万元,未来 10 年在养老院建设将产生 500 多亿元的大市场,这还不算随之带来的直接消费支出。如果加上给半自理状态的老人护理、老人娱乐、趣味培训、老人旅游等行业,专家估计,有高达万亿元的消费规模。

积极培育扩大居民消费能力的资本性收入来源。眼前,在刺激经济复苏的巨大投资中,应该充分做到"让利于民"。只要是有盈利、能赚钱、政府规划必须要搞的项目,包括大型项目,应通过各种金融创新、开设各种金融产品,鼓励民间资金直接与间接参与投资,尽可能使地方政府少发债或者不发债。为此,从中长期看,需要进一步清理各项规章制度,坚决杜绝有关部门直接与变相拒绝民间资金(包括个人闲散资金)依法进行实体投资的各项制度与政策。但是,在培育居民资本性收入来源(即提高居民的财产收入来源)时,不应该鼓励民间资金把房地产市场作为资本性收入来源的重要渠道,因为这对于宏观经济的长期稳定非常不利(具体理由见今年 9 月 15 日《证券日报》上作者关于"中国房地产市场应以消费为发展导向"一文)。

以上八条措施更多的是按常规思路,在现有的财政部财力和可供

---

① 鞠川阳子:《银发产业:三维产业链的潜力》,见 2009 年 10 月 30 日《第一财经日报》。

用于投资、消费的存量与部分增量中进行分配。在中国当前高储蓄率情况下,要进一步加快提高居民消费水平,弥补经济增长因外需陡减、投资难以弥补的一块增长"空缺",还必须进一步解放思想。解决中国居民消费问题,要算大账,不仅要算财政部的收入账,更要算国家资产负债表的收入账。可以通过制度改革,以释放更大的消费能量。2008年,全国国有企业(还不含金融机构)净资产高达17万亿,平均每个国民1.29万元,且都是优质资产。从2007年起,国家仅开始在中央企业实行少量比例的资本分红制度。应进一步要求:对地方国企、金融企业中的国有股份也要一视同仁,制定相关制度,实行资本分红;并修订有关规定,实行动态调整分红比例。分红资金统一纳入财政各级预算,专项补贴用于提高低收入者的收入水平或全体居民的消费水平。

有计划地逐步减持各类国企(包括地方国企)中的政府持股比例。目前,已开始执行上市公司国有股份划转社保基金的制度。但这远远不够。应对非上市国有企业、控股上市公司的上级集团公司、已上市非增发部分的国有股份,都应按照国家战略,除了需要在一定时期保持相对控股和绝对控股之外的股权,都可以实行有计划的减持。考虑到大规模减持对股市行情的压力,可以逐步酌情减持。减持后的资金除酌情部分划转社保基金外,也一律纳入各级财政预算,专项补贴用于提高低收入群体的收入水平或全体居民的消费水平。减持国有股份并不是吃光、用光,也不会降低全社会的投资率。因为中国是个高储蓄率国家,这部分优质资产以相对较高的市盈率在市场上向境内民间投资人标售,只是改变了企业股份的持有人身份,整个社会投资率并不变。这样做的好处:一是可以直接增加一部分用于消费的资金;二是各国实践与理论证明,产权制约明晰,有利于企业的健康发展;三是有利于扭转"国进民退"趋势的发展和引导民间资金的合理投向,包括扭转国企资金积累充裕—投资资产市场—助推资产市场泡沫的现象发生;四是加大力度刺激消费,从中长期看,有助于投资、消费在新的更高水平基础上实现动态平衡。

除以上十条政策措施外,在目前扩大消费问题上,同样还受到其他行政管理制度等的制约,如城市户籍管理、人口政策调整、政府消费如何进一步让渡于居民消费、资本市场深化和金融产品创新等方面，这一切同样需要以改革的态度来认真处置，同样可以通过改革，在一定程度上扩大居民消费能力。

总之，扩大国内消费，既是一个眼前急需解决的问题，同时又是一个战略性问题。高盛公司专家曾预测，中国若长期维持高储蓄率，不仅会阻碍中国经济的增长和稳定，而且世界也难以消化中国的储蓄——投资缺口，即意味着世界的贸易、汇率的纷争将更趋激烈。另外，提升中国经济结构中的消费比重，并不意味不重视其他方面的结构调整。从中国稳定、协调、可持续发展目标出发，同时要重视经济结构中其他结构问题的解决，要重视实现人与人之间和谐目标问题的解决，要重视实现人与自然之间生态均衡问题的解决，要重视实现国内和国际间稳定发展问题的解决，同时也要重视实现上述协调发展中的市场化改革动力问题的解决。但是，这一切都是与政府工作任务的布置和“弹钢琴”的工作方法相关，与强调当前纯经济总量发展中的主要结构问题是什么，主攻方向是什么，并不矛盾。令人可喜的是，经过30年改革开放后的中国，经济总体实力已步入世界前列，加上巨额外汇储备，当前，实现小平同志所说，让一部分人先富裕起来后走共同富裕的道路，条件已经初步形成，我们已有能力进一步提升国民的消费与福利水平。因此，只要我们的政策调整及时、到位，中国经济理应能在克服经济复苏基础中的“不稳定、不巩固、不平衡”方面，比其他国家做到更好。作为对政府工作的进一步措施建议，比起《十大产业振兴规划》，当今中国更需要有一个政策明晰、内容充实、有时限要求的“以消费为主导的结构调整规划”，以指导中国进一步扩大内需特别是居民消费，尽可能防范来自世界经济不稳定周期的风险干扰，真正确保中国经济长期稳定的增长。

关于上海国际金融中心建设的战略思考①

（2009 年 11 月 29 日）

今年 4 月，国务院出台了关于把上海建设成为“两个中心”的文件，这既是上海经济发展的重大利好消息，也是国家对中国金融发展的重大部署。建设上海国际金融中心，不仅是上海的事情，也是国家的金融战略考虑。今年年初，我曾在上海的领导同志面前说过两句话：上海国际金融中心的建成，是北京宏观金融政策调整、演变的“结果”；上海国际金融中心的建成，是整个中国市场经济体系形成的“最后标志”。这无非强调，是国家的事，是需要一个较长的过程，着急不得。因此，研究上海国际金融中心的战略问题，就是研究国家金融战略问题。国务院文件还明确指出，要在 2020 年把上海建成与经济实力及人民币国际地位相适应的国际金融中心。这意味什么？从现在开始至 2020 年，是国家的金融战略过渡期，是我国经济发展腾飞的重要时期，也是建设大上海的重大历史机遇期。建设上海国际金融中心，不仅对上海，对全国乃至对亚洲地区经济的持续繁荣和发展，将起

① 根据作者 2009 年 11 月 29 日在上海“金融办”举办的“推进上海国际金融中心建设干部系列讲座”上的演讲录音整理。

到举足轻重的作用。

一、关于制定金融战略的出发点问题

一个好的金融发展战略，一定不是简单模仿、照搬世界上最发达、最复杂金融体系中的技术、工具的组合与集聚。中国金融发展和金融开放战略的取向，不是为了金融本身，而是为了确保我国经济在转轨过程中稳定的增长，这是最高目标。我们国家已经正在成为世界主要经济大国，但是金融上还没有放开，还谈不上是金融强国，这是大的基本判断。基于这个判断，我们既要确保国民经济持续稳定发展，又要研究赶超型的金融战略，怎么研究？

一是绝对不能奉行简单的拿来主义，用人家上百年市场运行的“结果”，成为自己达到战略意图的主要策略与手段。

二是绝对不能不问条件和时间，拿人家成熟机器中的零部件，硬插入这个还不成熟的金融体系中间。从这个意义上说，绝对不要一味追求将全球金融市场上最时髦的技术放到中国。在中国当前，引进某一项金融技术，首先要想想，是否有利于实体经济的稳定和发展？

三是在中国考虑金融战略，绝对不能忽视香港因素。因为香港是中国领土的一部分，中央政府有责任维护香港的持续繁荣，这是党和政府毫不含糊的。同时，香港已经是成熟的国际金融中心之一，是中国内地边上的美元区，与内地经济有着千丝万缕的联系，有获得中国政策优势的特殊地位，因此在当今世界中，香港拥有纽约、伦敦无法比拟的优势。与此同时，香港又有着上海、深圳无法比拟的因素。谈上海国际金融中心战略的时候，自然应该充分挖掘香港作为“国家金融战略”中的重要作用，即充分重视和发挥香港在中国内地金融开放中的“桥头堡”和风险“缓冲区”的作用。如果我们把这点思考清楚了，将有利于上海国际金融中心的进一步形成。

一个国家特别是经济大国，制定金融发展战略，一定要通盘考虑。很多国家的教训已告诉我们，特别是在资本市场开放问题上，有些开放内容从市场体系建设的最后结果看，方向都是对的，都是必需的，但是往往在过程中，由于其他配套措施没跟上，或者开放内容的次序不对，或者节奏没把握好，就出事了。美国前财长鲁宾曾说过，几乎还没看到任何发展中国家在金融开放过程中不发生危机的。这句话对我们是很好的警示。所以，我们作为一个大国，更应谨慎。从这个意义上讲，一个赶超型的金融发展战略，应该是既能基本顺应、体现现实世界中本身有缺失的金融规则，在这中间，又要有自己的东西，要有能有助于改善国际金融体系缺陷的相关要素。

那么，应从哪点出发思考国家金融战略？经济是第一性的，金融是第二性的。改革开放 30 年来，13 亿人口的大国，年均 GDP 连续保持 9.8%的增速，这在人类经济史上是没有的。可以讲，过去 30 年的伟大成就，表明了我国经济发展的成功，同时也折射了我国金融发展的成就。尽管我国金融业还存在许许多多问题，但总体上可以讲，我国金融 30 年的发展还是基本成功的。展望未来 10 年，我国经济的发展面临五大挑战：一是人口老龄化挑战。10 年后我国人口红利将出现拐点，劳动力增长相对减少，经济增长的优势将慢慢减少。二是资源环境问题。中国这么大的经济体，经济高速增长，资源的压力自然非常大。三是经济结构问题。这是 30 年改革历程中始终存在并在不断研究解决的问题。后危机时代，又赋予了中国经济结构调整新的内容，即“高储蓄(投资+净出口)、低消费”这一结构问题尤为凸现。四是美国金融危机使世界大多数国家认识到，全球金融监管和国际货币体系需要改革。但这并不意味这项改革说改就能改，今后 5 年乃至 10 年内，国际货币体系不会有根本性的变化。因为作为国际货币体系中占主导地位的货币，不可能一下子自动退出历史舞台，所以这个问题牵动着各国利益的改革博弈过程，必然是长期的、复杂的，决定了今后 5 年到 10 年间的国际金融市场仍将是一个动荡的时代，这对我国发展所需的稳定的外部环境是一个严峻的挑战。五是从实体经济角度看，国内许多经济问题没能很好、很快解决，与我国目前的金融体系相对滞后直接有关。以上五大挑战中的前四大挑战，是制定我国金融未来战略或者说制定上海国际金融中心战略的出发点，这是思考金融问题的基点。

二、未来金融战略思考中的主要问题

研究国家金融战略或者研究上海国际金融中心建设的战略问题，必须首先对涉及金融体系的一些重大的、经常碰到的制度问题要有判断、要有回答，然后，才能基于这些判断进一步思考、确定我们能干什么。

第一，关于汇率制度选择的判断。要成为国际金融中心，人民币必须实现自由兑换。人民币自由兑换，意味着汇率体制应完全放开，而从目前我国经济、金融状况看，人民币汇率完全自由浮动还为时尚早。因此，在从现在起到2020年这一金融战略过渡期看，有管理的浮动汇率制度也许是适合我国经济发展的最佳选择。到过渡期末，结合过渡期内资本账户逐步开放、人民币逐步成为地区性关键货币或者中心货币，在汇率制度安排上，力争做到真正实现市场可信的、盯着一揽子货币的、有管理的浮动汇率。当然，随着经济发展，在这过程中，不排除主动地、适当地进行汇率水平的调整，使汇率水平和实体经济发展相适应。

第二，关于资本项下管制的问题。根据对世界100多个国家案例的实证分析表明，资本项下全部开放有利于经济发展，但是开放必需有条件。不具备相关条件，开放过早，其结果恰恰相反。据国家货币基金组织的调查结果，资本市场开放必须满足以下几个条件：一是宏观经济要稳定；二是要有适度的汇率机制（注意，并不是指一定是浮动汇率制度）；三是要有充足的外汇储备；四是企业竞争力要强；五是要有较高的经济发展水平；六是成功的金融体制改革；七是合理的可兑换程序。

从我国目前的实际情况看，资本项下管制还不宜完全开放，应实施资本项下管制的渐进开放。渐进开放应遵循这样几个原则：一是在人民币汇率找到相对均衡的汇率水平，或者说当人民币汇率扩大到一定浮动区间后，可以放松资本流动的规则控制；二是所谓渐进的开放是动态地把握开放的条件，有些条件对资本账户自由化极端重要，必须首先满足，有些条件可以在资本账户自由化后满足，还有些条件甚至可以借助资本账户自由化来实现；三是对不同领域内的资本跨境流动采取不同的管制思路，重点是鼓励与实体经济联系的资金流入；四是对一些存在垄断利润行业的资本管制放开，要考虑的是国民利益；五是侧重交易层面的审慎管理，汇兑层面的管理可事先放松；六是加强资本流动的监测，随时保持动态调整的能力。

第三，关于人民币国际化问题。人民币国际化符合我国经济的长期发展利益。这是因为：一是大国的崛起，需要与本国经济开放程度、国际影响力相一致的国际货币的支持。如果没有这个支持，会直接带来一国经济效益和福利的降低。二是人民币国际化也是应对当前有缺陷的国际货币体系的一种有效手段。如果要减轻当今世界主要货币对中国经济的负面作用，就要使自己的货币慢慢“走出去”。当前，实现人民币国际化，我们也已经具备了一定的条件，例如我们的对外贸易量很大，周边有些国家已经把人民币作为官方外汇储备，有些国家把人民币作为第二美元使用，边贸中人民币结算比重在越南已达96％，缅甸达90％，蒙古达71％。但是，同时我们又应清醒地看到，人民币国际化不会一步到位，绝不是几年时间就能成功的。到目标战略过渡期末，人民币如果能在区域内发挥更大的作用已是相当的不错。所以有时提人民币区域化似乎更为实际。

三、国家金融战略中沪港两地的布局问题

根据以上判断，既要考虑汇率、资本项下开放是一个渐进的进程，又要尽快享受人民币国际化或区域化的好处，怎么办？这决定了战略选择中的策略之一是，必须建设好人民币离岸市场，这是关键。具体说，这个市场在哪里建？

香港具有上海所不及的比较优势：一是“一国两制”、“国内境外”；二是香港已是中国概念下的国际重要的金融中心之一，在法律、税收、机构、理念，包括会计、审计、资产评估等方面具有与国际市场接轨的现成优势；三是香港是中国边上的美元区，其本质是美元市场，直接与国际市场融为一体；四是世界经济中心正在向亚洲移，香港经济与亚洲、中国内

地充分地融合在一起，是亚洲地区连接美元市场的重要桥梁。如果上海与香港紧密合作，充分运用香港的现有优势，有助于加速国家金融战略目标的实现，当然也有助于上海国际金融中心的加快推进。

战略过渡期之后，在美元、欧元主要国际货币市场、在衍生品交易市场方面，香港仍然可以保持亚洲国际金融中心的地位；同时在人民币资产管理市场方面，香港可以和上海竞争，成为人民币管理的资产中心和国际上仅次于上海的人民币国际金融市场。而在战略过渡期结束后，中国资本项下管制与汇率制度已充分的市场化，同时不出意外，10年后的中国经济实力正以更小的差距在贴近世界第一大经济体，这一切意味着，人民币资产市场实际上已是世界第二大市场，当宣布人民币可自由兑换，上海人民币市场自然是世界上极其重要的国际金融中心之一，届时，上海金融市场的规模也必定会超过香港。

因此，必须认识到，在战略过渡期内，发展香港人民币离岸市场并不会影响上海国际金融中心的建设步伐。如果我们现在不利用香港现成的特殊优势，来加快人民币离岸市场的建设，加快人民币国际化或区域化的步伐，不发挥上海与香港的双方合作优势，就有可能错失因国际金融危机为我们带来的这个难得的发展机遇，人民币国际化或区域化的进程可能要经历更长的时间。从这个角度讲，上海和香港两地，都要调整好心态，一定要互相紧密配合。

未来的10年、20年，世界经济格局必将发生重大变化。中国、亚洲必然是世界经济的重要一极。据美国等一些专家预测，2027年中国GDP将赶超美国。到那时，亚洲经济将与美国、欧盟三分天下。在这个背景下，中国、亚洲本身需要建立一个与未来区域经济规模相匹配的国际金融中心。亚洲整体的人口优势、增长空间和较高的储蓄率，也决定了有条件建设一个与伦敦、纽约相比的国际金融中心。现在，我们在人民币区域化、汇率和资本项下开放方面，还有一个制度准备、经验积累、制度修改、慢慢铺开的过程。现实条件决定了我们客观上需要有一个与境内相对隔离、相对可控、又离国际市场比较近的人民币离岸市场，这个区域的最好选择自然就是香港。因此我认为，作为内地经济的桥头堡和缓冲区，发展香港离岸市场不失为国家金融有序开放战略的一个重要支点，是一种务实的选择，这也将给香港的继续繁荣带来新的机遇。

同时，在过渡期内，不应排除香港经济应抓紧做好进一步的转型，抓住过渡期的有利时间，以更快的速度，加强与珠三角经济、内地经济的密切联系，做好内地金融大开放后的经济结构转型与升级工作，为10年后香港的持续繁荣做好准备。

在过渡期内，上海应该做的是：不仅可以让香港做人民币离岸业务，同时自己也可以做人民币离岸业务，试点美元离岸市场，联结香港，学习香港。与此同时，更重要的是，上海要以国际金融中心建设为动力，督促与推动政府有关部门加快国内金融改革，加快国内金融市场充分自由化的进程，建立和完善好作为国际金融中心应具备的各种市场化的制度准备，为过渡期之后的中国市场大开放做好充足准备。

四、国家金融战略的目标与任务问题

未来10年，国家金融战略目标或者说上海国际金融中心的战略目标，简单概括讲：一是基本形成与世界第二大经济体相适应的市场化、多层次的融资体系，以及市场导向的产品和机构体系；二是确立适合大国经济复兴要求的、以人民币离岸市场为突破口的、有序的金融大开放格局；三是推进和改善亚洲货币金融合作，力争营造一个包容的、共赢的国际货币体系；四是建立适应对外逐步开放和人民币区域化形成后的央行操作平台、政策体系，基本形成有效、协调的金融监管体系。

要达到上述四项目标，近10年内必须着力于完成下述八大任务：一是建立市场确实可信的、盯住一揽子货币的、有管理的、浮动汇率制度；二是以创设人民币离岸市场为载体，尽快建立并迅速拓展在资本账户有限管制下的人民币流出入体系；三是进一步推进目前的外汇管理体制改革，完善外汇储备多元化体系的建设；四是要始终如一地支持国际货币体系的重建活动和亚洲金融的合作；五是加快亚洲区域内的货币、金融合作；六是在战略过渡期内，必须加快修订国内各项金融制度，抓紧完成适应中国实体经济发展所需的各项金融制度改革和对内充分的金融自由化；七是到战略过渡期末，要基本形成适应中国金融大开放的金融调控与监管体系；八是合理布局沪、港两地国际金融中心的发展，为战略过渡期结束后的中国金融大开放做好准备。

当前，国家已批准上海等地进行人民币跨境贸易结算试点，以逐步推行人民币区域化，方向是非常正确的。要推人民币区域化，在当前，关键支柱是什么？即必须加快人民币离岸市场的建设。如何建设？核心思路有三条：首先，要想尽办法让人民币“走出去”；其次，要让境外持有人民币的组织、机构和自然人，在境外就人民币先能“玩起来”，形成自我循环，做投资、放贷款、搞拆借等；再次，要让境外人愿意拿人民币，愿意“玩”人民币，必须让他们也能享受到哪怕是部分享受到中国经济高增长的好处，即必须有联结境内、境外人民币进出的管道，哪怕最初是有控制的管道。至于这个管道功能的实现，是在中国境内还是在境外实现，一开始并不重要。

因此，可以让香港的人民币离岸业务先做起来。具体如何起步与实施？一是要尽快扩大人民币跨境贸易结算试点范围，行政部门不用再限试点范围了，因为现在让做都不容易做起来。二是鼓励人民币走出去。通过政策支持，鼓励境外人民币贷款、人民币投资、人民币采购，只要对方能够接受，就用人民币结算。放宽境内自然人到境外人民币交易的额度。三是从不自觉到自觉，扩大货币互换的国家范围、互换的额度、互换的期限，将货币互换合作与我们的人民币区域化意图主动结合起来。四是扩大境外人民币的贸易融资。五是在香港和内地金融监管有协调的情况下，允许香港的银行和境内的银行进行有管理的人民币拆借业务。六是允许香港金融业发展充分的人民币存贷款和各种类的人民币资产业务。七是鼓励香港加快发展亚洲债券市场，积极推动境外的人民币国债、企业债市场。八是允许境外投资者先投资国内以人民币标价的各种债券。九是借用 QDII、QFII 的现有管道，逐步扩大人民币境内、外投资的范围。十是加快上海国际金融中心建设中的其他各项相关设施的建设。

一揽子刺激计划的效应评估[①]

（2009 年 11 月 30 日）

一、总体评估

以 4 万亿为核心内容的一揽子刺激计划，总体上说，出手是及时的、正确的，效果也是明显的。今年中国经济不会出现年初海内外所担忧的 GDP 增长将下跌至 6%的严重现象。中国经济能保持 8%的增长，不仅对社会大局维稳起了重大作用，而且通过扩大进口，对推动全球经济复苏作出了重大贡献，增强了中国政府在涉外政治、外交、军事和经济方面的话语权。通过这轮危机及其对危机的处置，中国国家形象在全球的相对地位不是下降了，而是进一步得到提高。

由于迫于形势的危急，又基于我国长期形成的发展模式与发展轨迹，为达到在较短的时期内刺激经济复苏，尽管一揽子计划也包括了刺激消费、关注民生以及部分调整结构的政策内容，但主要仍是通过迅速扩大投资以确保一定的经济增长，因此，必然会同时带来一定的

① 此文首次公开发表。

负面效应：

一是产能过剩的问题。在代表落后生产力的产能短期难以尽快淘汰的情况下，增加新产能必然会引致总产能供给的扩大。

二是对银行资产质量的担忧。这是与产能过剩相连的问题，尽管对有些银行不良贷款的担忧在短期内还难以转化为现实。

三是资产价格泡沫的压力。面对短时期内超常规的货币信贷投放，当实体经济难以消化大量的货币供给时，过多的货币加大了资产价格特别是房地产价格的泡沫压力。

四是“国进民退”易形成经济结构的进一步扭曲。以国企投资为主体的这一轮刺激结果，不仅有悖于我国长期以来坚持的扩大民营力量、提高投资效率的市场化改革方向，而且从长期而言，有碍于投资消费结构的改善。

二、金融业评估

总体而言，基于我国长期形成的发展模式，“创天量”的货币、信贷供给，是配合国家一揽子刺激经济计划的必需。因此，尽管是无奈的，但是方向是正确的。需要具体评估的是：

第一，2009 年的货币信贷大投放的幅度，几乎是 30 年改革开放历史中从未有过的。以“M2－GDP－CPI”的增长率之差的公式计算，在产品短缺、高通货膨胀的 1993 年（CPI 为 14.7％，时滞原因，次年为 24.1％），其差仅为 7.6％；在产品过剩的 2009 年 6 月却高达 21.42％；而且在 2008 年危机前的 11 年间，CPI 最高年份为 2008 年（CPI 为 5.9％），该差也仅 2.4％。可见，今年的货币信贷投放速度不能不使人担心。

第二，2009 年第一季度央行之所以必需急速放松货币信贷投放，是与 2008 年整个国家“控物价”所采取的政策和央行货币政策偏紧相关，是对央行 2008 年货币政策偏差的“矫枉过正”。

第三，面对上半年超常规的“创天量”货币信贷投放，央行已意识到问题的严重性，但之后在执行适度宽松的货币政策时对“适度”两字仍欠“火候”。尽管基础货币投放从第一季度月均增长18%已下降到第三季度的6%左右，货币供应仍处于约30%的增长速度。

第四，明年适度宽松的货币政策提法不变，应指的是方向不变，即主要是为了确保8%左右实体经济的增长。但在掌握上，应重点关注“适度、微调”。中国目前的流动性现状，配上其他政策，应该、也有可能基本回归正常年份的货币信贷增长速度。因为市场信心已确立，货币流通速度在加快，经济已出现往上走的趋势。而且，回归正常年份的货币信贷投放，已足以能确保8%左右的经济增长速度。

关于主要结构问题的探讨[①]

（2009 年 12 月 10 日）

按计划，今天由我讲关于当前中国的经济结构问题。我想从几个角度讲，第一，为什么要讨论这个问题？中央经济工作会议刚刚结束，关于结构调整，这两天网上、媒体上宣传已经很多了，应该如何理解？第二，中国经济当前主要的结构问题到底是什么？第三，这样一个主要结构问题，应该怎么进行调整？

一、为什么要讨论什么是主要的结构问题？

中国当前经济结构的主要问题是什么？在今年初 2 月 16 日的“经济学家 50 人论坛”年会上，我做过一个发言。我当时提出，中国经济的主要结构问题是“高储蓄、低消费”的问题。在今年第一季度宏观数据出来之后，对于快速增长的货币信贷大家感到很惊讶，因此各个方面都在研究分析。今年 4 月 15 日的全国政协经济组形势分析会，

① 此文根据作者 2009 年 12 月 10 日在“中国经济 50 人论坛”长安讲坛上的演讲内容摘要整理。文章后曾刊载于 2009 年《第一财经日报》。

也让我去做了一个发言，当时我讲了很多货币信贷问题，同时，我直截了当提出，当前中国主要结构问题仍然是“高储蓄、低消费”。作为中国政府，在经济复苏的对策上，应该响亮地叫出“以消费为纲，纲举目张”的口号，抓以消费为主导的结构调整。讲前半句话，年龄大一点的人有感觉，年轻人可能没有感觉，实际上是借用毛泽东曾说过的话。毛泽东曾说，“阶级斗争为纲，纲举目张，一抓就灵”。中国当前主要的问题是消费问题，消费上不去，特别是居民消费上不去，经济复苏基础是不会扎实的。因此必须以“消费为纲，纲举目张”。

今年7月7日，总理召开专家座谈会的时候，我也直言不讳地说，大家都在说复苏的基础不扎实、不稳固，指什么？指的就是要扩大内需。而在扩大内需中，由于一味扩大投资毕竟是有限的，因此，必须扩大内需的另外一头消费，除此之外没有辙，而且今年一年以来我一直在说这个观点。今年年初，我曾经会见了美国原副财长，在谈到世界经济和中国经济宏观对策问题上，我曾引用了小布什总统在批评这场危机的原因时说，是因为“华尔街喝醉了”这句话。我说，“华尔街喝醉了”，“酒”是谁送的？相当一部分是中国送的。现在华尔街不“喝了”，送“酒”的怎么办？必须自己“喝”。不“喝”，中国企业就得破产，工人就下岗。自己喝，就是扩大内需，扩大消费。

我认为，中国经济在美国经济危机之后，要复苏、要强调可持续发展，必须尽快把结构调过来。今年年初，危机来临没有招，而且出手还要快，“4万亿”就赶紧投出去了。但是扎扎实实要做的事，是必须把中国经济结构调过来。我去年说过，不调过来，两三年之后，即使美国经济复苏了，也不可能再出现2003—2007年那样的高增长，当然再过多少年能否再出现那种高增长现在还不知道，这几年肯定是不可能的。因此，中国还要维持原来两位数或者8%—9%的高增长靠什么？靠出口主导是不可能了，从这个意义上讲，必须扩大内需，特别是扩大消费。

为什么今天还愿意谈这个问题？是因为基于我们有些领导对于结构问题的理解以及对这些问题的判断，好像还值得探讨，所以我特别愿意讲一下。

可能是在今年10月份还是11月份，国务委员马凯在国家行政学院讲到关于经济结构的问题，讲了八种结构问题，需求结构、收入分配结构、三个产业结构、产业内部结构、城乡结构、区域结构、国土开发空间结构和外贸结构；说中国经济结构的调整主要是这几个大结构问题。国家发改委张平主任今年8月25日在向全国人大常委会汇报的时候，曾经概括说了经济结构调整指什么。我反复看他的发言内容，他说，要把自主创新作为结构调整和转变发展方式的中心环节，把节能减排作为调整经济结构和转变发展方式的突破口和重要抓手，把缩小城乡地区差距作为扩大内需特别是消费需求的着力点。用这样的官方文件语言排列，让中国老百姓，让中国的经济工作者，让各级地方政府了解，要抓结构调整。但是，什么是主要结构问题，好像这几句话不是很清晰。

今天，来这里之前，我又认真学习了胡锦涛总书记在中央经济工作会议上的讲话。总书记讲了明年经济工作的"五个注重"，也讲了六大任务，其中第二大任务是加强结构调整力度。

会议之后，各个媒体、报纸都在说，这次中央经济工作会议，除了提出要稳定增长之外，已把调整结构、扩大消费放到非常突出的位置，也就是第二大任务，要加大结构调整力度。那么，怎么加大力度？我把几句关键话念一下：第一是要扩大内需，特别是以居民消费需求为重点。第二，要积极推进城镇化建设，提高城镇的发展质量和水平。第三，发展战略性新兴产业，推进产业结构的调整。第四，推进节能减排，抑制过剩的产能。第五，推进基本公共服务均等化和引导产业有序转移，促进区域协调发展的区域结构。概括讲，是讲消费、城镇化、产业结构、节能减排、公共服务均等化。

讲了这么多结构以及中国当前经济中主要的结构问题是什么，如何理解它们其中的关系？由于可能存在对这些问题理解上的差异，暗含的潜台词就可能不一样，因此对于结构调整的力度、结构调整的着眼点、结构调整的方向，看法也是不一样的。所以我认为很有必要认真讨论一下。这是我今天要讲的第一个问题。

二、什么是当前中国经济主要的结构问题?

今天我们突出谈结构问题,背景是什么?背景就是中国经济前一轮2003—2007年繁荣增长的那一段时间。现在美国危机了,中国“外需”两位数的增长突然下降了,今年可能出现负增长,有些国际大投行预测,明年可能还是零增长左右。当然国内专家预测还比较乐观,明年由负转正。但在多大程度上由负转正,把握并不大,因为这不取决于我们,而是取决于美国经济,取决于世界经济。所以,在这样的背景之下,以及在中国经济能不能保持8%—9%左右高增长的背景下讨论结构问题,是在讨论总量的继续增长问题,这是当前中国经济宏观政策分析中,最主要的也是最令人担忧的问题,因为这直接涉及明年900万的新增就业人口,涉及社会大局的稳定。

美国危机后,我们很快出台了以4万亿投资为主要内容的一揽子刺激经济计划,包括刺激投资,包括一部分的刺激消费和一部分的鼓励出口的政策。到现在为止,世界各国都已承认,中国在今年前三个季度抵御危机中,走在了世界前头。我们第一个复苏了,或者起码可以说企稳回升了。我国今年前三季度GDP增长7.7%,在世界上是最高的。但是,在7.7%中,有7.3%是因为投资推动的,是政策拉动的。现在摆在我们眼前的现实是,第四季度快结束了,还有一个月左右,更多的是要看以后。明年会怎么样?甚至后年会怎么样?应该从这个角度来考虑现在中国的政策取向。我们知道,在2005—2008年的4年间,出口对GDP两位数增长的拉动分别是2.5个百分点、2.2个百分点、2.3个百分点和0.8个百分点,而今年前三季度出口拉动是-3.6个百分点。世界银行预测,明年中国经常账户的盈余占GDP的比例将从2008年的9.8%下降到4.1%。所以,海外有些大投行预测中国明年出口对GDP的拉动可能是零点几的负增长。谨慎一点说,明年可能出口形势不错,可能会对GDP有正的拉动,但是在多大程度上由负转正,这对中国来说确实是一个很大的考验和挑战。

今年前三季度增长复苏很快,主要靠投资推动,实事求是说,也已经暴露出一些问题。

第一，重复建设。国务院有关部门已经说了六大行业的产能过剩，发了文件，在严格控制。这也能理解，有的确实是高耗能、高污染，有的是重复建设。因为现在有些行业在大量投资，大企业在加快投资，其结果，在产能总量方面自然表现为多出了一块。

第二，配合今年的大规模投资，尽管在美国几乎零利率、美元泛滥的环境下，国内的货币政策仍然不敢收紧。因此，货币供应超量，市场上已经产生了对物价特别是对资产价格上涨的预期，这一点很明显。今年货币供应量的超量发行是一个什么概念？在人民银行工作的同志都知道，可以用一个经验公式来判断货币供应量 M2 的供应情况，即 M2 增长率－实际 GDP 增长率－CPI 增长率，差额是多少？我可以告诉大家，我国在 1993 年海南泡沫经济的时候，货币供应超量发行，对经济、物价的影响是滞后一年反映。1993 年的货币供应量相当高，用上述公式计算的差是多少呢？差是 8.6%。1994 年 CPI 飞涨到 24%多，那个时候是产品短缺的年代。1997 年亚洲金融危机以来，CPI 最高的年份是 2008 年，为 5.9%，前几年因为亚洲金融危机，通货紧缩，2003—2005 年大家都担心通货膨胀，最后也没有涨起来，直到 2008 年涨起来。2008 年，M2 增长率－GDP 增长率－CPI 增长率，差是多少？仅为 2.4%。而今年上半年 M2 的增长率是略多于 29%，GDP 的增长率为 7.1%，物价的增长是负零点几，可忽略不计，最后的差是 21.4%。而现在是商品过剩的年代、产能过剩的年代。在 90 年代那么高通货膨胀的时候，差才是 8%左右，现在到了 21%。所以我说，作为在央行工作过的同志，看到这种状况是不可能不紧张的。当然现在物价还没涨起来，因为整个全球经济还没完全复苏。但是对于这么多的货币在市场上，大家已听到老百姓在叫，“房子买不起了”，外国炒房地产的基金也在说中国房价“看不懂”。这是大规模投资，超常规发了这么多货币之后出现的情况。

第三，我们还要看到的是，我们即使不去讨论在今年财政赤字基础上明年还能有多大的赤字。按中国的经济实力，明年还可以安排 1 万多亿财政赤字，赤字水平 3%左右。按照国际惯例，3%是大家能接受的。但是从中期看，由于这几年(包括今年、明年)累计下来高投资，不停地投钱搞建设，还要看后几年世界经济复苏有多快。如果世界经济增长还是低缓增长，那这么多钱投下去效率在哪里？如果效率上不去，就会涉及银行贷款的质量问题。所以，必然引起人们对今后几年出现的投资效率和银行资产质量下降的问题表示担心。其实在座的会感觉，现在银监会在不断地呼吁要加强监管、对这个问题要高度关注。从统计上看，目前整个银行的不良贷款率仍然很低，才2%左右；但是从经验出发，从历史出发，目前这样一种货币、信贷增长速度，很难说过几年不良贷款率还会像现在这样的低水平。现在谁也说不好。

概括以上说的，美国危机了，世界贸易下降了，中国相对过去的出口缺了一块，想靠拼命扩大投资是有限度的。因此，从继续保持中国经济可持续增长、高水平增长这个角度看，我们必须以近十几年以来从来没有过的消费高速增长来弥补出口缺口。想尽办法把消费搞上去，这是中国经济今后几年继续保持高增长的内在逻辑和解决结构问题的关键做法。所以，从这个意义上讲，中国当前经济的主要结构问题不是其他问题，而是要尽快提高消费这块“短板”。从这个意义上讲，保消费就是保增长，就是保民生，就是保稳定。

在这个问题上，我认为同时要克服三个认识误区。

第一个误区，突出抓消费是不是意味着不抓投资和出口？这是两码事。突出消费是相对于整个总量的结构问题来看，其他方面仍然要抓，但是消费更需要抓。因为出口很难，不是我们能够做主的，而投资又是有限度的，而且大量投资的问题也已开始暴露。消费有没有余地挖？还有余地可挖。当然，中国的改革实践和理论都能求证，中国在目前阶段或者在今后一个阶段仍然要保持高投资率和高出口率，这个没问题，能争取的应该仍然努力去争取。现在只是鉴于在世界经济艰难复苏以后的几年内全球贸易规模要缩减，鉴于中国投资与消费的内在规律制衡，又鉴于眼前我们政策的重心在投资而不在消费的现状，特别强调、特别说明，必须进一步突出长期以来政府反复强调但是又迟迟得不到解决的居民消费水平的提高问题。

第二个误区，我观察到很多报纸和网站上的文章担心，中国经济主要的结构矛盾是"高储蓄、低消费"的这个说法恰恰为美国政府提供了口实。为什么？因为美国政府在"匹兹堡峰会"之后提出一个很鲜明的观点，讲全球经济治理，要对全球经济失衡进行纠正。他们认为全球经济失衡，就是因为美国"高消费、低储蓄"，中国"高储蓄、低消费"。相关国家要承担责任，因此中国也要承担责任。

我个人认为，关于这个观点，你们可以看看美联储主席伯南克在没有当主席前2005年写的文章。当时他已经在散布全球经济失衡，亚洲国家是主要原因的观点。说到这里，我给大家念一下美联储伯南克在最近12月3日参议院听证会上讲的一段话，可以更清楚了解他们这些人的观点和立场。伯南克说，美国目前的低利率没有产生资产泡沫，而如果中国产生了资产泡沫的话，那不是我们的问题，那是他们的问题。伯南克还说，如果中国想要解决这个问题，它就应该停止低估人民币的汇率，美国没有责任帮助中国避免调整其汇率。大家听后不知是什么感觉，我只是感慨作为美联储主席、世界第一大国央行行长在对全球经济失衡问题上的态度很清楚：我管我的事，你们资产泡沫跟我没关系。但是，不要忘记，美元是你拼命滥发的。

前面讲的伯南克2005年已经散布的全球失衡观点，这仅仅是美国主流经济学家和官员对危机根源的看法。我从去年初到今年反复强调、反复宣传，这场危机的实质原因是什么？不是高杠杆率、不是华尔街贪婪、也不是监管不力，这些是原因，但是次要的原因。根本的原因是美国政府错误判断了这场全球化趋势，想利用这次全球化推动美国金融全球化战略，采取拼命扩张信用的政策和低利率政策刺激经济增长，产生了房地产的泡沫，最后弄巧成拙，导致了危机。而只有美国政府的宏观政策失误能造成这么大的全球问题。欧洲央行政策失误能造成这么大的事吗？中国政府宏观失误能造成这么大的事吗？日本行吗？英国行吗？都不行。这是为什么？那是因为世界主要货币是美元，美国政府正是利用了现在国际货币制度的缺陷才造成了这么大的事，所以国际货币制度缺陷又是这场危机客观上的制度根源。说高杠杆、华尔街贪婪能造成这么大危机？开玩笑。我在2007年就说了，华尔街贪婪？难道北京金融街不贪婪？上海陆家嘴不贪婪？英国伦敦城不贪婪？都贪婪。贪婪是人类本性基因的遗传。我们的贪婪怎么不会发生全球这么大的事？因为你没有那么大的影响力，你没有制度基础。所以对危机的真正原因，也许只有局外人才能看清。不过，最近美国金融期货之父梅拉梅德、美国货币政策泰勒规则的倡议者泰勒现在也在指出，这场危机的实质，是美国政府的政策有问题，它想利用全球化，错误判断形势，没搞好，后院着火了，惹出这么大的事。与我一年多前的判断一样。

而美国"高消费、低储蓄"，中国"高储蓄、低消费"，这仅仅是经济失衡的一种表现、一种结果，不是根本性原因，是最后的统计结果。现在中国主动扭转不平衡的结构矛盾，并不意味承认这场危机的责任在中国。中国主动进行调整，恰恰是有助于纠正美国的错误政策。因此，我们应该理直气壮，不要怕被人家抓住口实而耽误我们自己结构调整的大业。

第三个误区，有些专家提出中国现在消费增长很快，消费不是问题，不要反复说消费问题。有的部级领导在公开场合说，中国消费增长并不慢，意思是说消费不是主要问题。前三个季度商品零售额增长确实达到了17%，比GDP增幅7.7%高了9个百分点，几年来每年实际增幅都在1%—2%。我认为，确实这几年消费增长不慢，这是事实。中国的今年消费和去年消费比，历年消费自身相比，消费确实正出现逐步提高的态势。但是我们现在讨论的问题是什么？是总量的增长问题，是在外需减少或者说几乎丧失的情况之下，过度投资又弊端种种、难以维持，那么想要继续保持高增长怎么办？必须提高消费，是从这个意义上讲要扩大消费，这并不否认这几年居民消费已经出现逐步增长的态势，这是两回事。

我曾形象地说，中国居民现在新增很快的这一块消费，加上政府消费和危机以后美国缩减剩下的一大块消费，相对应的是中国的这一大块出口，它们之间不是一个等量级的关系。当然也有一些国际投行的专家说，中国的消费被低估了，我看了他们的文章，写得很好。而且还有一个观点，说中国的消费对全球贸易的新增贡献已经超过了美国消费者，意思是不要太过分讲消费问题。我说，现在主要不是消费是否被低估的问题，而是即使被调高了，仍然解决不了当前的投资、消费、净出口维持平衡中的增长问题。这是问题的实质。要维持中国经济的持续高增长，满足每年大量的新增就业压力，保持8%—9%的稳定增长，主要结构问题是提高消费，这是我讲的一个核心观点。

三、如何进一步提高居民消费?

这个问题讨论了很长时间，一直没得到很好解决。今天报纸登了国务院常务会议刚刚通过的、明年要采取提高居民消费率的八项政策，很及时。

如何提高居民消费率，我认为需要进一步开阔思路。消费应包括政府消费和居民消费。提高消费率，一是从总量角度说，总体消费水平要提高。从结构意义上说，总体消费中的居民消费更要提高。这些年来中国经济在不断增长，而中国居民的消费水平却出现了反向运动。居民消费占GDP的比例，改革开放初占45%，最高的时候占到50%左右，现在到了35%左右。其后果，一是直接影响了当前宏观经济的稳定、持续增长。另外，从社会学、政治学角度说，应该让老百姓充分享受改革开放带来的好处。而现在经济总体蛋糕在不断增大，但是居民分到的蛋糕比例反而在缩小，从这个意义上讲，要进行调整。

现在在分析中国居民消费率偏低原因的时候，人们往往从相对居民储蓄率偏高上面找原因。如亚洲文化的原因：中国不像美国人，家长不管孩子，我们的家庭观念比较重。这往往是从相对居民储蓄率本身出发来研究居民的消费率偏低。从文化因素、从社会保障因素分析，这些确实是原因之一，但是我们恰恰需要研究的是，总储蓄率从1996年的36%上升到2007年的51%，为什么推动我国总储蓄率不断上升的原因不是居民部门？为什么总储蓄率在上升，居民储蓄率上升得却不快？从1996年以来的11年中，居民的储蓄由19%上升到2007年22%，上升了3个百分点。22%的储蓄率，与比我们落后的印度在同期相比，我们还低了2个百分点，它是24%。中国储蓄率提高这么快，主要是谁推动的？主要是企业与政府部门在推动。企业与政府部门在这11年中间，由17%上升到29%，提高了12个百分点，居民才提高了3个百分点，这就是中国经济中需要关注的一个结构现象。

因此，我认为要研究中国居民消费率提高的问题，怎么研究？主要三条思路：第一，要研究如何促进居民的储蓄向消费转化的问题。第二，要研究如何进一步减少企业和政府部门的储蓄，来提高居民可支配收入，使居民在更高的收入水平之上提高消费率。说白了，如何通过制度改革，多给居民一些钱，让他们消费而已。第三，要研究如何改变现在投资中的内部结构，大力发展服务业，以进一步开发、挖掘新的消费潜力与能力。从统计上看，这是投资，但又是扩大消费的基础设施建设，是有利于扩大消费的。具体在总量上怎么判断，某一项投资政策能产生多少消费效应，需要一条条梳理。

如果从这三个方面研究提高消费率，那么采取的对策就不仅仅是收入分配改革问题了。具体说，第一，毫无疑问，应加快提高社保水平，包括医疗、教育、养老等，扩大社保覆盖面。2010年农村60岁以上的老人，每人每月可领取养老费55元，农村各种补贴在2009年投入了1200多亿；医疗改革，2009—2011年政府投资8500亿；住房补贴2009—2011年投入9 000亿。我们在北京、上海、丽江、西安等地，看到很多外国老人游客，他们有的不是有钱人，就是一般工薪阶层，因为看病、养老问题都解决了，省下一些工资就能出来旅游。而我们的社保问题没有解决，老百姓就有后顾之忧，不敢消费。

第二，应抓紧国民收入分配结构的调整。通过初次分配，提高低收入群体的工资水平。通过税收，体现社会公平福利，再一次扩大他们的可消费水平。收入越低的人，消费倾向越高。

第三，应提高个人所得税的起征点。主要目的是要提高以工资收入为主的这样一个阶层，主要是中产阶层以下的，让他们尽可能少交税、或者象征性的交，鼓励他们去消费。有一个数据，2007年44%的纳税适用率是20%，纳税的税额占全部工资个人所得税总收入44%，这个数据表明，这个量还是很大的。所以我认为这个政策还可以继续推行。

第四，就是眼前做的，发消费券、家电下乡等直接刺激消费的政策。这方面点到为止，不展开说了。

第五，在投资结构中，向民生、向有利于扩大消费的投资领域倾斜。比如说，能不能以少量的投资来大规模完善大城市与中小城市、与广大农村相连接的现代化销售、分销渠道和网上销售渠道；完善连接城乡的二手车市场，和其他各种各样的商品二手市场。在座的都知道，在大城市里面，我们很多商品消费者已不用了，但在中国广大的农村，如旧汽车、自行车，购买的空间还相当大。怎么挖掘？进一步说，到农村地区的公路建设，能否加快投入，资金量又不大；同时彻底满足农村的用电需求。这些都有利于消费。

第六，关于消费信贷的问题。只要是老百姓真正用于日用消费的支出，比如说教育、培训、耐用消费品，银行都应该进一步大胆开创各种金融产品来予以满足。这方面在北京、上海这样的大城市不典型，在中小城市，在广大农村，能不能好好挖掘潜力？我在研究这个问题的时候，看了一个材料，很惊讶。印度在这方面做得非常细，细到什么地步，说了都会笑。印度为了刺激消费，用很少的钱可以租手机用，因此印度的手机销量一下子增长很快。更让我吃惊的是，还可以搞牛仔裤消费信贷，在中国好像根本不可能想象的。因为只要不是在大商店，小摊位上牛仔裤已经很便宜了，还值得消费信贷吗？从印度牛仔裤消费信贷中我得到启发，在这个领域，我们还有很多余地可挖，一个是产品问题，一个是区域问题，还应该往下走，往农村走，往落后地区走，研究怎么进一步扩大消费。

对于房地产信贷问题，我一直建议绝对不要松口。今天不是专门讲这个问题，只是稍微提几句。今天报纸已经披露，要抑制投资、投机性购房，营业税 2 年又延到了 5 年，政府给出了一个信号。我的建议，对于房地产消费信贷，这个问题要谨慎，要采取区别政策。现在对土地供应够与不够、房价高不高，媒体、开发商、地方政府、专家、老百姓，各说各的，观点根本不一样，为什么？我建议应该把房地产市场调控引导到以消费品为主的市场上来。你说房地产市场是支柱产业？支柱产业难道在产能问题上就没有限制？钢铁行业也是支柱产业，汽车也是支柱产业，难道没有供需平衡问题？在座的凭良心说，这一轮大多数买房的人是为了居住消费，还是怕通货膨胀在搞投资？很多人买房不是为了消费，是为了保值增值。因此我说，房子既是消费品，又是投资品。既然是投资品，资产市场就有虚拟市场的特性，容易产生投机泡沫。房地产市场在民生还是在市场，支柱产业和虚拟资产等几个大原则应该怎么把握？在民生和在市场问题上，首先要保民生，对收入低的老百姓，应该保证有房住。中国已经是这么大的经济体了，应该能够做到民有所居，因此保障性住房政策要到位，其他都按市场化管。第二，房市这个支柱产业既是消费品又是投资品，因此发展要有一个度。从减少对宏观经济波动出发，要想尽办法削弱它虚拟资产市场的因素，并不是做得越大越好。在这方面不要学美国、日本、英国、西班牙、爱尔兰，要学德国。德国的房地产市场是炒不起来的，德国人更多愿意租房而不愿意买房，政府各种各样的政策是保障租房人的利益。而在欧元区内，德国经济发展一直比较稳。有人说中国房价不断涨，是刚性需求，是由中国文化决定的，每个家都要有一个房。我认为是制度决定文化。你说德国文化、美国文化，在文化上有多大差异？都是基督教文化，没多大差异。问题是德国的制度决定了炒不起来，大家就愿意去租房，你真有钱可以去买房，但是想买房搞投资赚钱没门，那就不投资了。不投资房子，购买需求就减少；需求减少，房价就跌；房价跌了，土地供应也不紧张了。房价跌了，或者说房价很平稳，老百姓也不骂了。房价、地价跌了，各地方政府的“土地财政”没法维持，搞投资没钱了，这可以让民间资金来搞。中国是个高储蓄国家，民间资金正因为找不到好的投资项目才去炒房地产。这样，整个经济循环就逐步趋于良性了，所以我是旗帜鲜明，中国的房地产市场一定要以消费品为主导进行调控。

但是我也知道，在目前经济艰难复苏下，今年为保 8% 担忧，明年又是 900 万的新增就业，大学毕业生 630 万。大学生 630 万和农民工 630 万不是一个概念，意义不一样。政府很着急，增长必须要保。在年初经济复苏中，房地产投资是起了很大的作用。如果说一下子釜底抽薪，把房地产市场彻底调整到位，是要出事的。所以我建议，用两到三年时间，中央政府应该把房地产市场逐步调整到以消费品为主的市场上来。现在应发出信号，让投机气氛慢慢静下来。现在报纸上的房地产言论，我用一句话归纳，房地产市场像个万花筒，不同的人，从不同的角度，对不同的问题，有各种各样的看法。为什么？要好好研究，关键问题是调控方向。

讲消费信贷政策问题，要支持耐用消费品，对房地产金融也要支持，支持什么？既然消费是我们当前结构调整的主要问题，因此扩大居民住房消费也是题中之意，这毫无疑问。但是扩大信用要有一个度，美国危机便是一个教训。度在哪里？要研究。老百姓既然用明天的钱来今天消费，就要测算、研究中国 GDP 平均增长，多少年以后中国居民的可支配收入大概能增长多少。以后老百姓买房消费支出能力有多大？从这个角度倒过来算，现在首付比例多少较合适？因此我早说了，在首付比例、贷款利率下浮问题上，绝对不应该放权让建设银行、中国银行等银行去搞竞争，而应该由国家统一定。政府在这个问题上，要有长远考虑，不能像加息、减息一样，作为调控的手段经常调整。危机刚爆发，当时着急没办法。经济复苏后，应慢慢把这些政策稳下来。这是我对政府有关部门的建议。我相信我的观点，这些问题会慢慢解决的。中国经济问题的解决，往往是慢慢解决的。30 年来一直是这个样子，问题不暴露到一定地步难以解决。专家学者仁者见仁，智者见智，先发表意见，真正到政策实施，必须等问题暴露到一定的地步才能解决。中国这么大，政策的谨慎性非常重要。这两天媒体上报道了政府的声音，要打击投机房，要扩展老百姓的住房消费，这已是良性发展的势头。

第七，要研究人均 3000—5000 美元的消费需求升级问题。要研究发达国家老百姓的消费结构是怎么演变过来的。研究人家，目的是尽快布局我们在这方面的投资，以各种政策优惠引导民间资本来搞消费基础设施方面的建设。

这里，我引一位专家的分析材料。我们国家 60 岁以上的老人有 1.7 亿左右，养老的床位数是 250 万张。养老床位数与老人的比例国际上是 5%—7%，如果要达到 5%的比例，中国还需要 600 万张床位。

仅上海市，要达到这项比例，每个床位需投资50万到80万，未来10年养老院建设上就要产生500亿的大市场。这还不算，如果加上半自理状态的老人护理，以及其他身体状况比较好的老人娱乐、老人培训、老人旅游等，专家估计全国有1万亿的消费规模。所以说如果开发这块银发产业的消费，那么市场潜力非常大。

第八，我今年7月份在总理面前也曾经建议过，如何扩大民间投资，实际上带来的另外的效应是如何扩大居民的资本性、财产性收入问题。这方面收入提高了，消费就大了。4万亿投资，也不仅仅这4万亿投资，只要是政府搞的项目，有盈利、能赚钱的，尽可能不用政府的钱，让民间来搞。有些项目政府控股就够了，尽可能引导老百姓的民间资金来搞投资，政府把这个钱省下来去搞消费，去救穷人，搞医疗、教育、社保。包括“铁公基”、基础设施都可以这样做。具体就不展开说了。

以上八点措施都是按常规思路，是按照财政部一年收入水平来考虑投资与消费问题。接下来想说的是，我们不仅要算财政部的收入账，也要算国家资产负债表的账，政府掌握了多少好资产？金融机构就不说了，几大金融机构占全部企业利润的百分比是很吓人的，这两年垄断性大银行、大保险在危机以后，相对地位更是提高了。就说国资委公布的企业数据，2008年全国国有企业净资产高达17万亿，平均每个国民1.29万元，国家已经开始在中央企业实行了少量比例的资本分红制度。我认为政府应该对地方国企、对金融机构中的国有股份都要一视同仁，国家资本是全民的，赚了钱就要分红。现在资本不分红，干什么去？就是搞投资、炒房地产去。就是大金融机构、大银行赚了钱分给了汇金公司搞投资，也没有进财政部的账通盘考虑支出。分红的资金应统一纳入各级财政预算，专项补贴用于提高低收入居民的收入水平和全体居民的消费。而且我认为分红的比例应该可以动态调整，政府说了算。

另外一条措施，应该有计划地减持各类国企，包括地方国企中的政府持股比例。目前已经开始执行将上市公司国有股中增发的10%划转社保基金。我认为，这远远不够。应该不仅对上市公司，对非上市国企中的集团企业里政府持有的股份,也应该有相应的考虑。例如有些企业需要保持相对和绝对控股,除此之外的股份,都可以有计划地减持,向市场标售。如果一下子操作有压力,可以慢慢卖,花 5 年甚至更长的时间。减持后的资金也统一纳入财政预算,用于补贴、提高低收入群体的收入水平和全体居民的消费水平。也许有人担心减持国有股是不是吃光用光,投资下降?不会。政府持股减持,卖给国内民间投资者、老百姓,无非是股份持有人由政府变成老百姓而已,整体投资率不变。而且这部分是优质资产,如果以相对较高的市盈率在市场招标竞售,得到的可不是小钱。这样做的好处:第一,增加了一部分用于消费的资金。第二,从理论上说也好,实践证明也好,股权分散,产权制约明显,有利于企业的健康发展。第三,有利于扭转现在"国进民退"趋势的发展。第四,可以引导民间资金的合理投向。结合上面所说,不鼓励老百姓在房地产虚拟资产投资,而给老百姓对实体经济投资找到好的出路。现在国有企业钱太多了,没地方花,进资本市场和房地产市场,不断出现"地王"中的国企现象,实际上助推了资产市场的泡沫。

在扩大消费问题上,还有其他方方面面的制度需要改善,比如说中小城市户籍制度的改革,农民工进城的问题。人口政策调整问题,作为政府决策,从长远考虑现在要开始准备。人口生育政策怎么调,是有争论的事情,应可以试。还有金融改革等问题。

总之,我认为扩大国内消费,既是一个眼前急需要解决的结构问题,又是一个长期的战略性问题。外国投行预测,如果中国的结构不调整,中国这么高的储蓄率,不仅会阻碍中国经济的稳定和增长,而且全世界也难以消化中国这样的高储蓄率。难以消化的结果就是全世界汇率战、贸易战的战事越来越激烈,越来越难以处理。今年世界上的贸易保护主义,大家看得很清楚,美国、欧盟已经有点急了。

上面说的是中国当前的主要经济结构问题,与中央经济工作会议说的各种结构问题和有些领导提出的各种结构问题,关系如何理解?我的观点是,提升中国经济结构比重中的消费比重,并不意味不重视其他方面的结构调整,这是两回事。从中国经济稳定、持续、协调发展出发，其他方面的结构，包括人和自然的结构，如碳排放问题、节能减排等，也要解决；人和人之间的结构矛盾，如收入分配结构问题，也要解决；也包括经济体内本身的各种结构问题，更多的是体现为投资的内部结构，这些都要解决。但是，对于这一切各种各样的结构，政府在工作任务的布置上要采用“弹钢琴”的工作方法，弹钢琴十个指头都需要弹，哪个重哪个轻，需要分清楚。要分清重点和一般问题的关系。我强调当前经济总量发展中的主要结构问题是什么，主攻方向是什么，和前面讲的各个结构问题都不矛盾。

而且，经过30年改革开放以后的中国，经济总体实力已经步入世界前沿。有一个测算，关于年底超过第二大经济体日本，不过可能由于日本汇率涨得比较快，今年算下来还差一点，明年超日本肯定没问题。不管怎么说，中国已经进入了世界大经济体的前沿，加上这么多外汇储备，尽管有人说外汇储备被人家绑架了，但这个钱是可以花的，是国家的“存折”。所以我认为，当前中国实现小平同志所说的，让一部分人先富裕起来后，走共同富裕的道路，条件已经初步形成。政府有一定的能力可以进一步提升中国居民的消费和福利水平。只要政府的政策调整及时，调整到位，中国经济应该能够在克服经济危机，复苏基础中的不稳定、不巩固、不平衡方面，比其他国家做得好一些。所以我进一步建议，我们除了搞十大产业振兴规划，比这些更重要的是，中国政府恰恰需要制订“消费为主导”的结构调整规划，来指导当前的中国经济结构调整和提升中国居民的消费水平，从而把中国经济稳定增长的宝押在中国国内巨大的消费市场上，不要押在世界经济周期波动的风险上面，不要更多地受美国货币政策的影响。

超常规货币投放不应再延续[①]

（2009 年 12 月 29 日）

在美国经济危机的冲击下，我国政府采取的以 4 万亿为核心的一揽子经济刺激计划是出于无奈，目的是尽快把中国经济稳住。从总体上说，这一政策取得了比较好的效果，但是，对于 2009 年全年超速的货币供应量增长和信贷增长，大家都表示出一定的担心。

我们知道，2009 年货币供应量增长（M2）和信贷增长都是超常规的。一般来说，货币多了容易造成物价上涨，2009 年货币供应多到什么程度呢？我举两个数据做个比较。1994 年是国内商品短缺的年代，CPI 达到了 24.1%，原因就是在 1993 年的时候，货币供应量增长很高。如果我们用货币供应量的增长率减去实际 GDP 增长率，再减去当年物价的增长率之差来观察货币供应状况的话，我们就会发现，在商品短缺的 1993 年，M2 增长率减去 GDP 增长率，再减去 CPI 增长率的差，约等于 8%左右。第二年（即 1994 年），中国爆发了最严重的通货膨胀。

现在是产品过剩的年代，2009 年的货币供应情况又是怎样呢？如果

---

① 此文根据作者在 2009 年 12 月 29 日“中国企业竞争力年会”上的发言录音整理。

用2009年6月数据计算可以发现，M2增长率，再减去GDP增长率减去CPI增长率之差，达到了惊人的21.4%。而危机前的11年间（自2009年开始往前倒推11年），物价涨得最高的2008年，这个差也仅仅就是2.4%（2008年CPI最高是5.9%）。即使在1993年，这个差也只有7.6%。由此可见，2009年这样超常规的货币供应量和信贷增长趋势不能不令人担忧。

2010年将是经济形势更加复杂的一年。中国每年新增900万的就业压力。由于全球经济复苏基础还不稳固，这就意味着，世界贸易不会很快恢复，我们的出口压力仍然很大。一方面，2010年中国的进出口在多大程度上由负转正仍然有压力；另一方面，2010年甚至2011年，进出口也不可能恢复到2003年至2007年时期的高增长水平。在这样的经济环境下，我们必须要保持"适度宽松"的货币政策和积极的财政政策来支持中国经济的发展，而稳住中国经济发展的核心是要稳住实体经济的发展。

在这样的背景下，2010年，我们要特别防范几方面的问题：防范资产价格泡沫增大；防范通货膨胀；防范产能过剩以及银行贷款资产质量下降。尽管2010年货币政策的取向是宽松的，但在具体的执行中，要讲究针对性和灵活性。这就是说，在价格问题上、在投资问题上、在房地产问题上、在供应和结构调整上都要有所体现。

最后，我集中讲讲大家最关心的货币政策。我认为，2010年中央执行的将依然是"适度宽松"的货币政策，其主要目的是尽可能地保证实体经济能够保持稳定的增长，GDP保持8%或8%以上的增长。但是，具体到货币供应量增长和信贷规模方面，我个人认为，2009年超常规的投放速度，到2010年应该结束了。2009年底的货币存量已经很多，货币流动速度已经很快，企业、银行、居民存款对货币供应量的增速都在起着作用。2010年，货币供应量增长速度和信贷规模如果恢复到正常年份的水平，我个人认为，同样能使经济保持8%左右的增长。对于这一点，企业和银行都应该尽早做准备。

我们知道，央行更多的是在进行反周期的操作；我们也知道，由于金融危机的爆发，世界各国的银行都在进行反周期的推动政策。所以，要真正保持持久不懈的竞争力，企业就必须要有长远眼光，必须在这轮经济周期往上走的过程中保持清醒的头脑。

房市调控，路在何方？

（2010年1月2日）

当今，对中国房地产市场的看法，几乎是个“万花筒”。宏观决策者、地方政府、开发商企业、行业主管、投资投机者、低收入百姓及各种媒体，对过去和当下的房价与房价政策，众说纷纭，公婆说理各有一套。过去不一样，现在仍不一样。一边是一些人在喋喋不休宣传“刚性需求”；一边是低收入百姓拼命感叹房价太高，“一套房子消灭一个中产者的一生消费”；一边在查囤地、增加土地供应，一边不断出现创新高的“地王”，等等。为什么房市讨论中各种意见分歧如此之大？如此热闹？可以说这种现象也是宏观经济各领域讨论中最为突出的。

正因为分歧如此之大，且房地产市场直接涉及当前的经济复苏，又涉及社会稳定的大局，因此，确实是该到认真反思、认真总结中国十几年房市发展的经验与教训的时候了。修修补补、零打碎敲的政策，不足以彻底解决问题。因篇幅关系，在此就其思想原则进行反思。

1. 从1987年和1988年分别开始的土地使用权拍卖和住房货币化道路是正确的，不容怀疑。这是中国市场体系建设中不可或缺的。经济中土地和住房两要素价格必须由市场决定，这也是今后仍需进一步坚持的方向。但是，这丝毫不意味着，房价涨到低收入百姓通过货

币化已无法实现住房基本需求也是合理的。这不是改革的初衷。（关键语：**改革方向是正确的**）

2. 中国人多地少，又是13亿人口大国，粮食需要基本自给，这是中国在大国竞争中的一项基本战略。因此确保一定的耕地，是筹划住房建设用地的"底线"，决不能动摇。当然，在较长的、不同的历史阶段中，由于国际间政治经济格局的变化或农业劳动生产率的大幅度提高，可能会影响这一底线的确定。但是，"底线"意义极其重要，原则仍须坚持。相对于从现在到今后可预期的一段时期内，"底线"应该是稳定的。（关键语：**耕地底线绝不能动摇**）

3. 百姓住有所居，既是由福利房向货币分房改革的目的，又是一国社会、政局稳定的基础，这也是一条底线，决不能动摇。至于如何在出现各类高档房的住房改革中确保这一底线，涉及改革策略与艺术。当普通大众可支配收入的增长难以确保在由多种复杂的国际、国内因素决定的房市中实现住有所居，不管房市如何调控，政府必须竭尽全力从土地供应、城市规划、财力安排、公交布局、优惠补贴等政策出发，首先确保涉及政局稳定的多数人有房可住的起码要求，哪怕是以各种补贴的"租屋"形式实现。在这方面，就是在堪称市场体系完善的国家和地区，如北欧、美国、德国、新加坡、中国香港地区等，也无一例外，都有这条"底线"保障。如果中国当前这条"底线"未保障，说明房市调控思路更要反思！（关键语：**低收入百姓有房可住也是底线**）

4. 中国人多地少，且经济正处崛起过程中，百姓收入亦趋不断提高，对"住有所居"的改善要求会不断提高，从此意义说，对土地、对高品质住房是刚性需求。但是，分历史阶段而言，如果在确保了多数百姓住有所居"底线"的情况下，目前房价飞涨态势下的这种"刚性需求"也许就是相对的，就是"柔性"的。因为如果按照本文所述作出进一步政策调整的引导，后一种"刚性需求"，是完全可以做到相对局限在高品质购房的需求内的。即通过税收将房价飞涨收益转化为低收入百姓租房、保障房建设的补贴，房价上涨与低收入群体购房需求无关。且房价越涨，补贴越多，廉租房、社会保障房建设规模越快，后一类的购房"刚性"需求也许就转为"柔性"了。其实，如果政策能分隔开基本消费性住房和高品质住房两类需求群体，那么当面对后一种“刚性需求”下的房价飞涨，此时政府大力度调控房市的压力也自然减少，不必再为调控力度左顾右盼了，此时的“刚性”需求也会“柔性”化。（关键语：**似是而非的“刚性需求”**）

5. 随着居民可支配收入的不断提高和对改善性住房需求的增大，毫无疑问，房市对一国GDP增长的贡献度会日益提高，其支柱产业的地位也日益凸现，这是必然的。客观上，亚洲金融危机后中国经济的恢复增长和当今美国危机后中国经济的复苏，房市作用不可抹杀。但是必须认识到，第一，如同国民经济中其他支柱产业一样，其发展速度同样是有限度的，并不是规模越大越好。否则，日本和美国就不会发生危机了。第二，在某一时期，由于房市支柱产业的过度推动，一国经济可以表现为增长形势可嘉，但这并不意味该国经济本身就不存在严重的结构问题，也不意味从长期看一国经济可以实现可持续性的增长。在这方面，其他国家有案可析。在中国，由于近十几年来居民消费率不断趋低，美国危机后出口减少，增长受阻，因此只能靠投资、靠房地产过度投资来推动经济增长和就业。在亚洲金融危机后是如此，在美国金融危机后同样是如此，但这不是长久之计。（关键语：**支柱产业也有规模问题**）

6. 在现实中，住房既是消费品，又是投资品，这已是不争的事实。特别是在美国危机后，全球货币供应过多、物价上涨预期压力加大，中国现行房地产政策取向又在研究调整，不完善、不明朗预期下，购房投资的金融资产属性成分日益上升，这更是不争的事实。而房市的金融虚拟资产属性越大，对一国经济周期波动、稳定宏观经济的负面干扰越大。各国经验与教训证明，凡是将房市主要作为消费品市场的，一国周期波动小，经济稳定增长，如德国。凡是将房市主要作为投资品市场的，情况恰恰相反，如日本、美国的危机等。因此，中国在近阶段，运用经济手段削弱虚拟资产市场过度波动，也是保持经济稳定增长的内在要求。（关键语：**应削弱房市的虚拟资产因素**）

7. 运用金融手段鼓励居民跨期消费，即支持房市发展，是提高一国经济效益和国民福利的长期有效手段，也是近期扩大内需和消费的短期政策要旨。但是,凡事皆有度。跨期消费必须考虑居民可支配收入的增长趋势,及其与宏观经济稳定发展的平衡。在这方面,美国次贷危机已给我们提供了一部很好的反面教材。评判居民负债率高低的优劣标准,不能简单思维,拿已"出事"的金融市场发达国家数据为依据进行比较。因此如果在了解跨期消费政策兼有宏观政策属性含义之后,政府绝不应该允许商业机构在按揭房首付比例(包括第二套)等政策上自由竞争,也不应该在政策含义上含糊不清。(关键语:**跨期消费要有度**)

8. 许多人说,相对而言,中国人购房受文化、家庭观念、习惯影响较深。作者认为,体现为文化观念习惯的上层建筑是可以变化的。这一变化取决于一定的经济基础和制度。同处欧洲的德国,与英、美等国同受基督教文化的影响。但英、美等国因为主动推动金融自由化战略,住房投资投机政策限制较少,则购房比例高,房价波动大;而在主要鼓励优惠租房制度的德国,则百姓购房比例低,相当多的有钱人愿意一辈子租公寓甚至别墅,而不愿投资、投机买房。(关键语:**购房观念由制度决定**)

9. 当前各级地方政府搞项目投资、建设社会保障房的资金,相当部分来源于约50%的"土地财政"。如果进一步采取强有力措施,抑制打击投资、投机购房,从而稳住地价,但地方财力缺口凸现,眼前的社会保障房资金来源怎么办?经济保增长问题怎么办?对于前者,应仍可通过继续存在的正常的地价上涨收益转入(不过没有原来那么多了),也可在专款专用原则下,通过全国调度或部分转移支出,予以适当解决。对于后者,应该采取的措施是,只要是有盈利、可赚钱的项目投资,原则上"让利于民",吸引民间来投资。制度改变后仍不能解决投资资金缺口的,再以发债等金融手段予以解决,一句话,地方政府应退出一些项目投资领域,不能因为地方财政缺资金而纵容各地地价飞涨。(关键语:**以制度改革解决地方政府的建设资金缺口**)

10. 根据以上逐条反思,中国房市调控,路在何方?首先必须明确,以消费品市场为导向。对此,开发商企业也许会反感(2009年第二季度作者曾在一房地产论坛发表此观点,相关媒体并不愿意报道)。

坚持此导向的措施，第一，对低收入群体的住房需求（包括农民工住房），虽然仍坚持货币化方向，但是基本应以各种优惠的廉租房形式予以保障。为此，在土地供应、卖地收益、财政资金等方面，必须首先在满足廉租房等社会保障房需求之后，方可安排其他。第二，各地的土地出让金收入专款专用，地方政府不得用于一般制造业投资支出，必须在依法确保农民土地出让收益后，专项用于低收入群体住房建设中的各种优惠补贴及其相关的城市公共设施建设。第三，对居民纯市场化购房，继续鼓励跨期消费，但是对其按揭首付比例、利率优惠，应在具体测算居民可支配收入增长走势的情况下，从国家宏观诸调控政策平衡出发，统一确定，并保持相对的稳定，尽量不因政府政策的变动而助推居民购房预期的波动。各地政府也绝不能在国家规定的廉租房、保障性住房建设任务未完成之前，在当前投资、投机购房未抑制之前，在各类购房需求混淆不清的情况下，轻易采取购房可退个人所得税等地方性政策，以国家"明天"的财力去维持房市"今天"的泡沫。第四，若地方财力确实在完成廉租房等社会保障房建设任务和确保农民合法利益后，仍有余力的，不反对各地支持"类经济适用房"建设，但是政策必须公平、清晰、透明，且容易操作。而且政策重点也是照顾中等收入者消费购房而不是去用于投资、投机购房（研制一定的规定，抑制二级市场上的牟利行为）。不然，则予以明令禁止。第五，通过政策引导，不鼓励居民从房地产这一虚拟资产市场获得财产性收入，鼓励其从实体经济投资中获得财产性收入。为此，应尽快调整税收政策，使其投资仅能获得与市场平均投资收益率相似的收入。（关键语：**不同需求分类调控**）

11. 由于采取上述不鼓励居民从房地产这一虚拟资产市场获得财产性收入的政策，又鉴于中国高储蓄率现状，则必须尽快配套改革非房市上的相关制度，满足民间资金投资的需求和维持中国高投资率、经济高增长的需要。为此，要做好政策调整后各地政府"土地财政"收入突然减少的制度准备。而且在现在地价、房价轮番攀高循环中，投资、投机者购房可赚投资收益，真正为高地价、高房价埋单的是购房为消费的普通中低收入群体，太不合理。具体措施：第一，下决心彻底梳理、取消民间资金依法进入各项领域的投资限制，降低投资“门槛”；第二，适当减持政府在中央、地方各类优质企业中的持股比例，让位于民间的有钱人投资持股，以减少房市投资、投机压力；第三，如第九条所述，在近期刺激投资和政府今后日常的投资项目中，只要是有盈利、可赚钱的项目，尽可能让位于民间投资；第四，中央政府和地方政府通过减持股份或减少投资，在确保社会保障房资金用途后，再有多余的资金，可用于公共财政支出和扩大居民消费支出。（关键语：**要给有钱居民开辟投资渠道**）

12. 目前中国经济正处于艰难复苏的微妙形势下，加上调整民间投资转向实体投资这一政策的推出，需要一个过程，房市以消费为主导政策的一系列调整，同样需要一个过程。因此，当前的房市调控，重要的是要讲究策略。要兼顾长期政策和短期政策的结合，关键是要处理好投资复苏政策、扩大民间投资政策和房地产市场本身政策这三者调整关系的搭配衔接，这是当前理顺中国房市调控方向中的最大难题。因此，在策略取向上：第一，最近国务院采取的一系列政策，已开始倾向于房市调控以消费品为主导的方向，但是，力度仍不够，信号仍不清晰。中央政府应发出明确的、毫不含糊的信号，让市场明了，从中期看，中国的房市必然将过渡到以消费品为主导的方向。第二，在调整力度上，坚持先易后难、政策配套、逐步推进的原则，准备花2—3年的时间完成调整任务。时间太急，易引起当前经济的大起大落。当前，只要发出明确的信号，其调控效用会远比目前查囤地、增加土地供应等政策效应要大、要快。第三，在调整中，对政府有关部门最大的挑战是，如何尽可能测算好包括国土政策、“国退民进”政策、税收金融政策、房市秩序建设政策等在内的各项政策的搭配。即在不影响2010年甚至2011年经济仍稳定增长的大前提下，政策组合要既兼顾长期导向性要求，又兼顾短期经济增长需要。在这方面，不要指望国土部、建设部等一两个部门的政策所能奏效。（关键语：**信号要明确，政策要配套**）

13. 如果是沿着上述政策取向采取行动，可以预见，经过几年的政策调整，中国房市包括中国经济将出现以下三方面的重大变化及循环：

（1） 通过相关税收、金融政策，大力度抑制打击投资、投机购房，鼓励消费购房、租房→下降部分购房需求→房价平稳甚至部分下跌→土地需求减弱、稳住地价→地方政府“土地财政”收入快速下降→地方出现“投资资金缺口”。

（2） 同时，大范围、实质性地降低民间资金进入实体经济各领域的“门槛”和各种投资限制，加上政府部分减持各类国企股份让位于民间投资后，会产生五个循环结果：第一，地方政府“投资资金缺口”压力减轻；第二，尽管地方政府减持股份、减少投资，但社会总投资率不变，经济增长压力未增加；第三，民间以实体投资替换房市投资，减轻房价上涨压力；第四，房价上升减缓，居民购房支出减少以及少部分地方政府投资支出减少，有利于提高居民消费水平，可增加公共财政支出；第五，扩大了民间投资，产权约束明显加大，有利于企业治理结构改善。

（3） 在土地、资金政策真正着力向廉租房等社会保障房倾斜后，纯商品房（自然包括改善性住房），特别是高档房、别墅，也许一段时间内还存在涨价较快的现象，此时如果通过对二级市场上的涨价收入实行严厉高额的差别税率，增加财政收入，其可能的结果：第一，通过对土地收入专款专用约束，可增加农民出让土地的收益和增加廉租房等社会保障房建设的资金来源。该类优惠房建设规模加快，租房条件优越，人们更倾向于租房或者延迟改善性买房的期限，反过来减轻购房需求，又可抑制房价上涨。第二，居民减少或延迟购买改善性住房，省下货币可用于扩大消费，有利于经济的长期稳定增加。第三，纯商品房二级市场收益明显减少，境外资金投机空间缩小，外汇兑换人民币压力减轻，有利于货币宏观调控向好的方向转化。（关键语：**房市的三种情景分析**）

总之，当前中国的房价，绝不会越调控涨得越快，关键是要寻找到一个能使房市趋于良性循环的调控思路，敢于调控。当前中国房市的正确调控，也不是个别部门的个别政策所能完成，必须要有多部门、多项政策的配合，要兼顾国民经济的短期目标与长期目标，要有税收金融政策、“国退民进”政策、民间投资政策等诸政策的搭配。未来中国房市发展方向的选择也并不难，关键取决于借鉴何国经验，是选择投资品导向还是消费品导向。作者相信，只要选择好中国房市的正确发展道路，要不了几年，中国房市肯定会出现健康稳定、令多数百姓满意的发展趋势。而在我们今天反思、调整我国房市发展道路之关键时机，政府手上拥有的大量优质资产，恰恰又能为未来道路的选择与转向，提供在其他国家难以遇见的制度基础和空间，这是我们在今天房市调控苦恼中的大幸。

如何读懂中国经济?[1]

(2010年3月20日)

在2010年3月20日举行的中国发展高层论坛2010学术峰会上,国务院参事、国务院发展研究中心金融研究所所长夏斌驳斥了西方舆论界的"中国经济崩溃论",并分析如何读懂中国经济。

"在2008年年底、2009年年初很多人预测,中国经济2009年的增长在6%甚至以下,中国会发生重大的社会动荡;在2009年的第三季度,又有人在不断地调高中国经济增长的速度,在中国学者已经警告中国经济复苏中存在风险的同时,西方舆论界却更多地唱多中国,特别是资本市场;2010年以来又出现了中国资产市场泡沫要破灭、中国经济要崩塌这样的舆论,而且同时要求人民币升值。"

夏斌直言中国和美国经济体系内的机制有诸多不同。那么,要怎么读懂中国的经济?

"我谈个现象,2008年9月到2009年3月期间,美联储资产增加了两倍,从七八千亿增加到2.4万亿左右,银行系统对非金融部门的贷款不但没有增加,反而下降了50%,当然美国企业融资方式不仅仅

① 此文部分曾刊于《中国经济时报》。

是通过银行部门。中国人民银行同样采取了刺激政策,2009 年第一季度基础货币稍微一放松,整个社会贷款马上出现了天量增加,贷款的实际增长率出现了改革开放以来从来没有过的现象。”

中国的刺激政策在有效稳住中国经济增长的同时,也对世界经济从衰退走向复苏作出了重要贡献。有美国学者统计了 2008 年 10 月至 2009 年 3 月的这一轮财政刺激政策中,中国的财政刺激性支出占 GDP 比例最高,占到了 6.8%。但由此带来的资产价格泡沫隐患不容忽视,特别是对中国经济率先复苏功不可没的房地产也深陷泡沫过大的忧虑。夏斌直言房地产市场的调控将是 2010 年中国政府宏观调控政策中的重大内容。

“第一,中国政府已经充分认识到房地产资产价格快速上涨可能带来的严重危害;第二,政府正在采取有关政策措施给予调控,包括增加保障性住房供给和打击投机买房等;第三,进一步调控中国的房地产市场要关注长期目标与短期目标的兼顾问题,要考虑一个经济系统中房地产制度的建设和非房地产制度建设的衔接、配合问题,应该花两到三年的时间健全中国以消费品为主导的房地产各项政策制度。”

夏斌表示,中国包括其他有关国家都要加快危机后的结构调整,在一定程度上要忍受因为危机所要付出的代价,寻找新的经济增长点。

全球经济“乱象”背后的美国核心利益[①]

（2010年3月24日）

近期，全球经济、金融乱象不断：希腊、西班牙等国早存在的主权债务问题，因评级机构的评级下调突然危机化，同时欧元、英镑出现严重动荡；这边奥巴马提出重振制造业，5年出口翻番的口号，那边原可走法律赔偿程序的日本丰田事件，出现了美国几十年来从未见的“高规格”国会听证；与世界舆论出现“中国泡沫崩溃论”的同时，美国又掀起新一轮逼人民币升值的浪潮等。这一系列似乎独立的事件，背后是否存在内在的联系？美国政府当前追求的核心利益到底是什么？

美国经济运行中长期存在的贸易赤字，是靠在金融市场上吸引全球资金得以维持。危机后的奥巴马政府，经济上的压力，是减少失业、复苏经济。面对危机后金融机构、企业和居民资产负债表的缩水，经济复苏最缺的是资金。而救危机中不断推高的巨额财政赤字，又严重影响了美元信誉，不利于全球美元资金回流美国。政治上，对奥巴马执政具有历史性意义的医保改革，需要大量后续资金支持，也迫切需

① 此文首次公开发表。

要全球资金回流美国以支撑经济尽快复苏，在恢复增长中逐步减轻赤字负担。因此，从经济、政治上看，确保国际资金持续不断的回流，是当前美国的核心利益。在往常，促使国际资金回流，可通过推行名义上的强势美元，即通过提高利率。但当今危机当头，若过早提高利率，又不利于经济复苏。因此，只能采取多方位政策的配合。

由此，可以这样理解：(1)不管希腊问题最后是由德国救、IMF 救，还是共同救，希腊问题的暴露，客观上已打击了欧元，使欧元、英镑严重下跌，美元相对升值，实现了欧洲资金部分回流美国的目的。(2)美国要重振出口，主要竞争对手不是生产低附加值制造品的中国，而是日本、德国。有人估计，继丰田事件后，美国会在德国制造业中找麻烦(近期美国军方大额采购空中加油机宣布放弃投标，已是典型的不公平竞争案)。(3)中国经济系统是存在一定的泡沫隐患，但全球最近突然密集、过度的“唱空中国”，不能不使人猜疑，有误导资金撤出中国之嫌。至于逼人民币升值，美国政府精英更是心知肚明。尽管不能从根本上解决中美贸易赤字问题，但是掀起这股浪潮，一是短期内可给美国采取贸易保护主义政策提供借口，安抚失业民心；二是满足美国两党 11 月中期选举的政治需要；三是在全球形成人民币升值压力舆论，可帮美国政府增加对我方谈判的筹码；四是知道中国在人民币升值重压下不会轻易升值，其结果会使中国不断增加的外汇在欧元下挫时，又不得不继续投入美国金融市场，正中美国“下怀”。即使人民币升值了，对美国也是利多弊少。但是必须看到，近期美国并不希望美元对全球主要货币贬值，只是要求人民币相对美元升值，拿中美贸易差额说事。人民币升值不是美国经济的核心利益，但其在资金回流的核心利益上，却是只做不说。

基于上述分析，近期中国的策略思考：

1. **继续抓紧做好自己的事。**面对当前的全球经济失衡，美国政府已认识并正致力于国内的结构调整。我国政策不是因外部压力而动，但是必须统一思想，结构问题是我国经济可持续增长中的最大问题。应在保持经济最低限的相对稳定增长前提下，自动为结构调整留出更多的空间，加快提升国内的消费水平。

2. **灵活应对汇率升值的压力。**我国仍应坚持人民币汇率相对稳定的原则。在当前，汇率制度变革比汇率水平调整更重要。在加大进口、尽可能争取贸易平衡的同时，有必要尽快、择机回到危机前的有管理浮动汇率制度上。目前，尽管人民币客观上存在可微弱升值的必要，但基于此争论既然已成为中美经济摩擦中的重要内容，我方无妨也应拿汇率说事，即使本来计划升值，也应作为经济与战略全方位谈判中的筹码，进行讨价还价，如争取更多的高科技进口等。

3. **策略性地用好我国持有的美国国债这一工具。**在当前国际货币局势下，美国并不担心我国外汇储备不购买美国国债，中国外汇资金不继续回流美国的现象会发生。在理论上，若遇美元贬值和利率上升，会给我国持有的国债带来损失，但从长期看，中国是否持有或持有多少美国国债，并不实质影响美元作为世界最主要货币的强势地位。即使短期内美国国债出现波动，对我国持有未卖的国债而言，只是短期的账面损失，而且关键是不会影响我国实体经济的运行。因为相对于日本，我国的外汇储备集中在国家手中，不会出现当年日本企业因美元贬值而出现资产全面缩水，最终引起日本实体经济的重大动荡。鉴于此，针对美国常常利用国会的贸易提案给我国施压的状况，我国也可鼓励民间去讨论美国国债问题。将国际社会舆论重心，从目前的贸易领域引到国际金融和货币体系领域，并以此获得政府战略谈判中的主动（甚至在必要的时候，可实质减持部分美国国债）。

4. **支持亚洲的美元储备尽可能用在亚洲。目前全球外汇储备三分之二在亚洲。**我国应抓紧利用手中的美元外汇储备，积极推动搭建亚洲债券市场平台。在以亚洲的外汇资金支持亚洲、东盟国家的经济发展中，获取我国在亚洲经济一体化中的利益，其中不排除部分抛售美国国债转向投资亚洲债券市场。同时，结合亚洲债券市场的发展，推动人民币区域化进程，逐步建立亚洲人民币债券市场。开辟另一战线，以制衡美元的过度发行。

5. **在欧元局势变动中寻找利益机会。**德、法、欧盟和 IMF 对希腊等国债务危机救助态度差异的背后，意味着对欧元前途的不同判断。

欧盟无能力救；IMF 如果出手救助，意味着将按美国意图行事，会加重欧元区内部的矛盾，对欧元走强不利；欧元区内的德、法两核心国，基于维护欧元的立场，均愿出手救，但出于国内政治压力，也会迫使希腊加快改革、付出紧缩经济的代价。但两国又有细微的差别。从长远看，德国也许想借与 IMF 的合作，卸下欧元区现有的“问题国家”包袱，实现部分国家在欧元区的退出机制，使新欧元区国家更强，新欧元走强。因此对中国而言，应密切关注不同救助方案的动向及长短期意义，对欧元和希腊等问题国家债务，分别采取相应不同的投资态度。

推进人民币区域化，要让境外“玩起来”[1]

（2010 年 4 月 13 日）

背景提示

随着人民币跨境贸易结算试点进一步扩容，人民币区域化步伐进一步加快，与此同时，相关部门正在探索在上海开展离岸金融试点，而有关推动境外机构在国内发行人民币债券的工作也正在稳步进行。针对人民币区域化过程中的这些问题，记者对新任央行货币政策委员会委员、国务院发展研究中心金融研究所所长夏斌进行了采访。

记者：目前有消息称，上海 2010 年将在建设人民币离岸中心上有所突破，而香港也提出了建设人民币离岸中心，您认为香港和上海两个人民币离岸中心该如何定位？

夏斌：从人民币离岸中心建设本身来说，如果说上海、香港都建，内容应该是一样的。但从国际金融危机之后，我们要更多地克服和防御以美元为主导的国际货币体系的负面影响，我们应该尽快地把人民

① 此文是作者答唐真龙记者问，刊载于 2010 年 4 月 13 日《上海证券报》。

币离岸市场建立起来，有助于人民币逐步“走出去”战略的实现。如何尽快建立人民币离岸中心，香港在这个方面比上海条件好，因为香港本身是国际金融中心，它的法律、制度、客户网络，包括国际社会对这两个市场的意识形态的见解都不尽相同。从两地比较来看，如果香港做应该会走得更快一些，但是不排除我们在上海做。在上海做的目的是为了了解、熟悉国际游戏规则，因为离岸中心完全不同于在岸市场的一套做法。而两地离岸市场在本质上是一致的，也可以促进沪、港两地之间的沟通。从这个意义上说，不存在很大的矛盾。当前我认为更急迫的应该是先把香港的人民币离岸市场建立起来。

记者：自 2009 年以来，就不断有消息称 2010 年将在上海进行境外机构发行人民币债券的试点，但我们看到目前一直没有成行，您认为在推动境外机构发行人民币债券方面目前存在哪些障碍？

夏斌：对债券发行，目前可能是对要不要审批存在争议，国内的债券市场目前是由发改委审批的，当我是人民银行非银司司长期间，我们把债券的监管任务交给了发改委。在交出债券监管权的同时，我们认为应该逐渐放开债券市场行政审批的制度，尽快制定有关债券管理条例。距 2002 年我离开人民银行，已经过了七八年时间，债券条例尚未修订出来。在人民币离岸市场上，我认为除了政府、金融机构发债之外，我们的企业也应该可以发债。这样一方面可以帮助出去的人民币回流回来。另外一方面，我们看到金融机构在支持中小企业融资方面问题很多、有所滞后，而通过离岸市场筹集人民币，对促进改善国内的债券市场体系是有好处的。

记者：对于人民币跨境贸易结算，有消息称近期将在前期试点的基础上扩大到 14 个省份，您对这个问题怎么看？

夏斌：2009 年 6、7 月份，我就提过，尽快放开跨境贸易人民币结算的试点限制，没有必要搞试点限制。如果说是因为出口退税等有关部门在有些制度方面没准备好，我们先放开，以此来倒逼有关部门尽快制定相关制度，这就讲得通。因为国务院的方向很清楚，就是要加快人民币跨境贸易结算的步伐，但是有些部门的有些工作很滞后，所以应该倒逼有些部门尽快提高工作效率。

记者:近期,央行提出稳步推进人民币自由兑换的进程,您认为怎样做才能更好地稳步推进人民币自由兑换的进程?

夏斌:我认为跨境贸易结算是人民币区域化的第一步,做完之后我们可以对境外发放人民币贷款,对东南亚投资,甚至对外援助都可以用人民币。人民币出去之后,资本项下人民币没有开放,我们就要建立一个市场让境外的人民币可以"玩起来",做投资、融资等一切像境内人民币这样的操作。与此同时,提供管道让境外人民币进入到国内市场,这就涉及资本项下的开放,我建议用 QFII、QDII 在股市上开一个管道,但是要看得清,能够控制。我认为债券市场可以适度放宽一点,问题不大。像推动境外人民币债券市场发展这些问题都要进行深入研究。

从"广场协议"看日元升值的教训及启示①

（2010 年 4 月 16 日）

近年来，美国频频对我国人民币升值施压，设置贸易壁垒，提出对我国进一步开放市场、扩大内需等一系列要求。这种情况与上世纪 80 年代的日、美关系有很大的相似性。只是相对于日本，美国对中国的影响力相对有限，中国仍是一个发展中转轨国家，中、美之间的不对称依赖程度不如当时的日、美关系。但是日本 20 世纪 80—90 年代的经验教训，尤其是"广场协议"前后日、美间的博弈及其之后日本经济"十年迷失"的教训，值得引起我们的警惕。

一、20 世纪 80 年代世界经济、金融不平衡中的日、美政策协调

"广场协议"并不是一次孤立事件，而只是 80 年代日、美间一系列政策协调的组成部分，了解其问题的实质及世界性意义，需要对当时

① 此文刊载于"国研网"等媒体，参与写作的还有陈道富。

世界经济、金融不平衡的大背景有个认识。

20世纪80年代初，美国里根政府实施减税、放松金融管制以及货币紧缩，导致居民消费大增、财政赤字快速增加和经常项目赤字的扩大。另一方面，日本执行严格的财政预算管理（财政重建一直持续到1987年）、成功应对第二次石油危机、企业竞争力提高等，导致日本贸易顺差大幅上升，尤其是对美国的贸易顺差上升得更快。

与此同时，日本贸易顺差又大量投资美国国债，1976年为1.97亿美元，1986年达到138亿美元，那几年美国国债发行收入中30%—40%为日本资金。1984年底，日本的对外净资产为740亿美元，比1980年增加了约600亿美元，与同期的经常收入顺差670亿美元相当。但是，日本对外总资产却增加了1800亿美元，其中，差额部分是由日本金融机构通过负债后再对外投资产生的。相反，美国虽然对外净资产规模不断下降甚至为负数，但资本项目顺差大幅增长，加大了对外投资。

世界经济形成了实物与资金相互支撑的循环圈：日本为美国提供融资，进口日本的商品、服务，同时又通过自身的负债为美国对外投资需求提供资金支持。80年代日、美之间的政策协调，就是在这个大循环基础上进行。

面对美国以国际责任为由要求日本削减对美贸易顺差，日本采取"综合经济对策"应对，包括在一些特定行业实行"市场开放"，推行扩大内需的财政金融政策，调整外汇市场。但由于大藏省在1983年开始大力推行财政重建，对利用财政政策扩大需求极其谨慎。受制于物价压力，日本银行只是配合性地下调0.5个百分点法定利率，其他部门都尽量避免使用市场开放政策。

起初，美国认同强势美元政策，但认为因日元低估，导致日美贸易失衡。产生低估的一个重要原因是日本金融市场的封闭性（虽然日元的使用情况好于1978年日元汇率较高时期）。为此，日、美间设立日元美元委员会，推动日本金融的自由化、对外开放和日元国际化。

其后日本采取渐进的方式推动金融自由化和国际化，日、美贸易失衡仍持续扩大，美国开始与日本谈判具体市场的开放，并签订一系列的MOSS协议(即从单一产品的贸易谈判转向市场和行业)。

其后强势美元损害了美国产业竞争力,美国转向弱势美元政策。美国通过“广场协议”进行外汇市场干预,实现美元币值有序下跌。为避免汇率调整失控,继续获得日本资金支持,美国要求日、德配合美国实行低利率政策。同时,日本官方还通过各种渠道,引导民间资金继续持有不断贬值的美国国债。德国在经济复苏后主动加息,引起美国市场动荡,产生1987年的股市大跌(“黑色星期一”),全球股市也出现了波动。此时,日本政府积极干预,帮助美国稳住金融市场,并继续维持低利率政策直至1989年5月。

美元大幅贬值、日元大幅升值,给两国产业带来深刻变化,但对贸易失衡的调节作用仍不明显,日本经常项目收支顺差仍不断攀升,进而美国又在经济结构失衡中寻找原因。美国以修改后的超级301条款,以“维护日本消费者”利益的姿态,试图改变日本的经济结构,鼓励美国企业到日本发展,争取日、美有相同的竞争条件。签订结构调整协议,要求日本扩大财政支出(美国认为如果增加民间投资,日本的供给能力会越发增长,进一步强化日本的竞争力,经常项目顺差会越来越大),为促进土地利用而强化税制,修改《大规模店铺法》,改革流通体系,强化《垄断禁止法》,对排他性的交易惯例以及系列交易加强监督,修正内销和外贸之间的价格差异等。

在这期间,充满了大量的贸易摩擦和各种直接的贸易管制,并成为推动各种谈判的重要筹码。虽然日、美政策协调以削减贸易失衡为目标,但始终存在消除日本经济威胁的意图,贯穿着打压日本经济竞争力、开放日本市场的商业利益诉求。即使如此,所有这些政策并没有直接实现贸易平衡目标,仅仅因日本经济10年低迷而有所缓解,仅仅是将不平衡结构逐步转移到东南亚地区。美国企业则因此赢得了宝贵时间,在IT、计算机软件、金融、服务业等领域确立了全球竞争力。

当时的日本国内对日美顺差的原因、顺差能否靠政策来削减,以及是否必须由顺差国来全部承担等理论问题存在争议;在签订结构调整协议期间,日本国内甚至出现“美国干预日本内政”的抗议,曾一度影响了日本的选举进程。但日、美间交涉的主题，仍是围绕削减顺差，这隐藏着美国企业扩大经营的动机，结局是日本在汇率、利率等重大政策上又过于迁就美国的需求。之所以会出现这种局面，除了日、美之间特殊的政治、军事安全框架和历史渊源外，主要是：

第一，美国市场巨大，日本考虑到它可能给国内经济带来增长，不得不和它谈。两国经济之间的相对重要程度是不同的。1985 年日本对美国的进口需求仅占美国最终需求的 0.61%，而美国对日本的进口需求则占到 5.15%。从产业看，日本主要产业对美国需求的依赖程度更高，都超过 10%，汽车行业甚至达到 19.1%。

第二，日本持有美元债权的积累，减轻了日本可能面临的外部风险。随着国力的强大，当时日本国民信心“膨胀”，日本精英想推动日本成为世界金融大国，愿意容忍日元升值，以使得日元与日本经济地位相符，在一定程度上也愿意加快推进金融自由化和日元国际化。

第三，日本接受削减贸易顺差的目标，但 20 世纪 80 年代中后期致力于财政重建，经济结构调整和市场开放受到美国制约又较多，作为交换，接受日元升值。但日本对日元升值的市场影响、后果研究不充分，“广场协议”签订前后甚至没有对汇率升值与宏观经济的关系展开充分的论证。

二、日本汇率升值的反思

(一)汇率升值与经常项目顺差

首先，经常项目顺差并不必然导致升值，反之亦然。“广场协议”前，虽然美国的经常项目逆差和财政赤字不断扩大，美元汇率却大幅上升。相反，日本的经常项目顺差持续扩大，日元却有所贬值。“广场协议”之后，日元持续升值。但在日本泡沫即将破灭前(1989—1990年)，虽然日本央行在此期间甚至相对美国不断加息，日元却有所贬值，后又持续升值，直至 1995 年。左右世界经济的力量，由实体经济转向虚拟经济，世界经济周期波动更多地受国际投机资金影响。在泡沫经济的环境中,日本加息不但不会引起因利差而产生的热钱流入,反而会引起担心泡沫破灭而出现资金流出,产生汇率贬值。

日元升值只是显著减少了日本对美传统出口商品的数量。日本机械产品对美出口额,以日本最终收入的日元计算,1985—1992 年间减少了 50%,以美元计算,也减少了 10%。一次性加工商品以日元计减少了 40%多,以美元计则有微小的增加。日本多数传统型出口产品最终不得不将自己的生产据点转移到亚洲。但日本 20 世纪 80 年代以后出现的高技术、高性能产品对美出口数量,不论以美元计算还是日元计算,都有很大增加。而作为传统的、占日本对美出口额四分之一的汽车行业,情况又有所不同。日本汽车对美出口数量(含商用车),1986 年为 350 万辆,之后逐年减少,1992 年降到 180 万辆。这期间,日本汽车企业在美国当地生产的汽车产量却由 60 万辆增加到了 170 万辆。虽然日本汽车的出口数量骤降,但出口额由于出口价格的上升,以美元计,1992 年竟比 1985 年增加了近 20%。应该说,日本制定引导企业实现产业结构升级、创造新需求、提高产品的技术含量等积极的财政政策,是有必要的,而且也发挥了效果。正是日本较顺利地进行了结构调整,从整体上看,汇率大幅升值对日本贸易顺差的影响有限。如果进一步考虑在此期间,日本大幅增加的对外投资取代了部分贸易顺差的减少,1991 年开始更是在美国敦促下,推行大规模的财政刺激和结构改革,增加了进口需求,则汇率升值对贸易顺差的总体影响更有限。

日元升值还给日本带来紧缩压力,出现产业空心化现象。在泡沫时期,这与股市、地价上涨相互促进。但是泡沫破灭以后,通货紧缩效果(进口价格下降和汇兑损失)超过了放松管制来创造需求的效果。汇率升值及泡沫破灭,导致海内外资产缩水,引致金融机构收缩信用,企业在盈利不断增长的情况下仍不能扩大生产,日本陷入了债务紧缩的恶性循环之中。

(二)汇率升值与泡沫经济

汇率升值意味着外部资金的流入,在国际社会充斥投机资金的时代，外部资金更倾向于流向非贸易部门，给资产价格上涨带来压力。但是否产生泡沫，取决于这些资金将被如何使用，最终取决于经济的发展阶段和金融环境。

从布雷顿森林体系瓦解以来，日元出现过 4 次 20%以上的快速升值，分别是 1971—1972 年，1978—1979 年，1985—1986 年，1993—1995 年，其中 1971—1972 年和 1985 年—1986 年的汇率升值产生了资产泡沫，但其他两次并没有带来资产泡沫。从国际上看，既有汇率升值带来泡沫的案例，典型如我国台湾地区 20 世纪 80 年代的汇率升值，也有未产生泡沫的，如德国的长期升值。

日本 1985 年的汇率升值之所以产生资产泡沫，除汇率外，主要是以下因素共同作用的结果：

1. **日本经济内在的增长动力已在减缓。**20 世纪 70 年代初以后，日本经济已从高速增长向稳定增长过渡。“广场协议”前，日本已出现企业资金需求下降，社会资金过剩，经济增长失去方向。此时，金融的扩张，成为企业利润的重要来源之一。在 20 世纪 80 年代早期，有 7%的日本企业已将银行贷款减少到零，另有 18%的企业将银行贷款降到其全部资本的 20%以下。到 1985 年，日本企业自有资本已经比生产设备投资多出 1.2 兆日元，企业扩大生产能力的动力已经不强。这时，本应彻底放松管制，实施结构改革，促进民间的商业活动。但日本在应对减少贸易顺差的过程中，不愿开放国内市场，反而推动金融自由化，参与货币政策的多边整合，并采取扩张性财政政策来制造国内需求。由于缺乏有效的、深层次的结构改革，只是通过股市、楼市制造了虚假繁荣。

2. **汇率升值前后金融自由化措施不协调、不衔接。**并且这种自由化主要停留在放松管制上，缺乏必要的微观主体改革和加强宏观审慎监管措施配合。日本“广场协议”前后，在美国的压力下加快推进金融自由化，放开外汇交易管制，逐步推动大额存单利率的自由化。利率不受限制的银行存款占全部存款的比例，从 1985 年底的 15%增加到 1990 年底的 65.6%。金融自由化(使间接融资加速转变为直接融资，融资成本上升，资产运用收益下降，但资产扩张导致总利润增加)与财政重建(减少国债规模,使银行失去了一个重要的投资对象)压缩了金融机构的收益空间,加剧了金融机构间的放贷竞争,从而使得金融机构转向风险收益更高的领域。1986—1989年,金融机构对制造业的贷款余额持续减少,对不动产的贷款大幅增加,对中小企业的贷款从1984年的105万亿日元增加到1989年末的247万亿日元,对大企业的贷款才增加不到3万亿日元。特别是不列入监管视野之内的非银行金融机构在20世纪80年代迅速发展。而当时欧洲日元债券市场管制的放松,使得日本的金融机构与企业在此国际市场又可大量低息融资,国内运用。在一系列金融自由化政策的支持下,日本企业开始从实业转向金融投机,一般企业具备了部分金融特性,企业也从事大量的信托基金等金融性投资。在20世纪70年代后期,日本企业金融资产与负债增长之比约为40%,但在1985年该比例达到87%,1986年更是超过100%。

3. 持续的扩张性货币政策。日本政府为了避免持有的大量美国资产贬值,支持美元发行。日本在过长的时间内将利率维持在低水平上,即使在经济已明显复苏后仍是如此。在产生资产泡沫的两次汇率升值中,日本政府都是在日元迅速升值时采取了扩张型金融政策加扩张型财政政策组合。相反,在1978—1979年,同样是日元迅速升值,政府采取了同样的扩张型财政政策,但货币供应是紧缩的,不断提高利率,日本经济就没有出现泡沫。为了防止汇率过度升值和给国内企业造成过度紧缩,日本采取低利率政策有一定的合理性。但为了支持国际资金循环,刻意长时间保持低利率,则会导致经济的泡沫化。德国在"广场协议"后也降低利率,但当经济复苏时却果断加息,因此并没有出现明显的泡沫。

英国在布雷顿森林体系崩溃前后发生的泡沫危机,与20世纪80年代的日本泡沫危机相似,其成因:(1)采取了扩张性的财政政策和金融政策;(2)在"新金融调节方式"基础上实施新的金融政策,改变金融制度;(3)出现了一批被称为"二级银行"的金融机构,这类金融机构游离于金融当局的监管、管制之外;(4)企业的多空套利交易盛行;(5)流向不动产的贷款资金比重加大。

可见，当经济增长动力减弱时，宽松的政策（包括财政、货币和金融政策，特别是宽松的货币金融手段），容易引发泡沫。而汇率升值后的政策搭配，对保持宏观经济平稳，尤其是防止出现泡沫，具有重要意义。

三、对我国政策选择的启示

（一）世界经济不平衡有深刻的国际经济、结构和制度的背景，仅仅一国的某些政策无法根本扭转

不论是在第一次全球化时期，还是这一轮全球化，都出现了世界经济的不平衡。一定范围内的不平衡是各国经济发展阶段和结构不同的反应，是全球化趋势加快的反应。问题的关键不在于不平衡本身，而在于不平衡过于庞大。导致这种结果的主要原因，是国际货币体系的缺陷和"中心货币"国家的货币、财政等宏观政策过于宽松，金融监管过于松懈。因此，要从根本上调整这种不平衡，应加快改善相关国家的经济结构，同时从国际货币体系改革入手，约束"中心货币"国家的宏观政策和金融监管。而国家间宏观政策的协调，包括汇率、货币和财政政策的协调，仅有助于在一定时期内暂时缓解世界经济不平衡的程度，但对此不能寄予过高的期望。

（二）应从实体经济需要出发，辩证对待升值要求

当本国劳动生产率持续高于外国时，应主动引导反映经济基本面的汇率升值。但当主要是金融因素导致汇率升值要求时，特别是在国内实体经济内在增长动力不足时，要特别谨慎。汇率升值应与培育经济内在增长动力的经济结构改革等措施相配合。通过升值，要发挥能使资源顺畅流动且经济内部生产效率较快提高的作用。否则，如果汇率升值在破坏原有生产能力的同时，没能创造出新的经济增长点，只能导致潜在经济增长率的下降和资产泡沫的产生。日本 20 世纪 70 年代、80 年代的两次升值，都使得日本潜在的经济增长率在下降。我

国当前的汇率升值压力，有劳动生产率提高方面的原因，但主要是美国过于宽松的货币政策与世界动荡所致，金融性因素明显。有鉴于此，我国可考虑在保持汇率对美元相对稳定的前提下，重新回到美国危机前汇率适度波动的区间。

（三）应注重宏观政策与改革措施之间的合理搭配

改革措施和宏观政策的搭配不恰当，是日本产生泡沫经济的重要宏观原因。为应对币值升值压力，需要积极的财政政策来为市场寻找新的需求、技术创新和对外投资等提供支持，但不能过于寄托宽松的货币政策手段，防止提供虚假的需求刺激。在金融自由化过程中，同时必须严格审慎监管、防止杠杆率过大，这是避免金融过度扩张的重要手段。

中国如何从资本大国走向资本强国？[①]

（2010 年 5 月 29 日）

一、回顾：自豪与激动

今天的主题是中国证券市场 20 年回顾与展望，我就围绕“回顾与展望”这五个字来讲。

首先，是对过去 20 年的回顾，我第一个感觉是骄傲与激动。为什么骄傲？为什么激动？

回顾 1984 年，我在野村证券研究所研修证券市场，当时看到日本的报纸，几十版的版面，每个版面上都是股票行情、基金行情、银行同业拆借行情等金融行业信息。我非常感慨，当时心里想，中国什么时候有这样一天，也许就有希望了。大家可能知道，当时中国总共没几家媒体，全国性的大报只有《人民日报》、《光明日报》、《经济日报》或者我们金融界自己办的报，而且每份报纸就只有一、二、三、四共四个版面。但现在，天上、地下，平面的、立体的、网络的、纸质的各种各样的

① 此文是作者 2010 年 5 月 29 日在“中国证券市场 20 年回顾与展望暨第四届中国上市公司市值管理高峰论坛”上的演讲。

媒体都有,今天我们的报纸都是几十版,不仅有证券报,而且很多综合性的报纸也有股票行情、市场行情、行情分析等财经资讯,就更不用说网络了。这是我的第一个感觉:骄傲!我们的变化很快。

回顾1987年,我和我研究生时期的同学张志平在中国刚刚创办的《金融时报》上,两人连续举行了金融市场基础知识的专栏讲座,介绍什么呢?介绍什么叫股票、什么叫债券、什么叫银行同业市场,进行一般的启蒙与教育。今天,我们就不用多解释了,中国的老头、老太太都已经在分析K线、讲美国CDS、探讨股指期货,变化太快了。

回顾17年前,1993年的时候,我在深交所当总经理,和当时的香港联交所总裁谈到,我们深、沪两家交易所和香港联交所相比,太落后了,当时的成交量最低的时候,两家交易所加起来还不到一个亿,那时候香港好像已经是几十亿了;我们的上市公司一共就几十家,而香港已经几百家了。自己是搞宏观经济的,所以当时我说,我们的问题不是我们上市资源少,而是有关监管制度没有放开,当有关制度放开、到位时,我相信很快就可以达到1000多家,当时我是这么说的,今天看到一个资料,目前我们上市公司数量已达到1800家,变化很快。

再回顾刚刚过去的一年,在美国金融危机的影响下,美国在干什么?美国在总结金融监管的教训,在去杠杆化,在探讨沃尔克法则。在美国去杠杆化的背景下,我们有些学者在批评中国金融创新滞后,目前中国正在加快杠杆化,施行一系列提高杠杆化的改革开放措施,比如融资融券、股指期货等。所以如果把这一系列的历史事件联系起来,不仅是我,在座的每个人都会感到中国证券市场20年的发展历程,已超过了西方的发展,我们应该感到骄傲。

同时让我感到激动的是,我们这代人正处于中华民族伟大复兴的历史时期,能亲身参与体验中国经济翻天覆地的变化,能参与体验中国证券市场的建设,这让我们感到激动。我还是想用1993年我在深交所当总经理时在第一次员工大会上的发言来说一下,当时我说:“我们正在从事一项伟大的事业,经过我们努力,我们如果在中国证券市场的历史上,哪怕写不上几个字,写不上几句话,能画上一两个标点符号，我们也聊以自慰。”我想这就是我们在座的和中国证券业创业者的共同心声，我们应该为我们有这样的经历、为这个时代变革感到激动。

二、四大机遇与四大挑战

只有回顾、只有自豪、只有激动是不够的，我们还要往前走，资本强国如何建设？中国的资本市场如何发展？展望今后的10年、20年，我们要做什么？会看到什么？第一，我们看到的是到2020年、到2030年，中国的经济总体实力可能将赶超美国。很多海外机构与专家做了预测，虽然现在的各种预测有不少的差异，但基本相同的是，按照目前的历史发展轨迹，如果不出重大的意外，在2030年左右，中国的经济总量将赶超美国，这是海外专家的共同预测。我们说要展望，首先就要把经济发展大背景搞清楚。第二，全球经济中心、全球金融中心正在往亚洲移，亚洲是世界经济增长最活跃的地区，而中国经济又是亚洲经济的引擎、发动机，这是要作出的第二个历史判断。第三，未来10年，中国正处于伟大历史时期的关键时期。中国正处于经过30年改革开放之后，进一步快速发展实现伟大历史复兴的关键时期。为什么关键？

我认为中国经济有希望，是因为今后的10年、20年，我们遇到了四大历史机遇。第一是高储蓄。经济的发展其中一个重要的因素就是储蓄率高，中国今后的10年还将保持相对高的储蓄率，这也是我们改革开放30年之所以取得成功的基本条件之一。而今后10年、15年内，这个趋势没有变，高储蓄在全球仍然遥遥领先。第二个重大的历史机遇是全球化的机遇。在过去的30年中，我们是经济全球化的参与者、推动者，同时也是全球化利益的享受者。因此我们仍然要推动、利用全球化，尽管美国金融危机之后国际上出现了一些反全球化的声音。但我认为，这挡不住全球化的发展大潮。第三个历史机遇是中国正处于工业化、城镇化的初期阶段，这给中国经济继续保持高速稳定增长提供了空间。第四个历史机遇是中国体制改革的潜力。30年来，劳动生产率不断提高，其中一个重要的因素是体制改革。目前我们还存在不尽合理的制度，这些制度的改革仍然能产生大量的生产力，这是我们重大的机遇。这个时期虽然有这些机遇，但同样存在很大的挑战。搞得不好，中国经济仍然会出现动荡、波折。

第一是人口老龄化的挑战。大家都知道，根据中国目前的人口结构，到2015年左右，老龄化趋势越来越明显。第二是环境能源的挑战。这我就不多说了，各位都知道尽管中国地大物博，但13亿人口一平均，人均能源占有量很多都排名在全球100位之后。我们的环境资源要支撑中国经济的伟大复兴，这是一个很大的挑战。第三是我们的结构问题。经济结构从大的方面讲有GDP中的出口、消费、投资等结构问题；从具体政策层面讲，有城乡结构、收入分配结构、中部西部沿海地区等结构问题，这些结构问题制约了我们的增长。第四是中国的发展已经不是关起门来发展，而是在全球化环境中发展，因此要面对全球化形势，以美元为主导的国际货币体系是一个有缺陷的国际货币体系，这意味着中国的经济要进一步敞开大门，对外开放将遇到很大的不确定性。

三、如何走上资本强国之路

展望中国证券市场的发展，同样必须在四大机遇和四大挑战中思考。

所以如何发展中国的证券市场，如何使中国由资本大国走向资本强国？我个人认为，第一，中国的证券市场是作为中国金融体系和金融市场的一部分，在当前以美国为主导的国际货币体系和世界经济周期影响下，证券市场的发展，特别是证券市场的对外开放要服从于人民币汇率的改革和资本项目下开放的大局和步骤。要主动掌握好金融证券开放的节奏和次序，在这个格局之下发展中国的证券市场。要从中国整个金融体系、金融市场角度，面对全球不确定的环境思考每一步怎么走。第二，应该以我为主，在看好中国金融国门的前提之下，继续对外开放。要进一步解放思想，特别是政府及有关部门要进一步解放思想，加快各项金融改革的开放试点，在这一方面有很多事要做。首先，对各种金融商品、金融工具和金融技术，要敢于试点，加快推动，不用怕，在管好金融国门这个前提下，中国内部的各种各样的试点要加快进行。在危机环境下，中国政府很果断地对融资融券，对股指期货等已经在加快进行试点。全球都在往后退，中国在往前走。其次，政府应该下决心快刀斩乱麻，制止各个部门和地方的利益纠葛，尽快纠正解决市场和证券人士早已认识、早已看清的一些问题，坚决制止部门和地方政府的利益纠葛。中央政府要把这些事尽快解决掉。应该逐步纠正国有大企业基本控制各类金融机构，包括证券类机构的现象。现在不管是银行、证券还是基金，都是国有大型企业控制，这现象不好。

1997年亚洲金融危机爆发后，我们出现了一些风险，在解决风险的过程中，国有机构进去了，那是历史必然。今天如何思考这些问题？如何解决中国经济结构中的高储蓄资金的出路、如何解决民营资本的投资问题以及如何解决政府要加大教育、医疗、卫生以及养老投入而又没有钱的问题？现在国有企业拿了这么多钱在拼命搞金融投资和控股，这个矛盾怎么解决？我认为政府要真正区别公共财政的理念，克服盲目扩大投资领域和范围的现象，克服一味强调投资增值的理念。作为企业好理解，就是要赚钱，赚钱是唯一目标，作为国有企业同样如此；但作为政府如何管理国有企业则是另外一回事。应该通过分红等制度尽快把政府有关的投资回报收回来，甚至对有的领域在保持战略控股的前提下，有些行业应该收缩，应该“国退民进”，政府退出，让民营资本、民间资金进入，腾出的钱充实公共财政，腾出的钱救穷人，腾出的钱充实医疗、养老等资金缺口。

另外，应该抓住中国目前高储蓄的机会，在当前经济形势相对比较好的时期，加快组织民间资金，大力扶持证券类机构，加快民营资本进入，大力扶持他们，要培养一批像摩根士丹利、高盛那样的在国际市场能打拼的大证券公司，包括在世界前沿竞争的基金公司和期货公司等机构。要鼓励它们“走出去”，为中国经济在今后10年、20年以后，出现人口老龄化、高储蓄率逐步下降趋势的时候，提供那时候能满足中国经济增长的资金来源。现在就要打好基础、做准备。

同时我认为，要走资本强国之路。为了克服当前的一些困难，我们不得不对人民币实行管制，同时面对有缺陷的以美元为主导的国际货币体系的负面影响，人民币又不得不寻找国际化的道路。这是一个矛盾，在这样的矛盾困境之下，应该在加快发展和丰富国内金融市场的同时，早下决心、早动手，尽快发展人民币离岸市场，这可以反过来推动中国国内金融市场、证券市场的发展。我相信，在中国资本市场走向资本强国的过程中，这又会提供机会。总体来说，再过 20 年或者不用 20 年，当中国经济总量逐步逼近美国经济总量的时候，当中国资本项下实行大开放之后，人民币市场自然会成为与美元、欧元、英镑、日元等市场相媲美的大市场。而且上海自然也会成为与纽约、伦敦相媲美的金融中心。中国的证券市场在今天的市值已经位于前列，我相信再过 10 年、20 年，我们的 IPO、证券交易量、股票市值等指标都会名列世界大证券市场的前列。只要我们坚定信心、上下齐心、潜心奋斗，我们的目标一定能达到！

三大政策变量事件影响今年中国经济[1]

（2010年6月21日）

面对席卷全球的金融危机，各国纷纷采用经济刺激政策。然而，过量货币供应却有可能给我国带来产能过剩和通胀压力。央行货币政策委员会委员、国研中心金融所所长夏斌认为，影响中国今年经济增长的最大政策变量有三件事：一是房地产调控，二是地方融资平台整顿，三是对产能过剩“两高一资”项目的贷款限制。当前有必要采取紧缩措施，年初开始的调控政策应当继续坚持。

夏斌认为，我国的刺激政策创造了过量的货币供应，在外需突然减少的情况下自身的经济结构却又跟不上。由此，过量的刺激必然会引起产能过剩，必然会产生房地产泡沫，带来通胀压力。当前必须马上采取紧缩措施。对今年的经济增长不应抱有“过快增长”的心理预期，只有做好了大量的政策准备才不至于真正出现经济增长下滑过快的局面。

今年上半年以来我国的调控方向是正确的，这一点不能动摇。影响中国今年经济增长的最大政策变量有三件事，一是房地产调控，二

① 此文曾刊载于2010年6月21日《中国企业家》杂志。

是地方融资平台整顿，三是对产能过剩“两高一资”项目的贷款限制。而下半年宏观调控的关键和难点，在于必须在坚持上半年正确调控方向的前提下，兼顾长期结构调整的目标和短期经济增长稳定的目标之间的关系，必须兼顾长短期的问题。

从偏重金融的角度来说，我们首先要做的是坚持回归常态的货币政策。2009 年初人民银行提出 7.5 万亿的贷款规模，相当于 18%左右的贷款增长，相对于中国可以预期的经济增长目标来说，18%的贷款增长并不慢。而且，今年我们要更加关注银行的表外项目。30 年改革开放中的几次宏观调控失误，都是在控制贷款规模的同时忘记了信托对贷款规模的冲击。因此这一次，我们必须对贷款规模和表外信托予以同等的关注。如果贷款规模难以控制，作为临时措施，我们就必须对信托规模有所限制。

政府应对房地产调控政策发出明确信号，打击投资与投机操作。不应让市场有误导，不要用分析资本市场和证券市场的思路来分析房地产市场。关于房地产市场，我认为应该准备花两到三年的时间，逐步消化已经形成的房地产泡沫。泡沫不压，经济要出事，压得过快，经济也要出事。第二是要真正落实社会保障法，完善低收入群体的住房土地供应和资金配套，加快落实公共租赁房。第三是要尽快出台简单易行、便于打击炒作房地产的税收政策。

对整顿地方融资平台的问题，国家机关不能作担保，政府机关要吸取教训；已经出现的问题，处置时要掌握信息公开的分寸；在处理的问题上，可以通过资产置换、资产转让、股权转让出售等各种方式把窟窿补上。

收入分配的改革方向应坚定不移，这是解决社会稳定和扩大居民消费的重大举措。一旦物价上涨压力扩大，我们应该采取适当的加息，或者给低收入群体特殊补贴的手段来坚持收入分配改革的方向，以及相关的价格改革的方向。

我们政府有关部门应对照国务院的 36 条非公经济发展意见看有没有需要调整的地方，这也是替代、弥补今年三项调控政策以后投资资金缺口的重要举措。三项政策实施后，可能出现贷款贷不出去、投资不到位，如果民营资本能尽快投入各方领域，那么应当给予宽松的政策扶持。

当前需要重新研究推进国民经济中的“国退民进”。目前，一方面要扩大内需特别是扩大消费，这是我国经济增长方式改变的重点。但是，每年的财政收入难以满足扩大民生、扩大居民消费这样的结构调整支出，已经严重影响经济增长方式的改变。另一方面，中央与地方政府控股的工商企业、金融企业的股权资金有几十万亿，如何通过这部分国有资本存量来撬动现在的调整，实施国退民进，是非常关键的。

关于当前宏观经济形势与政策调控[①]

（2010年7月12日）

一、经济形势变化为什么如此之快？

去年年末、今年年初，在国内面临货币供应过多压力的前提下，出现了房地产价格快速上涨、地方债务系统性风险问题突出、银行资产质量面临较大风险以及通胀预期明显上升的情况。在此背景下，加强宏观经济系统性风险的管理，迫在眉睫。为此，从年初以来政府出台了一系列政策。截至目前，调控效果正在逐步呈现。

GDP增长，在第一季度达到11.7%，在第二季度达到10.3%，增速减缓一个多百分点。同时国内多数机构预测，第三、四季度的增速还将逐季回落，第四季度可能回落至9%以下。其他一些经济指标也在掉头下行，特别是一些经济领先指标。

经济增速为什么会出现逐季趋缓、“前高后低”的趋势？这里既有

① 此文是作者在2010年6月28日、7月12日、7月14日分别向多位中央领导递交的汇报稿。后刊载于国务院发展研究中心编《调查研究报告》(2010年8月16日)和2010年第9期《经济要参》。

去年增长基数的原因，更主要的是今年宏观政策主动调整的结果。之所以能推动经济形势在较短时间内向趋稳方向转变的主要因素，是三大政策变量：一是房地产政策，二是地方融资平台整顿，三是限制过剩产能、能耗的政策。配合这三大政策的落实，央行在资金关口上，牢牢按7.5万亿信贷规模目标进行控制；在操作技术层面，还有一个不能忽视的因素是，中国银监会“三办法一指引”的贷款管理模式的新变化，使贷款的派生系数明显下降，实际起到了央行紧缩货币供应量快速增长的调控作用。

但是从经济趋势和发展方向看，尽管宏观经济增长出现逐季趋缓、“前高后低”的态势，前一段时间，国内外多数机构的预测是，全年的经济增长仍能保持在9%—10%的区间（IMF预测为10.5%，OECD预测为11.1%）。CPI的上涨将在第三季度见顶，全年上涨介于3.1%—3.4%之间，不会出现失控状况（近日，高盛等一些机构在陆续下调对全年CPI的预测指标）。应该说，目前这种发展趋势既是市场早已预料的，也是国务院宏观调控政策的成果，是正常的、合理的，体现了经济发展方式的转变和结构调整的意图。从趋势看，明年经济增长形势的复杂性和艰巨性将甚于今年。尽管明年的增长压力将甚于今年，但是今年从总体上看，经济出事的可能性很小，相对而言，仍然是给进一步推动经济发展方式的转变提供了难得的机遇。因此，下半年的政策趋向，应坚持上半年调控的正确方向不动摇，坚持去年中央经济工作会议提出的“连续性、稳定性、灵活性和针对性”的原则，同时密切关注形势变化，在确保社会能承受的经济增速前提下，进一步把握好调控的节奏、力度，继续推进经济发展方式的转变。通俗讲，调控的方向要坚持，调控的技术要灵活。

二、继续坚持回归常态的货币政策

基于去年新增贷款高达9.5万亿，增速约31%的状况，年初央行提出今年贷款控制在7.5万亿，增速为18.8%。应该说此增速并不慢，货币政策仍是适度宽松的。因为在2004—2008年5年中，GDP呈两位数增长，贷款平均增速才13.8%。今年GDP若为9%左右，贷款增速却比前5年平均仍高出5个百分点。

因此，下半年必须仍坚守年初提出的7.5万亿目标。需要注意的新现象是，在严格控制贷款后，最近急速发展的、以“银信合作”为形式的融资动态。截至5月底，“银信合作”规模已达2万亿。对此，必须加以监管。因为在30年改革开放历史中，这方面教训太深刻。历年的几次宏观失控、经济过热，往往都是控制了银行贷款，却疏忽了非银行贷款形成的市场融资。

关于利率政策。针对我国已连续7个月的负利率状况，应给出正利率的信号。但是，为防止在经济增速下滑时一次性加息给市场造成不必要的负面影响，不如乘势推动利率市场化改革，允许存款利率适度上浮（实际上各银行已在变相上浮）。

关于汇率政策。最近启动的恢复弹性的汇率调整，海内外各界反应较好。下半年应按有关部署，在做好相应的过渡性安排后，按照官方对外说的汇率制度改革方向予以实施，进一步增加汇率的弹性。这既有利于我国对外贸易的稳定发展和结构调整的逐步推进，也可从总体上减轻人民币升值预期的压力。

三、精细操作地方融资平台的整顿事宜

中国经济在去年全球范围内的率先复苏中，地方融资平台发挥了重要的作用。目前据初步统计，省、地、县各级地方政府约8000家融资平台，约有7.3万亿的银行贷款，相当部分由各级地方人大、政府作了“不合法”的担保，现正在清理过程中。清理中，要求各级政府重新落实、追加担保。不能追加的，银行将停止继续贷款。中国的国情完全可以想到，全国有相当部分的项目贷款，相关地方政府是难以追加担保的（特别是有些项目的贷款付息、担保，是以未来土地收入的不断增加为前提的，而现在房地产又在整顿中，地方收入会相应减少）。其

结果，已开工项目的后续贷款被中断，半拉子工程及银行不良贷款将涌现。

为此，对地方融资平台的整顿，切忌简单化，一定要进一步做好实地调研，真正寻找到尽可能减少引起经济震荡的办法，分类处置，精细操作。可以考虑，在要求各地政府想方设法追加有效担保的同时，调整政策，引导他们用好我国民间资金充裕的优势，用好市场力量。通过资产置换、债转股、股权转让以及变卖政府在其他金融机构控股的股权等各种方式，妥善处置好担保、还本、付息工作。在做到控制新开工项目的同时，对已开工的项目，尽可能不让其资金链中断。同时，对有条件的地方，按照市场规范操作，在向社会公布独立、健全的财务信息基础上，鼓励发行市政项目债券，筹集建设资金。

四、坚持房地产市场的正确调控方向

上半年房地产调控的目标是清晰的：要坚决遏制部分城市房价过快上涨，切实解决城镇居民住房问题。其政策效应也在逐步体现，估计到 2010 年的九、十月份，效应将进一步凸现。但是，目前市场上（包括部分地方政府）仍有相当大的力量，认为中央政府出于 GDP 增速下滑的压力，又会改变政策，届时房价会有更大的反弹。因此，不少人对中央政策的坚定性，持观望与怀疑态度。为此，下半年的房市调控政策：

1. 应坚持上半年的调控方向：打击投资、投机购房，加快社会保障房的建设。为了消除市场的观望与怀疑，确保中国房市的健康发展，首先应该做的一件事是，认真反思中国十几年房市发展的经验教训，进一步向社会明确，中国房地产市场要坚持以消费品为主导的健康发展方向。中国要学德国、新加坡模式，而不是学美国、英国模式，不要把房地产市场引导到投资市场、资产市场的道路上，要打破市场上想用分析股票市场、资产市场的思维来分析房地产市场波动的幻想。目前，中国房市的矛盾焦点，集中表现在房价上，但是背后反映的实质问题是，中国房市到底应选择什么样的发展道路、发展方向。对当前政策取向态度的截然不同，其实质也是涉及房市的发展方向和道路问题。应以这次调控为契机，进一步明确消费品为主导的发展方向，同时抓紧长期化、制度化的建设，包括土地供应、保障房与租赁房建设、财税政策和商品房开发监管等。通过制度的完善，今后应做到政府对房市的管理，不应该也不会再去盯着某一时期的房价水平。

2. 当前重要的工作是，要严肃纪律，限定时间，加强检查，要求各地政府尽快落实住房保障工作目标责任书，并分派到下属各市、县。应鼓励用各种方法，努力完成今年保障性住房的任务，以替补今年一般商品房投资下降后的投资缺口问题。

3. 鉴于房产税（物业税）的征收涉及千家万户，情况极其复杂，操作技术要求又高，因此整体方案出台的时间肯定较慢。而且据有关专家测算，为保社会稳定，如果房产税的征收最后是采取社会大多数群体能接受的方案，或仅仅先向极小一部分高档住宅征收，其结果，征收的收入根本不可能满足地方政府像前几年那样与事权相吻合的资金需求。因此，为了真正遏制炒房行为，与其如此，不如调高交易所得税率。譬如，对第三套以上的持房者，根据其持房年限、出售套数与交易频率，征收累进高额交易税，这样做不仅操作相对方便、能尽快出台，而且见效快。至于房产税，仍可继续进行细致的测算、研究与试点。

4. 考虑到今年“三大政策”同时出台及对经济的叠加影响，对于房地产市场中已多年累积的各种问题及泡沫的解决，下一步重点要把握好调控的策略与节奏。应准备花 2 年左右的时间予以解决，不能太急，太急可能会给整个宏观调控造成被动。同时，对中国房市应坚持消费品为主导的发展方向，应尽快明确地昭示市场、昭示社会。对于民间过多的闲资，应尽快地开各种“正门”予以引导，不能因为民间闲资过多而纵容放大资产市场的操作。

五、借欧洲主权债务危机和世界经济动荡之机，加快人民币“走出去”进程

针对南欧四国，还有最近正在暴露风险的中东欧国家及其他地区国家在危机中的资金需求，我国在以美元投资、贷款方式换取石油、矿藏资源的同时，应尽可能去寻找机会，或者与美元的对外支持相搭配，对向我国有进口需求的国家，以人民币对外投资、贸易融资和买方信贷等方式，鼓励外方用人民币购买中国的商品、服务及大型机电设备。在短期内，有利于消化国内的部分过剩产能，从长期看，有利于为人民币国际化战略铺垫基础。特别是在人家危机当头，拉人一把，有利于我国政治、外交整体战略的实施。

六、其他相关政策

美国金融危机和欧洲主权债务危机对中国最大的冲击，是对原有经济发展方式的冲击。而且，其负面影响不会是短期的，将在今后若干年内仍会继续。因此，扩大内需特别是扩大消费，是中国今后一个时期确保经济稳定增长的关键，也是转变经济发展方式的重要保障。如何在采取上述短期政策的同时，抓紧启动相关长期性的制度改革研究，至关重要。特别对有些已有把握的制度应抓紧落实，这对解决短期问题同样重要。各种分析已表明，明年的中国经济比今年更复杂、更困难，因此加快有关制度的改革，形势更为紧迫。

这些制度改革包括：收入分配制度的改革，包括提高个人所得税起征点、降低服务行业税率的税制改革；涉及结构调整中城镇化建设这一重要“抓手”的有关制度改革，其中包括进城农民工的户籍、教育、医疗；以及中小城市服务行业投资门槛的降低等。

这里要特别强调两点，一是应该要求政府有关部门对照新公布的“非公 36 条”，抓紧制定落实细则。将落实、修改的细则报告国务院，并把需要改善的细则内容公布于众，以利于社会对其监管。真正使民

间富裕的资金寻找到投资出路，这既能减轻炒房资金的压力，又可减轻地方政府投资项目资金缺口的压力，同时也可起到弥补今年可能因房地产投资增速下降而形成的投资缺口的作用。

二是应通过盘活、撬动国有资本存量，加快推进经济发展方式的转变。目前，一方面，仅中央级工商、金融企业净资产按市值计，有六七十万亿元(不含地方的)；另一方面，目前财政赤字已约3%的水平。可以推断，今后若干年内财政当年收入的状况，也是难以尽快满足扩大民生、扩大消费的结构调整支出。因此可采取以下两条措施：(1)适当提高和扩大中央、地方企业国有资产分红的比例和范围；(2)在研究好中国经济在不同发展阶段国有企业战略控股原则的基础上，除对仍需保持绝对和相对控股比例的股份外，其余股份可有部署地在市场上标售、套现，集中用于加快社保体系建设，救穷人、扩消费、促增长、稳社会。这不仅可以减缓近期部分产能的相对过剩、帮助民间富余资金找到投资出路，而且有利于现在及今后我国在出口减少的情况下，形成国内自身消费—投资的良性循环，有助于中国经济尽快地度过当前结构调整和发展方式转变的痛苦期。

2020：中国金融战略的主要思考[①]

（2010 年 10 月 7 日）

当人类社会处于大国兴衰更替的漫长历史转折时期，影响各国经济力量剧烈变化的已不仅仅局限于一些最基本的经济规则（当然最终决定力量必然是经济因素），个别事件的发生、偶然因素的累积，同样不可忽视。面对未来动荡的外部环境，各国政府特别是大国政府间的政策博弈，将影响历史的进程。加上不同国家民主力量、民主政治推进程度的不同，其博弈后政策偏离经济规则的不确定性也在加大。就此意义讲，研究一国金融战略的难点，是研究国与国之间政策博弈中各种复杂组合的可能性。因此可以说，在世界力量发生重大变化和重组的大变革时期，迫切需要的不仅是体现现代经济学的主流理论，而且需要能适应世界经济力量发生变化，同时能维持世界经济秩序的指导理论，需要的是能反映大国兴衰更替的政治经济学。对研究一个正处于转轨、崛起的大国经济体的金融战略而言，更具特殊需要的是，必须回答其战略的特殊性和策略性，即在追求本国经济利益最大化的同时，如何顺应世界经济

① 此文刊载于 2011 年第 2 期《国际经济评论》，主要摘自夏斌、陈道富合著《中国金融战略：2020》（人民出版社，2011）。

力量和格局的变化，维护世界经济增长中的全球化趋势不被中断。战略未必一定是敌对的。战略是制定方为谋取某种利益的计划，它同样可以在基本不伤害他者、寻求和谐的情况下实现，如历史上的英国、20世纪70年代前的美国，其经济发展同样带动了世界经济的发展。今天，在世界对中国可能于21世纪中叶成为世界第一大国的"未知"、"不安全"猜疑太多的状况下，中国更需以清晰的和谐金融战略昭示天下，回答维护经济全球化趋势和全球包容性增长的命题。

一、未来环境对中国金融的需求是矛盾的

中国未来增长存在以下四个主要机遇：一是高储蓄率，二是工业化、城镇化，三是全球化，四是体制改革的空间。同样，也面临各种严峻的挑战。广泛而言，挑战来自于各个方向，如大国地缘政治问题，领土统一与主权安全问题，气候变化与碳排放问题，国内收入分配不公和腐败问题，民主政治改革和软实力问题，以及其他一系列国内外经济、政治和社会问题。如果就纯经济增长做长期趋势分析，关键性的挑战又可以概括为四个方面：一是人口老龄化，二是资源、环境制约，三是经济结构的失衡，四是国际金融秩序重建中的动荡。

四大机遇与挑战，对金融意味着什么？从机遇看，简言之，要求中国金融应尽快全球化。从挑战看，存在要求加快中国金融全球化进程的需求因素，同时面对外部并不稳定的环境，中国金融的全球化绝对不能操之过急，需要保持必要的"风险隔离"和"减震"装置，存在需慎对金融全球化进程的需求因素。这意味着，汇总未来的各种环境因素，对中国金融的客观需求不得不是矛盾的：既要金融的全球化，又必须是有限的金融全球化。

二、现实的中国金融供给："金融滞后"和"金融弱国"

对中国金融未来环境的分析，是需求分析。现实中国金融能供给

什么？其特征是什么？作者概括为“金融滞后”与“金融弱国”两大现象。对于前者，人们容易接受；对于后者，也许有些人不赞成。

作者于2007年提出“金融弱国”，主要基于在国际比较中，一国金融制度及其运行机制不能在国际金融市场上占“上风”即是被他国所影响进行的思考。若就此出发，毫无疑问，可列举一系列特征性现象：人民币汇率不敢自由浮动，人民币远不是可自由兑换的国际货币，这是“金融弱国”的主要标志；以及由此产生的一系列如一国宏观调控受制于他国的“原罪”现象等弱机制问题；在国家层面存在严重的“货币错配”；从大宗原材料、能源定价的话语权看，中国还只是一个“跛足巨人”；金融市场的国际化深度与广度，仍属刚刚起步，海外资金尚不敢让其自由进出；加上国内金融的一系列行政管制，导致中国表面热闹的“金融的发展”、“骄人的成绩”，还只能属于初步的、浅层次的“自娱自乐”阶段。

三、战略方向的唯一选择：国内金融的充分市场化和涉外金融的有限全球化

基于以上四大机遇与挑战对未来金融的需求分析，同时基于“金融滞后”和“金融弱国”对未来金融的供给分析，理论逻辑和现实决定了，当今中国没有其他选择。在未来一个历史时期内，或者说在到2020年前后的战略过渡期内，作为金融的总体战略方向，只能选择国内金融的充分市场化和涉外金融的有限全球化。

所谓国内金融的充分市场化是指，中国经济面对稳定增长的挑战，中国金融必须在尽可能短的时间内，从市场准入、资金价格、微观治理到金融运行，实现以市场机制为导向的资源要素配置。所谓涉外金融的有限全球化是指，在汇率、资本管理、一国货币国际化等核心问题上，未必能一步到位，按成熟、发达经济体的惯例或主导的制度运行。如果过快打开“金融国门”，全面融入金融全球化，不仅在方向上是错误的，而且是极其危险的。

具体分析,中国金融战略的核心内容有四项:人民币汇率、资本账户管理、人民币国际化和国内金融改革。在这四项内容中,国内金融改革是其他三项的基础和条件。缺乏国内金融(包括经济)的进一步改革,一切金融开放活动都难以推进。因为要与全球化金融全面接轨,基本条件是国内金融充分的市场化。人民币国际化,是大国经济崛起的显著标志,因此也是中国金融战略所谋求的核心内容。只有围绕人民币国际化程度的渐次推进,人民币汇率的弹性和资本管制的放开,才存在不偏离中国经济利益的最后追求。但是人民币国际化需要以资本管制的基本放开为前提。而资本管制是汇率政策的一种配合,汇率政策既是推动国内经济结构改革和稳定发展的杠杆,又是国内经济、金融逐步改革的结果体现,是一个不断演变的适应过程,同样离不开其他三项内容因素的制约。因此,整个战略的实施,关键是要处理好上述核心内容在政策操作上的力度搭配和先后次序。例如,人民币国际化的推进,需要有国内汇率改革进一步趋于弹性和资本管制放开的配合,同时人民币国际化的加快推进,又可减轻汇率弹性的压力。汇率的渐趋弹性,既需要国内改革的配合,又给放松资本管制减轻了压力,给人民币进一步国际化创造了条件,等等。由此可见,"有限的全球化",是指在汇率、资本管理、人民币国际化和国内改革方面,分别逐步推进、相互配合促进中的一种交错发展,是一个逐步逼近全面参与金融全球化的动态过程。

"退一步"是为了"进两步"。可以说,"有限的全球化"是战略过渡期内的无奈选择,是为了趋利避害,在保护自己的同时发展自己,打好金融强国的基础,为金融更大的开放作好充分准备。如果用近似中医学的语言来表述"充分市场化和有限全球化"战略的核心意图,即"与虚避邪、以虚固本、固本扶虚、以虚制虚"。这里的"虚"字,更多的喻义为"金融","本"字更多的喻义为"实体经济"。

"与虚避邪"。中国过去30年的发展,既是经济全球化的参与者、推动者,又是受益者。中国未来要进一步享受经济全球化的好处,必须参与金融全球化。但是在以美元为主导的有缺陷的国际货币体系下,国际金融市场风险多端,在参与金融全球化过程中,又要尽可能避开、防范市场动荡对中国金融稳定的冲击，即参与的金融全球化是有一定的“防火墙”隔离的、有限的金融全球化。

“以虚固本”。通过有限的金融全球化，提高中国的金融体系效率，以支持经济结构的调整，壮大实体经济的实力与竞争力。

“固本扶虚”。在壮大实体经济实力与竞争力的过程中，进一步给金融体系的发展创造出更多的需求，也可给金融体系的发展提供更多的支持，以扶植、培育中国金融体系的整体竞争力。

“以虚制虚”。在通过参与金融全球化，壮大中国实体经济发展的过程中，提高中国金融体系的整体竞争力，实现更大范围的金融开放，逐步形成“金融强国”实力，以更积极的姿态，参与改善国际经济、金融的新秩序。

四、现实的金融世界远非西方主流教科书所能概括

不管从历史还是从现实分析，任何金融问题，要真正把握其实质，或者把握相对于经济系统内其他子系统的金融系统功能的实质，必须把握以下四个方面：

(一)必须理解金融系统自身是一个大系统的概念

由货币衍生的一系列金融产品，不管其形态、功能如何复杂，其实质是“人类之间的一种信任”的表达。其“信任”的存在或者功能的实现，都首先存在于自身的一个大系统。这个系统的具体特征有：

第一，是四维的系统。理解一个金融体系是否稳定、健康，离不开货币政策、金融监管、微观金融行为和金融开放（涉及汇率、资本流动等涉外金融内容）四个要素。一国金融体系的具体状态，也是该四要素共同起作用的结果。四要素分别的作用力不同，可以衍生出各种复杂的组合、体现为金融体系不稳定的各种景象。

第二，金融系统正常功能有效发挥，有赖于与实体经济恰到好处的结合。须关注、明确三项内容：(1)“金融抑制”不行，“过度发展”同

样也不行。客观上，一国经济处于不同的发展阶段，对金融运行形态有显著的差异要求。因此对于处在特定发展阶段的一国经济，世上所谓最优的金融系统模式，未必是最好的、唯一的。(2)一国金融系统以金融市场为主导还是以银行中介为主导，既有一定的路径依赖，也与一国当时本身的经济结构有关，不存在绝对的谁优谁劣的问题。历史上的货币霸权国家，往往采取金融市场为主导的模式。因为该国金融系统的稳定运行，需要尽可能将世界其他国家纳入其主导的市场体系中，如19世纪的英国和20世纪的美国。但其后的德国和日本，尽管已跨入发达国家行列，但在国际金融市场已有的路径依赖下，只能惯性地被罩在以美元为主导的国际货币体系模式和纽约金融市场影响下，注重于发展银行中介主导的模式，并不是日、德两国不想尽快拓展本国金融市场与本币的国际化。(3)同理，混业经营和分业经营也不存在绝对的优劣之分。如何合理对待，要视经济发展不同阶段上的金融四要素中结构平衡的需要。同时不排除在不同时期会出现分业和混业经营重点的循环。美国从1933年《格拉斯·斯蒂格尔法》，到1999年《美国现代金融服务法案》，再到2010年通过的《多德·弗兰克法案》，是对混业、分业经营持偏见者的理论的最好讽刺。

第三，是一般经济学家所不易和不愿承认的，但又是被几百年来各国金融历史所证明的，即金融体系功能的正常发挥在相当程度上取决于一国的政治决策架构和民主力量的发展。即不要过高估计金融政策这一单项政策对经济发展的稳定作用。

第四，作为逻辑的衍生，既然金融自身是一个有机的系统，因此金融系统中出现的任何一种信号，反映的应是金融系统的全息信号。只是不同的信号在不同时期，出现在人们视野中的重点、兴奋点不同而已。

(二)金融“天生的”内在不稳定性和扩张性

导致此特质的原因：一是货币的“公共物品性”与金融使用中的“私人性”，两者的结合一定会产生“公地悲剧”，形成道德风险。二是货币金融“公共物品性”，以相对较为脆弱的、无形的“普通信任”心理因素为基础，表现为基于脆弱基础上的风险与收益的权衡。三是责任义务的不对称，容易引起货币金融的过度膨胀。四是金融系统服务的对象——实体经济本身具有内在周期性和结构性的扭曲。由于这些原因，在不同国家的不同时期，容易引发金融的不稳定性和扩张性。

（三）金融系统是一个动态演进的系统

对此的判断，不是局限于哲学意义上一切事物是运动的解释，而是基于金融系统“天生的”内在不稳定性和扩张性的理解。因为存在“天生的”不稳定性和扩张性，自然会引发经济的动态波动，从而需要不断寻找金融系统改善的方案以纠正经济的动态波动。指出这一点，既有助于理解系统变革（改革）与既定宏观政策之间的关系，也特别提醒了转轨国家的人们，一切改革与开放的举措，都不是一国金融史坐标上的零点。因此在改革开放中，不要疏忽了原系统内正处于渐变到质变变化过程中某个维度的细微变化，及其对系统内互为联系体的“本质”的影响。也就是说，一项新制度的转变过程，实质上是在破坏原系统的平衡向新平衡的转换过程，是一种新旧因素的重新组合方式。人们往往容易重视“重新组合”中的新因素，忽视旧因素是否或者如何仍在起作用的情形。更需注意的是，改革开放又是在人的头脑指挥下进行。由于人们认知“偏见”的绝对性，或用乔治·索罗斯的“反射理论”说，历史事实本身存在由于人的认知“偏见”的影响，因此迄今的理论永远只是对历史本质和实践的一种近似的、不精确的反映。这一切，决定了金融系统不可能不是一个动态的演进系统。

（四）结构主义或非平等性，是理解现代金融系统的第四个显著特质

全球的金融，是各国多种货币、多种金融系统同存的世界。在这个大系统中，各国货币、金融系统分别处于不同的地位，发挥着不同的作用。由于金融系统具有自我强化（或弱化）的特性（存在规模经济、

范围经济或网络效应），自然，“中心货币”及“中心货币”国家的金融，存在“领先”优势和大国主导优势。该“中心货币”往往在给本国金融发展提供了境外空间的同时，还引导、决定着“非中心货币”国的货币与金融的制度及走势。这在金本位时代也是如此。指出这一特质，特别提醒正处于转轨、“非中心货币”地位的国家，在制定一国金融对外开放战略（主要是汇率、资本管理政策）时，尤须予以充分的关注与小心。

指出这些特质，不是给“阴谋论”提供任何理论根据，只是想告诫善良的人们，现实的金融问题及金融系统是复杂的。绝对不能天真地、书呆子式地，就某一具体的金融问题而论金融问题，应持有系统的、动态的认识视角。尽管如此，由于人类的认知局限，人们还可能只是在逐渐逼近金融的本质。

五、战略过渡期内必须选择有管理的浮动汇率制度

一国选择什么样的汇率制度，实际上是在寻找于本国最优的货币区边界。其中，大国、小国，发达国家、发展中国家对此的选择，又会有不同的利益视角，也不存在理论上的唯一性。因为大小不同的经济体，对整个世界的供求产生的冲击完全不一样。大国经济体在一个货币区内无法“搭便车”。从历史角度看，大国经济体同样存在汇率制度的选择。不过在其不同的发展阶段，出于内外平衡的要求，对汇率制度的选择，实际上是在决定着当时国际货币体系的主要特征。不论是在金本位时期，还是在布雷顿森林体系时期，抑或在当前的浮动汇率体系时期，其拥有的是更多的“坐庄”式的货币稳定机制。相反，由于货币的网络和规模效应，决定了小国特别是经济开放程度较高的小国，在汇率制度选择上的灵活性空间并不大，不得不将自己置身于大国所设定的国际货币、汇率体系中，选择相对适应本国情况、种类有限的某一汇率制度。而且在一般情况下，因为市场大势的作用，市场投机力量和国际合作往往都支持大国“中心货币”的基本稳定。对处于

“外围货币”的小国，不但较难获取货币合作，甚至投机努力也是顺周期的。因此，对小国货币来说，往往需要通过汇率以外的额外稳定机制（如资本账户管理）来保证宏观经济体系的稳定。相比发达国家，由于发展中国家在国际经济分工中的不利地位、自身市场的不完善、货币错配和“弱币”的地位，更是决定了汇率选择中的困境。无奈，作为对汇率制度的一种补充，往往实行资本账户一定程度的管制。

因此，固定、浮动汇率制度到底谁主沉浮？历史上，西方学者分别以金德尔伯格（Kindleberger）和弗里德曼（Friedman）为代表的两派争论，始终难有定论。现实中，两派理论在世界上的不同国度内使用，也是各有利弊，需要视条件而权衡。恰恰在世界现实金融中，大量存在的是中间汇率制度，是固定汇率和浮动汇率的组合。对此，全球现存的各种汇率理论中，没有任何理论能否认，一个国家不能实现波动幅度适中的目标区汇率制度，也没有任何理论能说服，任何一种汇率制度适合所有国家的所有时期。威廉姆森（Williamson）的研究也表明，角点汇率制度（货币局和浮动汇率制）同样难以避免危机的形成。

中国未来的5年、10年内，到底选择什么汇率制度？从根本上，应选择适合一个正在崛起的大国经济体可保持经济稳定发展的货币政策框架。简单选择盯住某个货币的严格固定汇率制度，或者选择完全浮动的汇率制度，都不符合中国利益。因为盯住他国货币的固定汇率，不符合大国崛起的战略需求。从长期看，与中国经济规模相当且经济结构雷同的国家几乎没有，人民币不适合完全加入国际上现有的某一货币区。且从20世纪90年代以来，中国经济波动独立性增强，外在的波动影响逐渐减小，以他国货币政策作为中国货币政策的名义锚，不利于中国经济的稳定。而中国的宏观调控能力及市场的发育程度也不支持采取完全浮动的汇率制度。同时，海外许多文献研究表明，鉴于亚洲国家在贸易关联度、经济周期的相似性，在中长期内，亚洲具有设立独立货币区的潜在利益，而且人民币能在其中发挥关键性作用。但是在当前阶段，人民币直接充当亚洲关键货币的条件又尚不具备。

因此，在战略过渡期内，选择有管理的浮动汇率是中国利益之所在。其好处一是尽管美元政策并非完美的政策，但其在国际上的信任度仍是其他任何一种货币难以比拟的（尽管在危机复苏中仍存在短期的贬值风险）。人民币与美元保持相对的稳定（注意：是指相对），“搭便车”、借助对美元区的信任，既可以“进口”美元的影响力，又可以“借船出海”，让国际社会有机会认识人民币、使用人民币，并在此过程中逐步脱离美元，成为世界能接受的独立货币。二是有管理的浮动汇率有助于及时释放人民币的升值压力。这一既体现“有管理”，又体现“浮动”的汇率制度，是基于中国经济未来仍具有较高潜在增长率下实际汇率升值的需要。三是选择这一汇率制度可给国内的经济结构调整与转型提供适当的条件和时间。特别对中国这样一个既是大国经济体，又处于复杂的转轨期的经济体来说，汇率制度选择的谨慎性和渐进性更显重要。但即使选择这一制度，在后危机时代，对中国汇率制度改革所需的配套政策，仍需要有清醒的认识和及时的制度安排。

当然，作者指出选择有管理的浮动汇率制度，其具体含义是雷同于但又稍区别于现行的政策内容。一是要确立一定时期的中心汇率，但可以不公开。同时，不排除可适时、主动进行若干一次性的调整。二是“一篮子货币”的内容，先期应以美元为主，视情况发展，调整“篮子”内容权重。随着时间推移，当调整到一定程度后，也就无所谓中心汇率了，而是逐步逼近实际有效汇率。三是在实行中心汇率制度过程中，必须择机、逐步放大汇率的浮动区间。通过逐步地、不断地放大浮动区间的过程，慢慢弱化中心汇率一次性调整的频率。四是上述操作过程与细节，同时必须要与人民币区域化过程相配合。只有在此配合中，才能加快放松资本项下管制，进一步增强汇率弹性空间。五是在整个逼近有弹性的浮动汇率过程中，作为“弱势”人民币的崛起，应始终保持微弱的升值压力，起码是币值的基本稳定态势。

六、中国必须仍然坚持资本账户渐进开放的原则

国际上大量学者比国内一些学者更坚定地认为，资本账户开放确实能促进经济发展。但是，这是有条件的。如果假定条件不成立，对经济增长的效应同样是不确定的。资本账户开放与危机之间的关系，并不是简单的“促进”或者“阻止”的关系，但是资本账户开放对金融危机有一定的催化作用。

未来中国必须坚持资本账户开放，是因为中国的经济全球化需要金融全球化的配合；中国未来面临的经济、金融发展中的重大挑战，需要在国际金融市场环境中解决，如环境、资源的约束，居民财富高积累后的投资回报。人民币国际化战略需要资本账户进一步开放的配合，是随着市场开放度的扩展、资本账户管制有效性下降后不得已的选择。然而，中国资本账户充分自由化的各种条件又还没满足，简单地扩大市场边界并不能给本土市场带来效率。如果不坚持“以我为主”原则，有可能被迫融入别人市场，不但不会提高本土市场效率，甚至会产生负面影响。

因此，坚持主动性、渐进性、可控性，是中国资本账户开放的核心原则。这一核心原则主要体现在五个方面：一是在人民币汇率波动区间扩大到一定的幅度，并在基本达到市场均衡汇率水平之前，仍宜保持对资本流出入的一定规模的控制。二是资本账户开放一定要与国内市场化改革的进程相衔接。具体包括：要素价格机制改革、服务领域改革、政府职能转变和税制的改革以及金融业充分的市场化改革，使得把包括金融市场内在的由信息不对称所引起的外部性，尽可能控制在市场可承受的范围内。三是资本账户的开放应结合人民币区域化的进程。虽然资本账户开放不能以人民币区域化为单一目标，但可以沿着人民币区域化这一主线相互配合，逐步实现。未来几年内，资本账户开放既可以在以外币为主的环境中实现，也可以在逐渐以人民币为主的环境中实现。这也许是中国资本账户开放区别于一般转轨国家的显著特点。原则上，今后凡是允许以外币进行的资本跨境流动

项目，也应允许人民币进行。四是资本账户开放要与加强宏观审慎监管、提高宏观调控的灵活性相适应。具体讲，面对逐步开放后的巨额跨境资本流动以及可能产生的巨大套利压力，往往会出现原来以数量、行政调控为主的宏观调控有效性直线下降的现象。因此，必须作好充分准备，推行宏观调控手段转向以价格、间接（以激励约束机制为基础）工具调控为主。五是对不同时期、不同类型的资本跨境流动，应采取不同的管制思路。其中，对非法及因政治因素的资金流出入，不是以通常的资本流动管理方式进行管理，而应通过反洗钱的方式解决。

七、大国经济体的崛起，必然要求加快人民币区域化进程

当今的中国，如果面临世上存在一个稳定的国际汇率制度，存在一个平等、稳定的国际货币体系，那么中国在崛起过程中，未必一定要去刻意追求人民币这一主权货币的国际化。问题是，当今的金融世界并不太平，问题太多。要避免现实金融世界对中国发展的负面影响，人民币的国际化是迫不得已的追求。当然，人民币要实现完全的国际化，即成为世界主要储备货币，这是一个漫长的过程。但是，基于国内外经济发展的长趋势需求，从现在开始着手启动，则应为中国今后10年金融战略布局中的重要一着棋。其意义在于：

第一，就中国而言，当前追求人民币国际化，为的是满足继续推动经济全球化，维护世界和中国经济增长的需要。因为维护经济全球化，各国货币间汇率的稳定是一项基础性条件。面对美国经济的严重问题和国际货币体系的缺陷，世界在呼吁，必须改革国际货币体系。在美元霸权的现状下如何改革？不可能寻找到最优解。因此，寻求多元的国际储备体系，是全球经济今后一个相当长历史时期的无奈选择。正是在这一世界呼吁背景下，作为世界第二大经济体的中国，经济仍在快速增长、贸易额全球第一。在逐步成为世界经济“主要驱动

力”的亚洲区内，中国贸易更是发展惊人，且人民币币值稳中略升。这一切自然告诉历史，如果人民币能够国际化，则是稳定经济全球化的一种期盼，也是亚洲经济的福音，因此也是全球经济利益之所在。这是中国当今在追求人民币国际化中，要向全世界宣示的首要意义。

第二，中国经济要保持均衡、持续增长，同样需要人民币国际化。自20世纪80年代以来，由于资金短缺，因此出口导向以积累外汇，这是经济起飞的必需。其后，一方面，国力壮大中的兴奋、成长中的经验不足和增长轨迹的惯性，使中国经济因为政策的疏忽或者说不自觉地被卷入美国政府错误政策所引起的前20年全球经济的“过度繁荣”中，积存了大量美元，扭曲了结构的均衡，带来了大量隐患，表现为中国及世界增长的不可持续。另一方面，面对已形成的中国巨大产能以及危机后美国过度消费的中断，中国要想继续维持相对高速的增长，尽可能实现中国经济的潜在增长率，对世界经济增长多做贡献，则必须通过人民币对外投资、买方信贷、人民币清算等方式，适度扩大中国政府在全球范围内的政策调控影响力。把巨大的产能释放、分配到亚洲、非洲等新兴国家，培育这些国家新的投资、消费能力，才可能稳定亚洲及世界经济的增长。此角色，雷同二战后不久的美国及美元经济，是全球经济发展的需要。

第三，追求人民币国际化，可以全面提升中国金融体系的效率。人民币国际化，要求中国金融必须进一步对外开放，这会强烈促使中国金融业改变中国“金融滞后”与“金融弱国”的现状。历史已经证明，这一切意味着，会倒逼、促进中国金融的改革与开放，会加速提高金融效率。

第四，从人类金融史看，大国经济体崛起的本身，迫切需要与本国经济开放度、国际影响力相一致的国际化货币的支持。历史上一个经济大国的崛起，其货币往往成为国际货币。特别是在信用货币时代，没有本币的国际化，所谓大国的崛起几乎是不可能的，也是不完全的。

第五，追求人民币国际化，也是防范经济运行风险的迫切需要。面临当今美元主导的有缺陷的国际货币体系，人民币国际化起码有助于防范大国经济运行中的三个风险：一是流动性风险，因为中国政府毕竟是人民币的"最后贷款人";二是货币错配下市场价值波动的风险,因为以外币标价的资产风险,本质上是将本国部分金融市场的调控权让渡给了外国政府;三是定价权风险,因为基本不受货币发行约束的发行国,在资金上拥有相对的优势,短期内在相当程度上可以摆脱世界市场相关交易的定价权被别人掌握的风险。

第六,人民币国际化也是有助于应对当今国际货币体系缺陷的有力手段。当前美元发行不受约束,以美元为主导的国际货币体系存在诸多缺陷,因此,全球在纷纷呼吁,要改革国际货币体系。从未来世界货币体系演变看,建立"超主权货币"自然是最理想的。但是在建立这一模式之前,恐怕有很长很长的路要走。如果把人的私欲放大到民族、国家,还真不知道该模式何时能建成?也许是人们永远憧憬的理想。因为"整个货币史的一个共同主题是,最重要的金融大国拒绝对国际货币进行改革,对自己是没有好处的,因为改革降低了自己货币的垄断力量"(Robert Mundell)。因此,较现实的选择,只能是形成实力相当的多种国际货币,在互相竞争中,形成有制约的均衡格局。而人民币已成为世界上相关国际组织和专家所期盼、所预测的一种制衡因素。

尽管人民币国际化存在客观的必要性和巨大的潜在发展空间,但人民币国际化不可能一蹴而就。然而在当前,人民币已具备区域化的初步条件。在2020年前的战略过渡期内,人民币国际化的目标,首先是追求区域化。区域化只是表明国际货币使用中地域的局限,并不意味国际货币在功能上有任何质的差异。

如何区域化?作者自2009年以来在反复宣传,关键是落实三条思路:一是要想尽办法让人民币走到境外,如采取人民币境外投资、买方信贷、对外援助、央行互换计划、QDⅡ中增加人民币额度等。二是鉴于中国资本项下未完全放开的现实,可以先让人民币在境外像其他自由兑换货币一样,开展存款、贷款、结算支付、资产管理、汇率避险等全方位业务,在境外形成一定的自我循环规模。三是要让境外机构和自然人愿意持有、投资人民币,必须要做到,让境外持有人能享受或部分享受中国经济高增长的收益。这就需要打通境内金融市场与境外金融市场在有控制前提下的“管道”。如允许境内机构与企业在境外发行债券、允许 QFII 中增加人民币额度、允许境外人民币基金投资境内实体、债券市场等。基于人民币既要区域化，资本项下又未完全打开的现状，开通境内外市场的“管道”，只能是有限地、逐步地实现。因此，在战略布局上，可在中国政府可控的境外的香港，形成人民币离岸市场，成为国家金融战略的重要支点。这是一个较好的选择，当然，也是在“有限全球化”这一金融战略方向下迫不得已的选择。

最后，同样需要关注的是，既然人民币国际化是修补当前国际货币体系的措施之一，因而，对于现在世界上一切有利于此目的的其他动向，中国政府应以同样的战略眼光，给予充分的关注与支持。譬如，IMF 的改革、SDR 中的人民币份额的增加、其他地区“区域货币”、“货币同盟”的探索、亚洲金融诸内容的合作，等等。

八、必须抓紧修正外汇管理的原则

长期以来，受西方主流教科书及中国过去长期外汇匮乏的历史影响，外汇储备的运用，一直强调“安全、流动、保值”的原则。这在一定历史时期，无疑是正确的。但是目前中国坐拥如此巨额的外汇储备，这一原则是否仍然正确？是否要修正？从国民总体福利角度出发，这要回答以下几个问题，一是中国是否存在“超适度”的外汇储备问题？二是这些“超适度”的外汇储备能否用于与上述原则不相吻合但属于体现国家战略性利益的方面？三是如果可行，又何为战略利益？如何实现？相应的管理体制也应否作出配合？

对于第一个问题，在美国金融危机、美元存在贬值风险压力下，几乎已不存在争议。

对于第二个问题，尽管中国政府其实已在部分地实践，但仍有相当多的人，存在不少犹豫与不同意见。认为外汇储备是央行通过向市场投放货币买来的，是央行的资产，“不能动”。殊不知，既然是央行投放货币买来的，为什么市场（包括政府）如果再用人民币（包括发债筹人民币)向央行购回就不可以？就不能称为合理的市场行为？何况，如果市场主体用人民币向央行购汇，用于进口和境外投资，还可减少境内货币供应过多的压力，提高国民净福利和企业竞争力，并不妨碍央行对资产负债表风险的控制。有人甚至担心，动用国家外汇储备，会危及国家金融安全。什么叫金融安全？其实对超适度外汇储备进行合理的战略性使用，不仅不会危及金融安全，相反，运用得当，有助于宏观结构的平衡，提高实体市场的竞争力，恰恰有助于提高中国整体的金融安全水平。而且用于战略性的外汇，仅仅是整体外汇储备在保持充足流动性需求的前提下，对一部分“超适度”外汇进行的再使用。

要修正中国外汇管理的原则，应重新明确外汇运用的具体顺序：首先，保持必要的外汇流动性，以满足平衡国际收支的需要；其次，用一定的外汇干预外汇市场，满足汇率调节的需要；再次，服务于国家经济可持续发展的目标，获取战略性利益（包括提高国民福利水平）；最后，再有多余的外汇储备，可用于获取相对较高收益的金融投资。这里，把类似目前中投公司增值投资的业务，列为最后一项，是因为必须看到，前三项外汇用途对中国经济可持续增长的重要性和战略性。当然，不排除也许中投公司目前的投资项目中，已部分包括了满足上述前三项目的的使用。这也恰恰证明，中国外汇储备管理原则必须进行重新修正与明确。

什么是外汇储备运用中的战略性收益？作者认为，只要是有利于中国经济保持长期稳定增长和国民福利提高的关键性、长期性、重大性因素，均可视为战略性利益。具体说：

第一，有利于解决国民经济中多年积累的突出结构问题，如用汇购买国外先进的技术和重大设备。

第二，有利于解决困扰中国的环境、资源问题，如用汇购买关键性资源。支持国内企业参股、并购海外能源性企业、关键性原材料企业，用外汇进口治理环境污染的重大设备与技术，提供排污、治理土地沙漠化等公共产品。

第三，有利于为中国经济进一步崛起和成为金融强国打基础的外汇运用，如大力培育跨国的、关键性的金融机构，通过外汇支持在境内外实施兼并，或在境外设立分支机构。从人民币国际化的长期战略出发，不断择机增持黄金储备。

第四，有利于防范外部动荡对中国经济的意外冲击。如通过加强亚洲金融合作，谋求国际储备体系改革中的国家战略性利益，包括通过货币互换等方式，用外汇支持亚洲、非洲、上合组织成员国，维护其经济、汇率的稳定。这不仅可防范其可能发生的风险向中国传递，同时中国可实现在与这些国家一体化经贸活动中的稳定收益。追求国家战略性利益，还包括用美元储备支持亚洲融资市场和亚洲实体经济发展，减弱亚洲及中国的美元储备不断回流美国而造成美国短期资金跨境频繁进出亚洲各国的频率，以减轻虚拟经济和资产泡沫的形成压力，削弱美国"双赤字"政策下过度膨胀的虚拟资产规模对世界经济带来的不稳定影响。还包括用外汇储备谋求参与国际货币体系改革的战略性利益。通过购买 IMF 的债务，完善 IMF 的融资实力，扩大中国在 IMF 的份额和力争人民币进入 SDR 的篮子。以上这一切都有利于中国经济进一步崛起中所需的汇率稳定环境的形成和连续。

第五，有利于提高国民福利水平的外汇支出。如包括作者早先提出的，用少量的外汇支持社会保障体系的建设，或直接进口改善居民医疗水平等的重大医疗设备(2009 年作者听说中国一些地方政府仍在接受美方的大量美元贷款，以购买重要的医疗设备)，以投资入股等方式下划有关单位，有偿经营。

在强调外汇储备战略利益的同时，必须另外强调两点：

第一，首先要处理好官方巨额外汇与"藏汇于民"的关系。尽管中国官方外汇储备近几年一直为世界第一，但与同为出口大国的日本、德国相比，在一国对外净资产持有额中，2007 年末，官方对外净资产(主要是外汇储备)，日本与德国分别为 44%与 14%，中国却高达 150%。这种状况决定了，一是因央行大量购汇而形成了国内货币供应的巨大压力，二是增加了国家集中持有巨额外汇的风险。因此，改变中国目前外汇储备官方为主的结构，发展与丰富国内金融市场，"藏汇于民"、"由民用汇"，应是修正中国外汇管理原则和寻求战略性利益过程中或过程之前,必须要解决的另一个重大政策问题。如何发展和丰富国内的金融市场,由“藏汇于朝”部分转向“藏汇于民”,具体的政策调整作者曾有详细的阐述。在这样的政策调整中,决策者要相信,经历多年市场化历练的民间力量,在用汇收益上,并不亚于官方。而且,这历史性的一步,是早晚必须迈出去的。同时,民间用汇的过程,又有利于国内货币供求的平衡和国际收支的平衡。其储备风险分散在各经济主体,也有利于减轻国家集中承担风险。

第二,要认真重视不断增持黄金储备这一中国崛起中的战略意图。简单恢复金本位这一不可能的浅显公理,众人知晓。地球上16.3万吨左右的黄金存量中,可交易黄金仅占17%,远不能满足当今世界贸易金融交易的需求。增持黄金的意图,不是出于黄金比较美元、欧元等信用纸币增值或贬值的短期相对利益的思考。增持黄金主要是出于人民币国际化的长期战略思考。在漫长的国际化过程中,一国信用货币要从国内货币走向国际货币,生产能力、贸易规模、金融市场的广度与深度,以及币值稳定等因素固然重要,但是一国是否具有相当数量的“最后清偿力”,也是不可忽视的基础条件和不可或缺的保障。从历史上大国货币兴衰的角度看,不管是早先的英镑,还是后来的美元,在其崛起之初,无不努力创建作为最后清偿力的黄金基础。伴随英镑的衰落,黄金占英格兰银行发行的英镑纸币的比例呈直线下降,由1914年的148%下降到1919年的21%。同时伴随美元的崛起,美国黄金储备占美元纸币的比例,却是在直线上升,由1914年的0.59%上升到1939年的278%。即使在美国爆发“百年一遇”金融危机的今天,财政经济形势陷入如此困境,美国政府仍是不愿采取割爱一盎司黄金的措施,而是不断通过发纸币,在全球范围内寻找出路。可见,黄金在战略保证方面所具备的重要意义。因此,中国政府在黄金等贵金属态度上,绝不能短视,绝不能仅从三年五载的短期经济利益出发。

要实现以上外汇储备的战略性利益和真正的多元化运用原则,中国当今的外汇行政管理体制也必须予以调整。长期以来,由于外汇匮乏,央行(外管局)作为外汇管理的唯一机构,不存在任何的不妥。但是,随着外储的不断增加,一是国内的货币调控越来越难,二是面对仍在不断增长的巨额外储，从国家整体利益和战略利益出发，为满足上述外储运用的四项“顺序”内容，显然，继续由专责宏观调控的央行（外管局）一家机构负责，同时兼负大量日常、复杂的普通投资和战略性操作职能，明显力不从心。2007 年中投公司设立后，应该肯定其在外汇多元化运用方面进行的大胆实践和探索。但是，根据上述四项“顺序”内容中第三条战略性业务的操作，涉及石油、资源、重大设备与技术等国民经济多行业、多领域、多个管理部门。外汇如果仍由单一行政部门操作，已明显难以实现国家战略的布局谋划和具体的部署实施。因为在中投公司内，多为金融、投资等金融人才，存在以下显著缺陷：一是人才偏窄，经验不够，力不从心；二是多元化运用中，部门间协调乏力，效率低下，会错失良机。为此，有必要迅速在国务院下，成立国家海外资源投资委员会（不是仅限于能源的、2009 年成立的国家能源委员会），由国务院下属相关部门参加，统一研究、谋划巨额外储用于第三项目的总额度，以及确定分别用于石油、其他矿藏资源、重大设备、技术等领域的具体额度及调整的原则。并在该委员会下，分设不同行业投资组，吸收相关企业、机构参加，负责搜集分析情报信息、规划协调前期的投资事宜与部署外汇资金的具体筹集事宜等。

整个外汇储备在渐次满足上述前三项目的后，剩余的外汇再运用于上述第四项目的，即继续由中投公司为代表，负责、寻找更高的金融投资收益。

九、必须以前所未有的积极姿态重视“另一条战线”的金融事务

讨论汇率、资本管理、人民币国际化等问题，更多地是讨论与中国金融直接相关的事务。中国金融战略取向分析的一个基本出发点，是基于改革目前国际货币体系的缺陷和未来世界经济、金融的不确定性。解决好这一问题，有助于减弱中国金融开放的外部压力，极大地有利于中国金融战略的顺利推进，这是中国金融战略中的一项重要任

务。而且此项任务之挑战性、长期性，是过去 30 年改革开放所未遇到过的。特别是面对中国经济在 21 世纪第二个十年经济增速可能明显放缓的局面，中国更须以过去从未有过的注意力，着眼于国内国际两个金融市场间的资金配置。对开放的目标，也不能像过去那样仅局限于多吸引些外资、多学习些西方金融市场操作技巧之类的低水平思考，而是必须思考与顺应历史大势，未雨绸缪，主动出击，积极参与国际金融事务，努力去营造合作、互利的外部经济金融环境。

此主动、积极的态度，并不意味着在承认 C2 机制倡议的情况下，中国想主导世界经济，而只是为了维护全球化趋势。通过改革国际货币体系和国际金融监管，更多地代表发展中国家、新兴国家利益，推动全球经济的包容性增长。相反，若不持主动、积极态度，到头来恰恰会影响中国金融战略的实施。

作者认为，“另一条战线”的金融事务应包括以下几点：第一，应始终如一地支持 IMF 的改革，力争人民币进入 SDR 的篮子，支持 IMF 和联合国有关改革国际货币体系的新的 SDR 方案等议案。第二，支持各区域货币、“货币同盟”的研究和发展。第三，以各种方式，支持亚洲金融合作（包括上合组织），实现区域性风险救助机制。第四，以人民币跨境结算与人民币国际化为推动力，通过中国央行与各国、各地区央行的货币互换合作，以中国的经济实力，寻求全球经济稳定发展的多种途径。第五，中国政府有关部门应投入更大的精力，牵头组织、推动亚洲债券市场的发展。亚洲经济是全球最具增长潜力的地区，亚洲又是高储蓄、外汇储备最多的地区。通过发展亚洲美元债券市场，推动亚洲经济的发展，不仅对亚洲经济、对中国经济与金融战略的实现是有利的，而且可迂回制约主要国际货币滥发的现象。第六，结合人民币“走出去”进程，用好中国对外的美元援助、美元贷款、用美元购买亚洲债券等活动，促进发展中国家和东盟国家的发展，寻求在进一步推动经济全球化、亚洲经济一体化中的中国利益。第七，支持国际组织关于全球“宏观审慎监管”和“全球金融监管治理”的制度措施，减少杠杆效应，稳定全球金融体系和经济发展。同时要学会“以我为主”的思考，给中国经济发展多留些“空间”，不追求国际金融监管引领者的虚名。

一句话，在未来，“另一条战线”的金融事务，中国不能再是被动参加的“接招者”，而应是主动谋局的“出招者”；不能再是充当议题摆在眼前的匆促“答卷者”，而应是早已深思谋略的“出题者”。“另一战线”的金融事务，更不应是政府某个部门、某个国际事务司局的“专利”事务，而是事事关乎金融战略大局，必须认真对待，相关部门紧密配合。

十、国内各项金融改革必须聚焦在两个战略视角

讨论中国国内的金融改革，是一个范围极广、内容极丰富的命题。即使不从作者前述的金融是一个“四维”的“大金融系统”概念出发进行讨论，而是仅从一般教科书所述的“金融体系”概念出发，金融也是由各类金融机构所组成的金融机构体系，由各种金融产品工具在其中运行的金融市场体系，由主要体现为各种法律制度的金融调控和监管体系所构成。而且，如果进一步就某一子系统之中的各项内容再分别进行讨论，又将涉及一系列问题。因此，本文在此只能忍痛割爱，“避轻就重”，重点回答经过一系列的改革，从战略视角看，中国金融通过改革，关键应达到一种什么状态。

现实中国金融的一系列问题现象，如果纯从国内事务角度看，可以归结为金融机构、金融产品准入限制的市场化问题，中国金融市场体系的统一与完善问题，中小企业的融资体系建设问题，中国目前特定阶段政策性金融（包括“三农”金融）的扶植问题，国有金融资产的管理问题，市场不断开放条件下的货币政策调控体系、宏观审慎性监管框架建设与监管部门间的协调问题等。诚然，只有通过这一系列改革，才能改变目前“金融滞后”的状态。但是，鉴于过去 30 年改革的经验，尽管这一系列改革只能置于中国政治、社会、经济中复杂的矛盾关系下，却要统一考虑、稳妥推进，即要强调社会整体的稳定性。然而，不断追享经济全球化利益的未来中国经济，客观上迫切要求中国必须准备全面融入以商品、资本自由跨境流动、汇率自由浮动为特征的充

分市场化的全球经济。舍此,中国经济不可能崛起。因此,未来中国金融改革的核心原则,从最难推进的意义讲,必须在面对国内各种复杂的矛盾中,始终如一地坚持市场导向的原则。这是中国金融改革始终回避不了的首要原则、核心准则,也是中国经济真正要实现历史性伟大复兴的要领。尽管在战略过渡期内的某一时期,在某些政策措施上,可以带有行政的、政策性的痕迹,但是必须认识到,这是暂时的、不得已的、过渡性的。中国金融改革丝毫不应改变的方向,应是被清醒认识到的、是市场导向的。

"金融弱国"向"金融强国"转化的过程,将始终与战略过渡期相伴随。因此,面对未来世界经济、金融的不确定和可能再次发生的剧烈动荡,中国在着手汇率更趋浮动、放松资本管制、人民币区域化等更为开放的改革中,必须始终关注外部经济、金融环境的变化,始终不忘构筑一个不断适应新环境,又能充分应对外部冲击的风险防范网。因为在中国成为"金融强国"之前,国内的货币政策影响及其他治理机制对外部风险的传递,仍是甚为敏感。这一风险防范网可以与当今西方金融强国所讨论的"宏观审慎性管理"框架相似,但又必须清醒认识,不能完全满足、等同于金融强国(以巴塞尔协议Ⅲ为代表)所讨论的内容。正如前面所述,西方金融理论讨论中,是不愿意承认现实的全球金融体系是非平等的或客观上存在的结构主义。正是由于非平等性或结构主义,可以让全球金融体系出现这样的现象:当世界主导货币国家发生金融危机时,必然会影响非主导货币国家,而当后者发生危机时,未必会影响前者。而且,在动荡的世界经济中,如果世界非主导货币国家的政策稍有不慎,将政策风险暴露在全球金融市场中,将立刻遭受灭顶之灾。世界主导货币国家"稍有不慎的政策",更多的时候,仅仅是反映在汇率及其他宏观经济指标的波动和问题的积累上,谈不上"灭顶"危机之说。所以,作为转轨、发展中的中国来说,不管是国内的改革措施还是对外的开放措施(国内改革措施同样会影响对外开放措施的效应),何时采取、采取的力度有多大,必须始终警惕:是否有利于构筑抵御外部风险冲击网?

十一、提高政府的金融决策水平是改变金融发展不足的关键

为什么中国金融长期难以摆脱“金融滞后”和“金融弱国”？为什么一些“老生常谈”的问题，在中国长期得不到解决，根本原因是什么？从纯金融领域分析，有人回答：是政府的管制与干预。现象确实如此。但要进一步发问：政府又为什么在某个时期部分放松管制与干预，而在另一时期严格管制与干预？什么是政府？是指最高决策者，还是政府相关部门的工作人员？如果究其各种原因，进行一层一层的因果分析，可以发现，不管是在过去金融改革更多体现为“自上而下”的推动，还是在现在更多体现为“自下而上”的推动，一切都是在政府相对掌控的状况下进行。政府是什么？是由众多不同行政级别的人群所构成，按照既定的行事规则进行管理。因此首先可以说，政府对金融改革的认知和态度，直接决定了改革的进程。至于有人解释，政府已被部门利益所绑架，其实在中国，不存在根本难以克服的部门利益问题。在目前的行政体制下，只要最高决策层想竭力推动之事，执行部门是难以阻挡的。可能往往遗憾的是，最高决策层与市场中改革需求信息欠沟通、不对称，以及对执行部门的有效监督不力。当然，其中也不排除政府有关部门同样存在对改革的认知和态度问题。

影响认知和态度的，主要是两种思想倾向。

第一，过度或片面强调金融体系的稳定。改革本身是个学习过程，政府面临一个全新的现代金融发展领域，缺乏经验，其他国家开放中的失败案例又随手可得。因此，出于谨慎之态度，或者对于谨慎的“度”，不好把握，或者根本难以把握，在避免了一些转轨国家曾出现金融风险的同时，失去了很多发展的机会。这是分析中国 30 年金融改革史中断断续续、不断存在的“滞后”现象的根本原因之一。从具体的政策执行部门看，因多方面原因所引起的金融风险，以致引发群体性事件等社会的不稳定，该部门要承担最后的责任，所以往往也导致该部门对改革的谨慎为上，影响了金融的发展。

第二,因一些人简单模仿和过分迷信所谓的“现代金融”,反倒影响了决策者的决策。这里有几种情况,一是中国金融30年是在先学日本、后学美国的金融模式中走过来的。由于先是部门认知的偏差,导致该及时学习他国的没学习,该发展的没发展,只学了些“皮毛”或“形式”,引起事后决策者对部门新改革建议的“更为谨慎”。二是由于部门认知上的偏差,在引入金融“新零部件”时,与同时修缮旧经济体系“机器”的制度政策衔接不够,引起了宏观经济失衡。之后,反倒去质疑“新零部件”而不是去质疑新旧“制度衔接”,进而不敢加快引入“新零部件”,最终影响了金融的发展。三是在某一历史时期,由于金融发展中某些改革措施暂时因非金融原因的“水土不服”,导致了整体经济的不稳定,其后引起决策者的“矫枉过正”,泼水时干脆“连水带孩子都泼了出去”,立即停止执行某些改革措施,出现了金融发展的“倒退”和“滞后”。特别是近几年国际上对中国金融开放近乎迫不及待的鼓噪声,声音混杂,良莠难辨,决策者自然更是谨慎为上,有时也会造成对应纳谏的改革建议反而不敢轻易纳谏,贻误了金融的发展。

由此看,简单模仿和过分迷信崇拜所谓世界上最先进金融体系的两种认知片面,在复杂的大国转轨经济体系中,往往会直接或间接使中国金融的发展反而“欲速则不达”。

当然,现实金融生活中,诸多事项得不到发展,有些现象也表现为管理部门之间的协调不力。这又为什么?这里有协调过程中的效率问题,也有部门利益,甚至“寻租”的影子。但还是如前所述,这一切都是在最高决策者所能管控的范围内。问题仍在于,面对日益复杂的、专业化的、涉及市场发展具体技术细节的操作,如果均交由最高决策者决策,是部门间协调中的各方观点表述不清?还是各方观点清晰,决策者难以最后定夺?还是在中国目前行政管理体制下,决策者事务繁忙,难以有暇及时、面面俱到地顾及?这是要分析的实质。在这方面,美国的金融决策程序可以给我们不少启示:处于市场信息瞬息万变的国际金融中心的美国,在明确的法律约束和议会约束下,为什么丝毫不影响曾拍过53部电影的明星出身的前总统里根对世界大国货币、金融政策的决策与掌控?此现象值得深思!看来中国金融发展中的认知不足，重点不是提高个别人的认知水平，而是需要建立有制衡的、体现科学、民主决策精神的机制。这才能完全填补个别人的认知缺陷。在一定意义上说，这是未来一个时期，解决中国“金融滞后”和“金融弱国”的关键。

十二、在国家金融战略下布局沪、港两地国际金融中心

能否在部分实质性地开放国内金融市场的同时，通过创设人民币离岸市场，在相对隔离人民币区域化过程中的风险向国内传递的同时，适时不断调整和扩大在岸与离岸两个市场的通道，稳步推进中国的金融开放步伐？这既是国家金融战略的重要设想与步骤，又是上海国际金融中心形成中重要的相伴物。如何形成？

香港，是一个“一国两制”、“国内境外”的特殊城市。其既是中国概念下现成的国际金融中心城市，又是亚洲区内、中国边上典型的美元区。有着目前上海、深圳比不了的国际金融市场优势，又有着纽约、伦敦比不了的中国主权、文化、地理和特殊经济联系的优势，是最适合于在国家统一的金融战略下，方便政府在金融开放中使风险相对可控、隔离境外风险传递的场所。因此，自然是最适合发展境外人民币离岸市场的场所，也是上海国际金融中心形成中的最好的相伴物。

对香港来说，借助人民币离岸中心的特殊角色之力，在继续繁荣香港经济的同时，可为香港未来经济结构的转型赢得准备时间。如果香港不依托于中国内地日益壮大的经济影响力，其发展轨迹不积极纳入国家有序开放的金融战略，孤军奋战、因循守旧，沿袭过去的发展模式或资本市场“内地化”的倾向，不仅有可能丧失经济持续繁荣的局面，同时对未来的经济转型，也将失去更多的主动权和空间。

对上海来说，其发展速度与规模，既受益于中国资本账户的开放，又受制于资本账户渐进开放的速度。上海人民币国际金融中心的形成过程，本质上是人民币国际化的过程，是本国金融市场的国际延伸。同时，上海人民币国际金融中心的形成，是国家金融战略下政策调整

演进的结果，是中国整个市场体系最后形成的重要标志。因此，在资本管制完全放开之前，上海人民币市场不可能成为世界主要的国际金融中心，而借助香港人民币离岸中心“桥头堡”和风险“缓冲区”的作用，不仅不会削弱上海未来人民币国际金融中心的地位，反而可以加速这个地位的形成。特别是在美国金融危机后，上海如果不抓住机遇，充分利用香港的特殊地位，配合国家战略，加快人民币区域化进程，那么就有可能错失这次危机为中国提供的难得的发展机遇，中国的人民币国际化进程就有可能不得不经历更长的时期，进而，上海国际金融中心的形成也就不得不经历更长的时期。

基于国家金融战略设想下的沪、港两地金融布局，是一种限于“过渡期”的定位。在2020年前，上海国际金融中心的发展，主要定位于境内各种人民币资产的交易，香港主要定位于传统的金融交易业务和境外人民币的资产交易。简言之，两地分别主要定位于境内、境外人民币市场。随着资本管制的逐步放松，境内外跨境人民币交易量的扩展，两地的定位会从清晰走向模糊。临近战略过渡期末，境内的人民币能自由兑换交易，在境外市场上，不仅仅是香港的人民币，全球各地的人民币都能从事境内的各项金融交易，此时则意味着中国金融大开放时代的来临。两地也就不存在今天意义上的定位讨论了。

十三、战略的实施需要讲究策略原则

战略不是一句空话，必须体现为有最终目标追求的一系列行动纲领。关于行动纲领，作者从政府工作层面角度，曾概括指出了基于战略方向的四大目标、八项重大任务以及为完成这些任务必须相应保障的一系列具体政策与措施。这些目标、任务、政策与措施，不是零碎的“文件语言”的堆积物，而是始终如一地贯彻战略的轴心——国内金融的充分自由化和涉外金融的有限全球化，是一个体现制度不断演变和不断衔接的动态过程的载体。

在“动态过程”之初，读者看来“纸上谈兵”的战略，最终能否变成现实，不仅依赖于对中国目前事实与未来的正确判断和全球经济内在发展逻辑基础上的制度选择，同样依赖于具体实施过程中相对正确的策略与方法。特别指出，落实战略时的方法原则同样至关重要。作者提出了实施未来金融战略必须遵守的四项重要原则。这不是凭空的抽象，而是基于中国金融 30 年转轨中的宝贵经验与深刻教训，是从现阶段中国“金融发展目的”（经济为本）、“金融内在特质”（放大功能）、“转轨金融本质”（制度配套）、“金融当前矛盾现状”（内外开放关系）四层逻辑关系，依次就其主要矛盾关系进行的本质抽象。应该说具有一定的排他性和唯一性。

一是经济为本。发展金融为了什么？加快金融改革与开放可以促进经济发展，同时，由于金融系统对经济系统存在内在的放大功能和不稳定性特征，决定了在国内外复杂的经济环境下，处理不好，同样会对国内经济稳定带来冲击。因此，把握金融发展的首要原则，不能为自身的开放而开放，也不能为自身的改革而改革。即在具体工作中，不宜脱离经济发展需求，对金融改革开放设定独立的具体目标。

国际上发展金融业确实既能主要为实体经济服务，也能相对独立发展，构成一国 GDP 增长的一个重要来源。但是，对于一个既是世界大经济体又是相对其他国家存在持续高增长显著潜力的发展中国家——中国——而言，实体经济仍是决定中国经济长远发展的基础。因此，在战略过渡期内，必须始终清醒地坚持促使金融业为实体经济服务的发展原则。在具体发展过程中，应尽力避免单纯为了追赶世界其他金融中心城市或发展世界上“现代金融”中最新金融产品和技术，而不顾实体经济的需求，简单模仿与照搬。即使在强调当前中国金融总体发展不足或“滞后”的阶段，仍要警惕出现脱离实体经济需求，追求发展某些所谓前沿金融产品和技术的现象。如在贷款行政控制仍艰难实行的阶段，不讲条件地去加快推进某些高杠杆性产品等。

二是对“高杠杆”产品的引进，应谨慎为上。金融系统自身始终存在内在的扩张性和不稳定性特征。世界上多个国家金融改革开放的教训证明，在转轨时期，由于金融开放的节奏、次序把握不好或者政策部署衔接配合不好，在引进一项新的金融产品或金融技术时，往往反而导致货币调控的失控和宏观经济总量的失衡。这里,其实并非新的金融产品和金融技术本身有问题,而是往往由于一国政府对转轨、渐进改革复杂性的估计不足,对政策措施的衔接配合不够娴熟所导致的。

特别是美国金融危机的爆发,更是引人深思:即使在一个市场经济高度成熟、宏观调控技术娴熟的国度内,由于放纵了大量"高杠杆"产品,同样酿成了大祸。因此,这里不是一概反对引进"高杠杆"产品和各种金融衍生产品,而是应该强调引进的目的、引进的时机,强调引进时国内是否存在相应的环境与土壤,而不是其他。众所周知,同一个金融产品和技术的引进,在中国过去 30 年中的前 10 年和后 10 年,其宏观效应会绝对不一样。因此,对同一个具有杠杆放大效应的金融产品,在成熟市场已习以为常,但在调控技术不娴熟、调控工具单一、市场广度与深度欠缺、经济正处于失控状态的国家,是否适合引进?其是与非,更是明明白白的。特别是,当一国货币调控正主要依赖于信贷行政规模控制时,因其他原因所致,货币与信贷又正处于失控局面时,此时如急于大量引进银行资产证券化产品,难道无疑不是对货币调控"火上浇油"?

另外,特别需要注意的是,一国越是深度地参与金融全球化,其金融学意义上的货币、信贷、信用的决定参数也越日益复杂化、国际化。从根本上说,高杠杆金融产品,本身并无是与非,无非在一定意义上,扩大了货币、信贷、信用的放大效应,是纯技术的因素。但是对一国货币当局来说,当时的调控标的是货币、信贷、信用,还是利率、汇率水平?在不同标的下,引进不同杠杆效应的金融工具,对一国宏观经济的冲击会产生截然不同的影响结果。这可以说正是全球经济学家在深刻反思美国金融危机中的苦恼,也是一个并没有解决的重大理论问题。

三是金融转轨中务必讲究节奏、次序和政策部署的衔接配合。即使经过 30 年的改革开放,当前的中国经济仍是处于转轨阶段,即既带有过去计划经济遗留下的"痕迹",又带有市场经济的新特征。经济总体仍是一个不完全的市场经济,是带有转轨、渐进的经济特征。转轨、渐进带来的矛盾性和复杂性决定了，推行一项新的市场化政策措施，有时从单独看，从方向看，毫无疑问是正确的，但是由于在复杂的经济体系中，有的领域改革快一些，有的领域改革慢一些，不同领域的市场化措施与非市场化措施，在行政推动下的融合，处理不好，就会造成宏观经济总量的失衡。另外，同样是推行一项充分体现市场化的金融改革措施，但由于整个金融市场结构或者金融体系自身的不尽合理，而非其他经济领域存在问题，同样也会对宏观经济稳定带来不利的后果。因此，金融改革开放中，讲究节奏、次序的合理和政策部署的衔接配合，是转轨经济的必然。

要把握好金融改革开放中合理的节奏、次序和政策部署的衔接配合，关键是对每个时期的金融，具体发展什么，要坚持从解决现实经济矛盾的原则出发。往往经济改革和发展所遇到的一系列矛盾，对金融体系提出的要求，是当时阶段最切实际的发展方向和内容。抓住当时的矛盾，参照国外金融工具特点来设计中国的金融工具，金融市场的发展才最富有生命力。而不正视改革和发展中的难点，置现有的经济金融矛盾于不顾，另辟战场"孤军奋战"，市场往往不可能持久发展。因此作者曾在 20 世纪 80 年代末提出，改革者的口号应该是：当前能干什么，而不是应该干什么。

计划运行机制与市场运行机制是两种并行不悖、难得兼容的机制，各有其不同的控制手段、反馈系统和内在制约力。改革必然会引起对原先计划运行机制的干扰，同时会使新生的市场机制"失真"。当然这本身不存在是与非的界定。只要宏观决策者清醒地认识这一点，认真研究其"咬合点"和"摩擦点"，就可以做到既不影响经济的发展，又推动改革，在改革中发展经济。

因此，在转换时期，引进市场经济条件下一项有效的金融工具时，同时考虑旧体制的适应度并作出些修改，或提出临时性的辅助性的限制措施，正是维系一项新金融工具在特定货币政策运行体系中的有效运用，此时不必在乎持市场观点人士的说三道四。中国正处在一边整理市场环境，一边又要不断推进金融市场发展的阶段，由此决定了中国金融市场的发展既要照顾市场环境，更应重视适当改造市场经济机器的“零部件”并适时装在中国的转轨经济机器上,或者在改造“零部件”的同时调整原有的机器结构。缺乏任何一方条件的改善,整个机器都难以正常运转。

在今后10年的战略过渡期内,要把握好金融改革开放中合理的节奏、次序和政策部署的衔接配合,要突出关注新历史阶段金融开放中三大核心内容之间的动态协调,以辩证发展的眼光看待这三者之间的关系。具体说:第一,盯住以贸易伙伴国货币为主的“一篮子”货币,真正实现市场可信的、有管理的浮动汇率,是汇率机制改革的方向。但是从长趋势看,在小幅波动中始终保持人民币有略微升值的压力,有助于快速推动人民币区域化进程。而且,有利于降低企业在区域贸易内选择人民币作为计价和支付手段的汇率风险,有利于人民币逐步成为东亚区内货币的“锚”和东亚区的主导货币,使人民币能逐渐实现世界上具有价值储藏的功能。第二,在完全放开资本账户管制之前实行灵活汇率制度的国家,所获得的中期效果比较好,而在汇率严重失调的环境下,资本账户管制的效果会大打折扣。鉴于此,在汇率小幅波动和逐步扩大浮动区间的过程中,视经济发展动态,仍应不排除在必要时,选择较大幅度的、一次性的汇率调整,使汇率得以基本反映实体经济的发展状况。第三,虽然人民币全面的国际化,需要以货币的完全自由兑换为前提,但是在初期,两者完全可并行、交替推进,在并行、交替发展中相互促进。即在资本账户存在一定管制的情况下,通过其他政策的支持,并不影响逐步推进人民币区域化的进程。同时,随着人民币区域化程度的不断加深,也给逐渐放宽资本账户管制下的资金进出通道提供了条件。第四,资本账户管制的宽窄或松紧力度,是体现汇率政策的一部分,是汇率制度的一种补充。同时,相对稳定的汇率水平,又可以减轻局部资本账户管制的一定压力。

四是金融对内开放要优先快于对外开放。一个好的、稳健的、有利于实体经济发展的金融制度框架,首先是建立在一国对内充分的金融市场化,内部扭曲关系得以纠正的基础上。在中国当前,事实上,抑制经济发展的突出问题,是国内的金融压抑而不是金融的对外开放。正是不适当的金融压抑才容易产生资源配置的扭曲,引起国内泡沫的生成和破灭，不利于经济的平稳增长。而且，目前国内金融业的“滞后”或者说发展不足，恰恰是制约中国金融进一步对外开放的主要因素。不管是汇率改革，还是资本流动管理，之所以不能以较快的速度推进改革，主要原因是国内经济、金融结构的不相适应。因此，在中国金融改革总体进程把握上，当前尤须强调金融的对内改革开放要优先快于对外开放。

在进一步的对外开放中，必须清醒地认识到，时下国际金融市场的游戏规则，基本是由国际主要储备货币国家所决定。而货币与金融运行具有规模、网络效应与惯性。如果不顾国内金融的开放程度，一味追求速度，完全按照已成习惯的国际市场规律运作，在参与金融全球化的过程中，金融弱势国家很难赶超金融强势国家。何况，尚存资本管制的人民币地位又决定了，国际上人民币的一切运作，很难跳出美元的主导局面。加上中国还存在其他大量的金融管制和扭曲，需要在规则层面进行不断的调整，人民币更难跳出美元主导的框架。因此可以说，中国金融的竞争力与西方国家相比，还不在一个数量级上，如果完全不考虑金融开放中的对内对外的孰前孰后问题，一味推动对外开放，只能产生不利于中国利益的效应。一句话，在金融开放次序上，要全面服从于中国基本的经济利益和长期的、赶超性的战略利益，不能为国际金融市场上的要求和压力所左右，要体现大国经济复兴的意图。

结束语：本文主要想告诉读者，作者确实是自信地从经济事实与理论逻辑的结合上，指出了中国金融未来 10 年应该如何发展的脉络。但是，这最终能否成为真实的历史？这如同对中国经济未来 10 年能否继续保持相对高速增长的问题一样，如果是从纯经济、金融因素出发，作者对此不抱有任何的怀疑。但是，相信真正了解中国经济、金融的人会同意以下的观点：今后中国经济、金融发展的最大挑战，恰恰不在经济金融本身，而在此之外。“之外”为何物？期盼未来中国有一个效率决策体系的出现。

宏观审慎管理：中国视角[①]

（2010 年 11 月 4 日）

一、什么是宏观审慎管理？

起源于 1979 年 6 月在 Cooke Committee（巴塞尔银行监管委员会前身）首次提出的"宏观审慎性"问题，相隔约 30 年，在这轮国际金融危机后又被国际社会充分重视，并在广泛范围内正进行着认真的讨论。

其实，迄今约 30 年间，对此问题的讨论一直在断断续续地进行。无非关注的重点与内容在不断丰富。从最初表示当微观经济问题变为宏观经济问题时，不能不关心宏观审慎性的朦胧提法开始，到由具体关心单个银行稳定，发展到关心国际银行体系的稳定；再进一步发展到对整个金融体系的监管套利、衍生品市场定价、流动性、信息透明、支付结算体系超负荷等内容的研究（欧洲货币委员会，1986 年），对重要资产市场的研究（IMF，1998 年），以及对宏观审慎监管的严格定

① 此文刊载于 2010 年 11 月 4 日《金融时报》，刊载时题为"以中国视角看宏观审慎管理"。

义及更宽范围内的讨论(国际清算银行行长安德鲁·科罗克特,2000年),“宏观审慎性”一词在国际上真正流行,被国际组织、各国政府所重视,则是在这轮国际金融危机后。

目前关于这个问题的讨论仍在国际社会继续着。在中国,人们从英语翻译后常提到的“宏观审慎性”、“宏观审慎管理”、“宏观审慎政策”、“宏观审慎监管”等词,其实都是国际讨论中围绕这一核心内容在不同场景的表述:即相对于关注单个金融机构稳定的微观审慎,宏观审慎则关注整个金融体系的稳定。本文在此意义上用“宏观审慎管理”一词来集中表述。

从角色与目标看,微观审慎管理是着眼于单个金融机构的稳健运行,宏观审慎管理是着眼于整个金融体系的稳健运行。货币政策与宏观审慎管理的区别在于:货币政策是稳定经济活动的价格和产出,其目标追求的是国民经济的稳定发展;宏观审慎管理是稳定整个金融体系的发展,其目标追求的是为国民经济稳定发展提供良好的金融功能服务。尽管两者在政策上有所交叉重叠,但在目标指向上的区别是明显的。前者追求宏观经济稳定的若干目标,后者追求的是在为宏观经济实现若干目标服务中的金融体系稳定的目标,包括逆周期等问题。

鉴于此角色与目标,如何实现整个金融体系的稳定,国际社会也已经有大量的研究成果。一般的分析包括,系统风险发生源头的识别、传播渠道的分析、宏观审慎一系列指标的制定以及一国若干管理部门间信息的搜集交流、宏观审慎管理职责应由哪个部门承担、国与国之间在宏观审慎管理中的国际合作,等等。

迄今国际社会关于宏观审慎管理的框架是不全面的。G20 金融峰会后,体现全球大多数国家对宏观审慎管理共识的《巴塞尔协议Ⅲ》,主要内容是围绕一级资本比率、资本留存缓冲、反周期缓冲、杠杆率新要求、系统重要性银行和引入流动性指标等内容,提出了更严的标准要求。相信如果各国将此协议内容全面转化为本国的法律规范,对全球金融体系的稳定进而对世界经济的稳定发展是有益的。但是,有点遗憾的是,在落实时限上放宽到了 2019 年;且这一系列指标是直接针对单个金融机构,对宏观审慎管理中的国际合作问题、整个网络风险的防范问题，仍未作出令人满意的答案。

美国议会新通过的《多德—弗兰克法案》，也设计了系统性风险防范、消费和投资者保护、高管薪酬限制、监管体制完善等广泛内容。但不管是“沃尔克法则”，还是衍生品监管改革、信用证券化产品风险留存的要求和提高银行资本标准等内容，若一一仔细琢磨，更多的仍只是通过各种措施，防范信用膨胀，以稳定银行经营。

可以说，从总体上看，新近国际社会上的改革方案，基本上仍都限于通过限制微观金融企业的“杠杆率”等技术细节，试图达到稳定金融体系的目的。

难道这就是从国际金融危机中应吸取的最大教训？应该吸取什么样的教训，这涉及对国际金融危机根本原因到底是什么的分析。对此，时下全球还在争论。也许不同的利益者永远不会统一在相同的观点上。作者自2008年年底以来反复强调，金融监管不力只是危机原因之一，但不是主要原因或根本原因。并曾多次冷嘲：若日本、德国、中国监管不力，能惹成这样“百年一遇”的世界大危机？显然不可能。那又为什么？有人又说，危机原因是全球经济失衡。作者认为，那也只是经济现象，失衡是以往相关国政策的结果。危机的根本原因是美国政府自2000年纳斯达克泡沫破灭后，错误判断（或说利用）这一轮全球化趋势，长期推行低利率政策，刺激了信用膨胀。而其他拥有大量低廉劳动力、资源等的出口主导国家，在享有全球化收益中，一味追求收益而忽视了自身结构调整，客观上不自觉地助推了美国错误政策的长期执行，最后形成了全球经济失衡。而美国此错误政策之所以能长期推行，又有客观的、深层的制度基础配合，这就是以美元为主导的有缺陷的国际货币体系，对主要国货币发行缺乏约束。即，这场危机与之前的许多次金融危机一样，本质上是货币现象。因此总结这场危机的深刻教训与原因，如果仅仅抓住监管不力，是远不能避免今后世界不再发生类似危机的。

这一道理可用小学生算术题举一不当例子：货币、信贷、信用，都是由货币衍生、是表示货币购买力不断放大的金融概念。如果以信用近似地表示货币供应量，西方教科书指出，货币供应量＝基础货币×

货币乘数。眼下宏观审慎管理涉及的绝大多数对策，集中解决的是微观金融企业的高杠杆效应，这相当于缩减货币乘数效应，相当于央行的利率政策有放大或缩小基础货币的效应。如果原来是 3×3＝9，即基础货币×货币乘数＝广义货币，经这一轮监管的改革，货币乘数效应降低了，但是国际货币这一基础货币的投放若仍得不到约束，从理论上说，则今后还是可以出现 5×2＝10 的结果。最后，仍难免世界信用的大膨胀。因为今后如果出现令今人想不到的金融创新，能刺激流动性的不断泛滥，银行照样能通过市场在轻易满足《巴塞尔协议Ⅲ》的各项指标要求后，不断扩张信用。人们不能忽视这一轮危机的背景情况恰恰是，《巴塞尔协议Ⅱ》后，各国的金融监管在加强，但近 20 多年来，包括股票资本在内的全球信用量更是在大幅度地膨胀。1980 年，发达经济体包括股票、债券和银行存款的金融资产总量约为 GDP 的 100%。到了 2007 年，在美国、日本、英国，该比例都已超过 400%。

对此观点的进一步理解可用案例说明。一是爱尔兰，它是在这轮危机中受到严重冲击的国家之一。NAMA 预测，该国 GDP 增长是所有国家中降幅最大的，2008—2010 年下降 13.5%。IMF 在 2009 年报告中预测，银行损失可能达到 GDP 的 20%。但在危机前的 2004—2007 年的 4 年中，爱尔兰银行资本充足率平均仍保持在 12.5%的较高水平上。不良贷款率平均为 0.54%，相当低。但经危机冲击，2009 年、2010 年不良贷款率急增为意想不到的 48%和 53.7%。这里可分析的原因很多，主要原因是房地产贷款增长过快，危机中房价跌去了一半。但这起码说明，宏观审慎管理如果紧盯住一些降低高杠杆的指标是远远不够的。二是一个近期的案例。面对国际金融危机后“第二次探底”的风险，美联储仍在不断地发行货币、膨胀信用，造成全球过多的流动性，资本开始大量涌向巴西、泰国、菲律宾等国家，致使这些国家面临严重的资产泡沫和通胀压力。对这些国家而言，当务之急，并不是通过降低杠杆率等资本指标，就能抵御大量跨境资本流动带来的巨大风险。其宏观审慎管理政策的重点，必须(基本上)采取严厉的税收政策惩罚。也就是说，《巴塞尔协议Ⅲ》的政策工具，并不能完全解决资本开放条件下，小国在面临全球流动性泛滥时保持本国经济稳定发展的问题。三是中国金融体系在这轮国际金融危机中受到的冲击相对较少。主要原因并不是中国金融体系具备世界一流的国际竞争力,而是得益于中国经济的基本面较为良好,以及相应的资本项下尚未完全开放、汇率因素等金融对外开放的宏观政策。

因此可以说,研究宏观审慎管理问题,在当今有缺陷的国际货币体系大环境下,对新兴国家、转轨国家而言,首先要旗帜鲜明指出的是,必须关注全球宏观审慎性问题。美国次贷危机引爆全球经济衰退后,各国面临的已不是一个国家的系统性风险问题,而是全球系统性风险问题。其次,不同的国家在不同的时期,对宏观审慎管理关注重点的要求是不一样的。即针对资本项下开放程度的不一,对宏观审慎管理的目标及政策措施的要求,不能仅局限于基于成熟发达国家资本项下完全开放条件下制定的《巴塞尔协议Ⅲ》。因为跨境资本流动政策、汇率制度转轨政策及其他政策的协调与衔接,恰恰是金融全球化环境下新兴国家在宏观审慎管理上尤需重点关注的问题。其深刻原因,如作者曾提出的,从全球视野看,金融系统具有结构主义和非平等性特质。这对新兴国家、转轨中的发展中国家,在宏观审慎管理上有着特别重大的意义。这也在一些新兴国家历史上有过深刻的教训。

所以,本文想着重指出,目前国际社会关于宏观审慎监管的框架,是不彻底的、不全面的。只要世界对美元等主要国际货币的发行形不成一定的约束(这又谈何容易),就会出现如西方不少有识之士所感叹的:再一次危机仍不可避免!宏观审慎管理,首先是全球宏观审慎管理,其次才是国别宏观审慎管理。目前的系统性风险,主要是现存国际货币体系下的全球性风险。何况,美国相关改革法案还只是原则提出要解决系统性风险问题,对于系统性风险,具体如何识别、如何解决,还并不清晰。正如诺贝尔经济学奖获得者迈克尔·斯宾塞指出的:"将监管放在识别和遏制系统风险上是徒劳的。由于我们缺乏完善的风险动态模型,且全球金融系统时刻处于复杂的变化中,因此,察觉风险要么不可能,要么错误百出。"

二、中国怎么办？

面对上述状况，发展中转轨国家、非主要储备货币国家，特别是正在制定金融战略的中国，应持什么态度？只能是：

一是基本赞同危机后全球金融治理的制度框架。有总比没有好，毕竟是向前迈出了一步。

二是不能满足于目前国际社会相关的治理政策，而是应以更积极的姿态，呼吁并参与改善国际货币体系的一系列行动，约束美元对内政策目标和作为国际货币应尽义务的不对称行为，寻求大国货币间的汇率稳定机制。

三是在认识到目前国际社会“宏观审慎管理”框架不全面、不彻底的情况和改善国际货币体系又是一个渐进的长过程的窘境下，发展中国家势单力薄，只能好自为之，尽可能处理好自己的对外经济政策，包括汇率、资本管理政策，去努力构筑防范外部冲击的“防火墙”。必须认识到，目前关于全球金融治理的制度框架，是权威的，但未必是全面的，未必是针对自己国家所迫切需要的。

四是鉴于不同国情下宏观审慎管理应有的不同思考，特别是在中国资本管制尚未完全放开、中国经济又存在相对较高潜在增长率的前提下，要尽可能保护好、动用好金融资源，以推动经济的增长。危机后发达经济体正需要去杠杆化、缩减信用。而我国正处于鼓励金融创新的发展时期，包括眼下正酝酿金融机构参与商品、能源、股权、信用等衍生品交易等。因此，在这方面我们要保持清醒，既不要引领世界金融监管的潮流，也不要简单尾随成熟市场经济国家的做法。一定要学会“以我为主”式的思考。当然，在国内流动性过多、调控难度大的特殊时期，不排除可以采取对信用杠杆放大进行暂时性强约束的制度。

五是在宏观审慎管理职权分工上，人民银行与中国银监会都应认识到，宏观审慎管理政策既不同于日常的货币政策，也不同于日常的对微观机构的金融监管政策。因此，在涉及中国金融体系的稳定上，既需要银监会的一系列对单个金融机构的审慎监管，同样需要包括逆周期政策在内的利率政策、汇率政策、资本管理政策等央行一系列政策的配合，等等。基于目前中国“一行三会”监管格局的分工现状，有必要在此基础上，成立一个宏观审慎管理小组或机构，汇总搜集相关数据，研究制定具体的相机抉择目标，制定一系列政策指标，参与在宏观审慎管理上的国际合作等，统一向国务院决策负责。

针对美国政府滥发货币的中国对策[①]

（2010年11月9日）

到2011年6月底前，美联储第二轮量化宽松货币政策，将通过购买国债向市场投放6000亿美元。这是美国只顾本国利益，不顾世界经济稳定的一种行为。该政策意图，旨在本国储蓄率难以迅速提高的情况下，加大国内投资力度，降低房市风险，寻求经济复苏。但是客观上，在国际金融市场一体化环境下，大量的资金将流向经济增长较快的新兴国家，会给这些国家和地区的通胀或资产泡沫形成很大的压力。美国宣布该政策后，全球股市立即大幅上涨，原油、大宗商品涨幅更明显。2010年11月9日，12月到期的黄金期货价已突破1400美元。

美国滥发货币同样对我国经济形成重大的不利影响。一是热钱流入量增加，加大资产市场泡沫风险。二是全球大宗商品价格上涨，输入型通胀压力增强。

二战以来，世界曾出现两次全球经济严重的失衡及其调整。前一

① 此文是一份内部研究报告，参与写作的还有陈道富。后刊载于2010年第11期《资本交易》杂志和2011年第2期《中国发展观察》。

次带来布雷顿森林体系的崩溃和滞胀，后一次则是造成日本及新兴市场国家此起彼伏的危机。这次世界经济再平衡的出路，最佳途径理应是中、美等相关国家加快结构改革。但是，美国出于政党选举等政治考虑，迫不及待，想借助其金融霸权优势进行强制性调整。就此对我国而言，一是不能被表象所迷惑，陷入其挑起的金融政策争议之中，而应始终不渝地坚持将主要精力放在发展方式转变和结构调整上。二是应充分认识到，谁结构调整速度越快、越彻底，对宏观经济稳定就越主动、越不易受世界结构调整迟缓的不利冲击。为此，我国一方面应不顾目前世界经济之乱象，集中精力，埋头自身的结构调整工作；另一方面，针对当前美国又一次滥发货币现象，应采取以下对策：

一是团结世界各种力量，共同应对新一轮的世界流动性泛滥。借IMF近期认可对短期资本流动采取必要管制措施之势，呼吁新兴、发展中国家，对跨境资本流动共同或分别采取相应的管制措施；呼吁G20或其他国际组织应尽快完善宏观审慎管理框架，增加应对国际游资跨境流动及降低金融系统风险的举措。

二是进一步加强我国的资本账户管制。在当前国际货币体系下，非国际储备货币国家应对储备货币国滥发货币的政策空间是有限的。必须进一步加强为多数国家能接受的资本管制政策，加大查处力度，公布于众，在市场上形成威慑力。特别要加大已成为公开秘密的“假合资”、真游资的查处力度。对境外资金投资商业地产的政策，要作出调整，严加限制，有效抑制“热钱”的流入，可考虑尽快对短期资本流动征收“托宾税”。

三是必须坚持执行稳健的货币政策。在我国经济增长势头趋缓的新环境下，过度依赖金融性政策，必然会给经济稳定带来巨大隐患。2010年第三季度以来CPI上涨明显，12月CPI为4.6%，预计2011年全年为4%，甚至更高。为此，针对近期我国股市已出现流动性推动的上涨趋势，市场仍较谨慎的状况，在这个时点上，如果择机果断实施非对称加息，尽可能实行正利率，一方面可有效防止市场出现自我加强的趋势，进而有助于抑制投机资金进一步的流入，另一方面有利于管理通胀预期。

四是在既定的安排下，主动增加汇率的弹性。从长期看，美国不会允许美元指数的大幅下跌，因为这将威胁到美元地位这一核心战略利益。目前美国更愿意推动不计入美元指数(计入该指数的主要是六个发达国家)的新兴市场国家的各种货币大幅升值，特别是人民币。为此，我国要在坚持谨防美国借助国际力量要求人民币大幅升值、开放国内金融市场的同时，考虑到我国传统行业在汇率大幅升值情况下的经营压力，应将汇率升值速度与结构改革、资本管制措施结合起来。根据“此结合”的可能状况，主动地、适度地加大人民币升值幅度，这也有利于抑制输入型通胀压力。日本“广场协议”后的失误，主要在于过于担忧升值的负面影响，采取了过于宽松的货币政策。同一时期，马克汇率升值却提高了德国的竞争力。

五是择机适量储备能源、资源、大宗商品和黄金。在第二大经济体——中国——崛起的竞争过程中，美国危机后的结构调整，必然是艰巨的、长期的，而美元霸权地位决定了其必然会沿用美元政策救美国经济的手段。故在今后一个较长时期内，世界流动性过多现象是必然的。为此，我国应逢低吸纳、择机购买非金融资产类商品。这一方面，可增强我国调控国际大宗商品价格上涨的能力；另一方面，适当制约美国将因美元指数大跌与美元/人民币双边汇率脱钩的做法。

六是尽管人民币国际化是个漫长过程，但是当前存在加快推动人民币区域化的工作空间。美联储之所以能滥发货币，是由于世界上缺乏与其能竞争的其他货币。当前国际社会对美元替代品兴趣高涨。因此，我国应顺势加大人民币对外投资、对外贷款，用于购买境内商品的循环步伐，加大控制人民币“走出去”和“回流”的政策推行力度。同时，加大用亚洲美元支持亚洲实体经济发展的工作步伐，以共同抵御美元滥发的负面影响。

QE2 与全球系统性风险①

（2010 年 11 月 10 日）

为提振经济，创造就业，美联储（FED）在 11 月 3 日启动了第二轮量化宽松（QE2）的货币政策。何为“量化宽松”？用老百姓的话讲，就是“滥发票子”。然而，QE2 不会激活美国疲弱的经济，反而会进一步加剧全球的系统性风险。

随着 QE2 向全球陆续释放大量的流动性，以及受长期美元贬值的影响，黄金、石油、农产品、糖、棉等国际大宗商品价格在不断攀升。输入性通胀已成为巴西、印度、中国等新兴经济体头上密布的阴云。为了对抗通胀压力和日渐积聚的国际热钱压力，巴西、泰国等国先后采取了严格资本管制的举措。印度、韩国以及澳大利亚分别通过加息来收紧信贷阀门。

因此，当下世界呈现放松货币与紧缩货币两大阵营。一边是美、欧、日等发达经济体由于复苏乏力，需宽松货币再次刺激经济增长；另一边则是新兴经济体一次又一次地收紧银根以抑制通胀。西方媒体

① 此文根据作者 2010 年 11 月 10 日在北京钓鱼台“国际金融论坛”和 2010 年 11 月 11 日在北京饭店“中国经济国际交流中心论坛”上的发言内容整理而成。

报道，美国量化宽松政策在韩国首尔召开的G20峰会上，形成了“19+1”的对抗格局，美国滥发货币受到了多数国家的指责。

这种对抗格局背后则隐含着更深层次的制度问题：布雷顿森林体系崩溃后，国际货币体系的改革已迫在眉睫。

一、美国危机的真正根源

美联储启动QE2以来，国际社会最担心的是美联储向金融市场注入的资金不会进入美国的实体经济，而是流入海外市场，形成一些国家的资产泡沫。

然而人们在总结美国金融危机的教训时，包括国际组织和巴塞尔委员会，都认为监管不力。我始终认为，监管只是一个原因，但绝对不是最主要的原因。美国一些学者又认为，是因为全球经济失衡。我认为不平衡只是经济现象，为什么会不平衡？不平衡是相关政策执行的结果。因此不平衡也不是危机的主要原因。危机为什么会爆发？是因为美国政府在本世纪初，对这一轮经济全球化没有做好充分的准备，从2000年纳斯达克泡沫破灭后，长期推行低利率政策弄巧成拙，刺激了巨大泡沫，最后出现了危机。美国政府的错误政策能造成大危机，客观的制度原因是，对主导当今国际货币体系的美元发行没有约束。

目前，美国市场并不缺资金，主要是资金到不了美国的实体经济，由于没有高的投资回报率，银行体系中的信贷不流向中小企业，所以失业率依然高上。美国失业率是一个结构问题，不是资金问题。自危机爆发至今，美国央行资产已经从2007年的8000亿美元左右，攀升到现在的2.4万亿美元左右，银行体系内资金充裕，据说超额储备有2万亿左右。

所以QE2的货币政策，计划在未来8个月购买价值6000亿美元美国国债，这会让本已弱势的美元对全球主要货币进一步走低。美元“滥发”的政策是一场赌博，既救不了美国的当前救济，也说明美国政府包括一些学者不敢、不愿意向世界正视美国金融危机的根本原因。

二、重新审视全球再平衡

全球再平衡的问题，是整个世界经济结构调整的问题。必须是发达国家和新兴市场国家等相关国家，一起肩负起各自的责任，通过促进各国自身经济结构的调整，来促进世界经济结构的调整。但是，要充分认识到，在这个中间，谁调整时间越快、越全面，谁就越主动。

中国近年来一直坚持扩大内需，寻求内外平衡的发展。事实上，中国在亚洲金融危机以后，已意识到中国是一个大国，经济发展必须以国内消费为主。最近确立的“十二五”规划的总体方向和战略任务也明确了，在今后 5 年中，要把内需特别是国内的消费作为拉动经济增长的主要动力。当然这个调整过程是要时间的，是艰难的。但起码说明，中国对中国经济的主要问题是清晰的，决心也是明朗的，就是要集中精力，一心一意扩大消费和内需。金融危机爆发至今已两年多，贸易顺差已从 2008 年的 2900 多亿美元缩小到去年的 1900 亿美元，今年有望比这个水平更低。贸易顺差占国内生产总值(GDP)的比重也在逐年下降，预计 2010 年中国贸易顺差占 GDP 的比重，应该能从危机前的 9%—10%的水平降到 4%—5%。

至于美国政府提出，顺差占 GDP 的比重要有限制。究竟多少合适？德国、日本、中国等不同的国家肯定不同。而且，美国逆差造成的财政赤字要不要限制？多少为宜？对滥发货币要不要约束？所以这是一件很复杂的事。

我在想，中国在再平衡过程中，要想尽办法加快调整，能不能把居民消费率作为一个约束指标，提出每年提高 1—2 个百分点的目标？现在靠收入分配改革等措施，估计可能不会尽快启动中国的居民消费，怎么办？同时，政府手上拿了 17 万亿的优质资产，中国移动、中石化、工商银行，这么多的国有资产，能不能逐步地出让一部分好资产给那些有钱炒房地产、没地方投资的中产阶层，卖给他们，把国有资产存量盘活，政府出让股份换得的现金，集中用于救穷人，如改善社保体系，搞补贴，支持农民，扩大消费。要想尽办法提高农民的生活水平，现在的问题是“穷人想消费，没钱消费”；而城里的有钱人是在追求意大利品牌，买摩托艇、游艇，到地中海去玩潜游，他们这种消费构不成中国的主体消费。中国的主体消费是穷人消费，要想尽办法让他们消费。

对美国来说，采取定量宽松的货币政策，起初可以理解，因为有1929年、1933年大危机的教训，采取了一些凯恩斯主义的做法。但是，如果做得太过分，就容易引起新问题。因为光靠发货币是解决不了根本问题的。问题得不到解决，最后的结局就是滞胀。尽管美国现在喜欢通货膨胀，因为涨不起来。但是当全球大宗商品涨起来，对美国国内物价肯定是有影响的。如果美国国内物价起来了，它的经济问题、失业问题就解决了？不见得！而且，如果中国经济结构调整速度比美国快，出口减少了，就能解决美国的失业问题？也不见得。

所以应该提醒美国国民，如果跟着美国两党政客，为了政治目的而继续滥发货币，最终不仅不能彻底解决美国经济问题，而且会害了美元长期的地位、害了美国国民的利益。

实际上，要美国尽快解决“双赤字”问题，有这么三条可以做：一是进一步减少军费开支。美国在上个世纪的后50年内，对全球以及地缘政治的稳定起到了很大作用。现在应看到，国力在衰减，在军费开支上要进一步缩减。奥巴马在伊拉克问题上已开始做了。二是美国有8000吨黄金储备，能否卖一点黄金？三是促进贸易平衡，奥巴马提出5年出口翻番，很多美国经济学家告诉我，根本不可能。但美国有先进技术，产品可以出口又不出口，说是涉及美国的安全问题。其实中美已建立战略互信，美应相信中国的和平崛起，可以适当放松一些技术出口限制。在这方面，美国国防部也在整理文件，美国政府部门之间的有些文件也是互相打架，限制这个出口，限制那个出口，应该好好梳理一下，哪些是和美国安全没有关系的，搞清楚了，是有利于解决美国的失衡问题的。

三、着力推动国际货币体系改革

QE2 启动的结果，也意味着国际货币体系的改革更加紧迫了。

关于这个命题，在上世纪 60 年代末、70 年代初，法国就提出来了，讨论到如今，50 多年过去了也没有结果。2008 年危机刚爆发，我曾提出，当今世界没有出现一个像 1944 年前后取代英镑集团的那样的美元集团，欧元不是，日元、英镑不是，中国更不是，因此国际货币体系的改善，没有立竿见影的办法。但是又怎么办？我们必须抱有持续的、渐进的态度来改革国际货币体系，同时在改革的过程中还不能让全球化趋势中断。所以关于这一改革的讨论，应该不要太宏观，如什么超主权货币等，而是应该要微观一点，更细一点。比如说特别提款权(SDR)到底怎么改？SDR 的篮子里面能不能放巴西、中国的货币？什么时候放？又比如说 SDR 能不能面向私人领域，而不单是仅用于政府支付交易？SDR 的结算系统怎么建立？虽然是些细小的问题，但有历史意义。中国应推动通过 G20 逐步推动改革。

国际货币体系的改革非常重要，但是值得强调的是，国际货币体系改革的最大阻力是美国。只要它的积极性不高，外围的国家怎么讨论效果都不大，关键是要美国动起来。但是，美国有多大的可能性动起来？美国这样一个货币霸权国家是不可能主动退让自己的利益的。因此，总结欧元的产生背景，我们只能退而求其次，先让目前美元主导的货币体系逐步过渡到多元化的货币体系。现在，欧元区在发展，亚洲的货币合作在发展，拉美的货币合作在发展，互相发展，彼此制衡，慢慢往前走，这是历史的必然选择。而且在这个过程中，大前提是必须要保证全球化趋势不中断，国际货币体系才能逐步地、渐进地推进。

关于当前的宏观审慎监管问题。《巴塞尔协议Ⅲ》要在 G20 会议上通过。《巴塞尔协议Ⅲ》主要是讲单个金融机构运行中的资本充足率以及逆周期等指标问题。我认为这个《巴塞尔协议Ⅲ》是不全面、不彻底的，是基于资本市场完全开放的成熟大国的基础上而定的。宏观审慎监管是为了维护整个金融体系的稳定，但是在目前第二轮量化宽松货币政策情况下，泰国、巴西、韩国、菲律宾、包括中国，都在很谨慎地防止跨境资本的大量流窜，这是一个国家金融稳定的要害，这已经不是《巴塞尔协议Ⅲ》的一些指标可以解决的。比如说爱尔兰，危机前资本充足率相当高，不良贷款比例相当低，资本充足率在13%左右，但危机一冲击，银行不良率占GDP的20%，GDP增长可能缩减13%，成为世界上受危机冲击最严重的国家。

因此，《巴塞尔协议Ⅲ》应该更多从亚洲视角、从新兴国家视角、从发展中国家视角，来研究如何应对有问题的国际货币体系，应对当前跨境资本流动和资本投机冲击，应该有一个全球的框架性协议。

四、人民币国际化尚有工作空间

中国已是世界第二大经济体，人民币国际化是应对当今世界有缺陷国际货币体系的一项重要战略任务。但是人民币国际化又是一个漫长的历史过程，同样，当前也有一定的条件，去启动人民币国际化进程。具体操作的核心思路有三条：第一，要想办法让人民币尽快“走出去”。第二，创造一个离岸市场，在离岸市场上让人民币存款、贷款、投资，使各种金融业务活跃起来。让全球的人民币持有者可以到离岸市场上来投资、存款，也可以让全球的人民币需求者在离岸市场上进行筹资。第三，全世界愿意拿人民币，是基于能享受中国经济增长的好处。因此，中国政府必须开设一定的“管道”，通过离岸市场，人民币回流到境内，比如说用QFII的渠道、中国机构在香港发行人民币债券，帮助海外人民币持有者允许投资境内，也包括进一步向海外人民币放开中国债券市场，而不是股票市场。总之，人民币国际化中的离岸市场，是一件比较复杂的事，但是核心就是我在2009年中反复强调的这三件事。

与美国财政部官员的谈话①

2010 年 11 月 11 日

Robert Dohner：非常感谢您拨冗与我们会面。我们这两天在北京与各个方面召开了多次讨论会，此前在成都也是如此。我们的目的是希望加深对中国经济所面临的一系列挑战和问题的理解，了解中国政府采取的政策措施，特别是会采取哪些优先应对政策。如果您愿意，我们也可以讨论美国经济所面临的问题以及美国政府采取的政策。我尤其对中国政策措施的优先次序感兴趣。我认为当前中国所面临的最大挑战是如何改变出口导向的政策。我注意到中国政府已经明确表示要进行经济结构调整，从依赖出口转向依赖国内消费，那么中国政府短期和中长期的优先政策议题是什么呢？

夏斌：首先需要声明，我是一个研究人员，并不清楚政府的实际决策如何。但我一向很坦率，愿意坦诚自己的观点。中国市场上以及许多海外投资者愿意与我交流，除坦诚之外，也许还因为我曾在政府部门工作过，研究方法和着眼点有所不同，不像大学教授那样进行纯理

① Robert Dohner 是美国财政部亚洲事务副助理部长，此谈话地点在国务院发展研究中心办公楼内的会议室。

论的研究。

早在2008年年底，我曾明确提出一个观点，即美国金融危机到底为何会发生？我认为是因为自纳斯达克泡沫破灭后，美国政府没有对第二轮全球化做好充分准备，弄巧成拙了。当然，《世界是平的》这本书的作者称为是“第三轮全球化”。在我看来，此次金融危机是由于美国长期采取低利率政策造成的，美国政府应当承担主要责任。另一方面，在这一过程中，中国等一些出口国家处于高速成长中的兴奋状态，没有及时进行经济结构调整，不自觉地助推了世界经济造成了不平衡。

2006年年底，我与蒙代尔一起参加一个论坛，当时正逢格林斯潘退休，全世界都在赞美他的功绩，为他欢呼。我发表了一个观点，即他的长期政策遗产，在某些时段可能对美国人民是有益的，但其政策最终是福是祸，还需经过长时间的观察。我是对他的政策抱有怀疑的。当然，当时我也没有预见到最后会发生这么大的金融危机。

进一步分析，在我看来，欧盟、德国、日本政府如果发生政策失误，绝不会造成这么大的损失。因此可以推断，危机还有深刻的制度原因，那就是以美元为中心的国际货币体系有问题。所以，所谓金融监管问题，我认为绝对不是危机的主要原因。

许多人都将危机的原因归因为经济失衡，但我认为全球失衡只是表面现象，真正的原因是货币问题。世界上所有的金融危机最后都可以归结为货币现象。

当危机刚刚爆发时，中、美等国纷纷采用凯恩斯主义来应对，是正常的，必要的。但如果想解决深层的问题，就必须调整政策，进行结构调整。在这方面，中国政府已经开始着手刺激国内内需，提高消费的政策。

2008年年底以来，我一直在中国宣传一个观点，即美国危机对我们是件好事，因为我国政府尽管长时间以来已经认识到扩大内需和提高消费的重要性，但是这一政策始终没有很好落实。这次美国危机也许提供了一个契机，逼着我们必须彻底认识到扩大内需、扩大消费的重要性。我当时说，也许过5年、8年以后，回过头来看，我们要感谢美国这次危机，让我们能够下定决心进行结构调整，培育一个大国消费市场。

我对美国历史不是很了解。但我常说，一定要学习美国在1900年左右，是如何培育一个大国消费市场的。目前，我国政府已经采取了一些积极的应对措施，例如提高工资收入、关注农民工利益、改善社会保障等。但我也曾经坦率地跟高层领导说，考虑到目前财政赤字3%等因素，以上这些措施对尽快提高居民消费率还是很慢的。因此我建议，鉴于我们政府手中掌握的巨额国有资产，包括中国移动、工商银行等，有17万亿左右，可以拿出一部分股权卖给市场，卖给有钱人，将套现收入分给穷人，可以起到扩大消费，刺激增长，稳定社会的作用。这是一个能很快解决问题的办法。当然这只是我的一个想法和建议。

昨天，我在钓鱼台国宾馆和北京饭店参加了两个研讨会，面对海外媒体我说，现在美国的量化宽松政策（QE2）解决不了美国的问题，如高失业率等。媒体应该告诉美国国民，绝对不能让美国两党出于政治需要而滥发货币，否则其结果，将使美元地位进一步衰落，对美国的长期国家利益、国民利益造成损害。

当前美国应该怎么办？我提出一些想法，也许你们不同意，但可以讨论。一是美国要加大出口，应特别加大技术出口。你们应该相信，中国是绝对爱好和平的，肯定愿意和平崛起，美国应对此放心。加大技术出口有助于减少美国贸易逆差。二是美国有8000多吨的黄金，可以适当出售一些。这一点你们也许也不会同意，但这也是不增加财政赤字情况下回流资金的办法。三是美国应顺应世界秩序的变化。不可否认，美国在维持世界秩序方面曾经发挥了很大的作用，但现在美国国力无疑在下降，因此应该削弱一点军费支出。

在全球经济失衡过程中，中、美两国要认识到，而且我也告诉中国领导人，谁调整速度越快、越主动，就越有利。假设中国经济结构调整到位了，改变了依赖出口的局面，内需、消费增加了，但美国如果没有进行相应的调整，美国现有的问题能解决？还是解决不了。

Robert Dohner：非常感谢您坦率地说出您的观点，对我们很有帮助。下面我来回应一些问题。

您说美国政府没有准备好应对此次危机，您说得已经很客气了。

夏斌：不，我是说美国政府对第二轮全球化没有做好充分准备。我认为从上世纪80年代开始，邓小平、里根、撒切尔三个人的政策主张，对推动这一轮世界经济全球化起了很大的作用。

Robert Dohner：诚然，自由化和监管改革为美国经济占据优势地位奠定了基础，但不可否认美国经济结构和金融体系中存在许多失衡和脆弱之处，从而导致了严重的危机。

您正确指出了美国需要积极解决的结构问题。事实上，奥巴马总统已经开始着手采取行动。一是采取激进措施推动美国金融监管体系的改革。二是对美国医保体系进行了改革。医改对于提高美国医保覆盖面具有很大意义，有助于控制高额医疗成本。因为医疗成本的增加对美国财政状况产生了很大压力，例如老年人的医保体系有很高的成本支出，这对美国经济发展很不利。此外，由于医保费用中相当大一部分由美国企业承担，也影响了美国企业的竞争力。除了金融改革与医疗改革外，我们还面临其他挑战，例如财政巩固这一难题。作为财政巩固的一部分，我们事实上已经下调了军事开支占GDP的比重，随着伊拉克和阿富汗军事行动的结束，我相信这种下降会更明显。我们还面临一些美国楼市相关的问题，楼市泡沫破灭引发很多问题，还有环保问题、控制二氧化碳问题等。当然我们还要面临长期结构性挑战，如何降低失业率，以确保经济持续发展，有必要采取积极措施避免美国经济陷入另一场衰退中。

美国财政部一直在努力使短期措施不会影响经济的长期发展。目前已经采取了一些措施，例如向小型企业提供商业信贷支持等。量化宽松政策的目的在于进一步放松银根。需要强调，量化宽松政策并不是无节制的印刷美元，使美元泛滥，损害各方对美元的信心并不符合美国的利益。近期美国财长已多次表态，我们还是要执行强势美元政策的。目前美元确实对一些主要货币，例如对欧元和日元的汇率有所下降，但大体水平还是符合实际的，我认为美元的基础并没有受到损害。

我对您增加国内消费的评论很感兴趣。目前中国政府采取刺激基础设施投资的措施发挥了积极效果，国内外都评价很高，但是我们担心当这个政策进行调整时，中国经常账户顺差可能再次放大。您所说的提高城镇化水平、增加农村社会保障投入等政策都是对的，但这些政策都需要长时间才能发挥作用。我也赞同中国政府短期内有一定的余地进行结构性调整，例如增加国内民众的收入，动用国企资源，将国有企业私营化，让国企多上缴红利等。

我想强调的是，我们两国都面临很大的调整和结构问题，你们也认识到了这一点。只要我们双方本着合作精神，加大努力，就能确保两国经济实现强力增长。

当然还有一个困难问题，即人民币汇率。在我们看来，如果增强人民币汇率的弹性对以下方面很有帮助：一是提高人民币汇率有助于实现中国国内的经济结构调整；二是提高人民币汇率可以增加中国居民的实际可支配收入，降低进口成本；三是有助于对外资企业发出有益信号，让它们增加对中国经济的信心。

如果要增强人民币汇率机制就应该首先增强央行的独立性。中国人民银行应加大对自己的货币政策独立性的控制，无需输入美国的货币政策。如果央行更独立，就可以更加关注国内自己的问题，例如控制通货膨胀，而无需太关注美国的量化宽松政策。

夏斌：我同意您的观点，特别是社保、国企分红等问题。据我从报纸上了解，目前中国政府正在着手提高国企分红比率的工作。

关于汇率问题，我要强调，我们的改革方向一直很明确，即实行有管理的浮动汇率，这个方向无需怀疑，但这是一个逐步的过程。

我想补充一点，增加汇率弹性除您上面说的三个好处外，第四个好处是，可以减少输入性通胀。

当前我认为，中国政府对人民币升值这一问题，应结合资本账户管制、结构调整和人民币区域化这三个因素的发展状态，适度加快。

关于人民币汇率的长期方向，我最近在要出版的一本关于金融战略的著作中谈到，从长期战略角度看，要寻求中国货币政策的独立性，但我认为，在一个过渡期内，仍要坚持渐进改革的方向，适当时候还是要借助美元的货币政策管理能力。当然借助的目的最终是要使人民币融入国际浮动汇率体系,但这需要一个过程。

其实,我以上许多观点是从美国学者那里得到了很多启发。虽然我不懂英语,但我看了大量翻译的书和资料,有助于我的思考。

Robert Dohner:谢谢并欢迎您的观点。我们很期待阅读您的大作,我的同事Dollar能读懂中文。

我们确信,应努力让人民币成为自由浮动的货币,并且还应保持货币政策的独立性。当然,我们也知道,不可能一夜达成这个目标。渐进式方针是必要的,因为中国金融体系也需要改革,使之有更完善的金融管理能力,以便应对未来利率市场化出现的新情况。中国还需要更加开放的资本账户,人民币更好地国际化,这样中国金融体系就能更好地处理诸如证券投资等复杂的问题。

我们的时间还有5分钟,您可以简短地告诉我中国政府政策的优先课题吗?

夏斌:在这么短的时间里讨论优先课题显然是不现实的。但我想强调一点,即中、美两国学者在提到人民币国际化时,潜台词可能是不同的。我常常遇到一些从哈佛、斯坦福大学回来的学者,他们一谈到人民币国际化就谈到资本账户管制要放开。我认为资本账户管制的开放肯定是一个很慢的过程。在这其中,不排除通过创建人民币离岸市场来得到辅助。美国在上世纪60年代是因多种因素,被迫在欧洲创立了美元离岸市场,而我们今天是要主动建立人民币离岸市场。

因时间很短,不可能一一列出优先课题,但我还想提示一些关键性问题。例如《巴塞尔协议Ⅲ》是不全面的,它不能解决跨境资本大量流动下的宏观审慎性问题。核心问题仍要推动当今国际货币体系的改革。

形势判断与对策[①]

（2010 年 11 月 22 日）

本来想先听周行长讲话后再发言。现让我先说，就得不到周行长讲话内容的启发了。

刚才刘鹤主任讲中央领导让大家讨论一下，要想些对策，我下面讲的内容，一是怎么判断目前的形势，二是面对新的形势，拿什么对策。

现在面对美国第二轮宽松货币政策，全球通胀预期压力很大。在中国目前，我认为物价问题有成本因素、外部输入因素、炒作因素，但从总体上说，还是来自于流动性问题。因为物价问题最终是个货币问题。刚才马建堂局长也讲了成本因素、需求因素和外部输入的因素。从目前来看，外部输入的因素有，但不是很大，主要还是国内因素。美国量化宽松政策到明年 6 月底才结束，其效应会慢慢出现，预期压力要到明年。当前农民工工资上涨等成本推动因素，是正常的，这是个长过程，也是货币政策不好解决的。但不是未来物价上涨的主要推动

① 此文是作者在 2010 年 11 月 22 日“中国经济 50 人论坛”内部研讨会上的发言。

力。需求问题，去年天量贷款的推动，带来了一些隐患。现在地方融资平台、房地产政策都在调整，说明原来的贷款里面有隐患。从这个角度看，还是要归结到货币需求合理不合理，流动性多不多的问题，还是要回到“十一五”规划提出的发展方式、经济结构的调整上。中国经济增长不可能维持过去几年这么高的增长，因此，大量、过度的政策刺激有风险，形成了当前过度的流动性。现在通胀不仅有预期压力，也有现实压力，CPI已是4%多，这里面有投机炒作原因，也有媒体舆论引导问题。当然，之所以会被炒作，基本面是因为货币多了。

怎么管好现实压力和预期压力？预期是个心理问题。10月份居民储蓄存款一下子掉了7000亿元，去年同期是上升的。这里有其他因素，但是正负相比一下子差很多。目前周围听到的言论都是担心物价，什么“豆你玩”、“蒜你狠”、“糖高宗”。国务院昨天发布了15条措施，我认为是及时的、正确的，是没有办法的办法。但是必须看到，这些措施很多体现为行政性措施。下面我想从标本兼治的角度谈十点意见。

第一，要治本，对于中国增长速度的减缓一定要有心理准备。如果还要保持11%，甚至12%的两位数增长，物价问题就很难解决。这是管好通胀预期的最基本出发点。前面讲到流动性多、货币多的需求因素，为什么会产生？央行货币供应的渠道多年来主要是通过购入外汇而提供，向商业银行贷款已几乎没有。所以实际上还是增长方式问题，是结构问题。顺着这个思路思考，要管好长期通胀预期，过去出口导向的快速增长维持不了，速度要减缓，这意味着货币、信贷政策要调，这是最基本的。另一方面，如果政府在其他方面加快政策调整，速度下来一点，一定会影响社会稳定的大局？不见得？所以像其他失业补助、服务业发展等工作要抓紧做。

第二，加快结构调整，减少提供过多流动性的机制。这一定要尽快动作，不能慢。“十二五”规划讲了发展方式改变的主攻方向是结构调整，到底怎么调？到底对减少出口，增加国内消费能调到什么程度？这是解决中国当前问题的根本性政策。因为已经看到，扩大投资的作用是有限的，只有加快结构调整，才能减少国内流动性的过多提供。

在这个方面，我还是坚持我的观点：一是国企分红的比例要提高，收入分配的改革要抓紧。二是即使落实了这两件事，在财政赤字已经达到3％左右，地方融资平台的债务还没有完全解决的情况下，财政不可能拿出更多的财力向低收入群体倾斜，来扩大消费。所以作为长期的战略思考，还是应该通过盘活国有资本存量来走活中国经济这盘棋。在保持国家相对和绝对控股前提下，有计划地出售些国有资产股份，套现给穷人、给低收入群体，搞社保、搞补贴，以扩大消费、保增长、稳社会。在这方面，一定要有比较硬的动作。否则现在调结构的速度太慢，有些政策不能弥补因出口可能下来、内需上不去之间的差额。这样，增长速度就会下来。

第三，针对当前美国滥发货币的政策，中国在响应国际社会中新兴国家加强资本管制呼声的同时，一定要强调加强自己的资本管制。巴西、泰国、菲律宾都在纷纷把自己的管制“堤坝”筑高，连日本、韩国都在外汇市场进行对冲。在这个问题上，尽管中国的资本管制很难，全球有4000万侨民，但是要咬住牙，对外要旗帜鲜明。第一，要查处到人。查出来不仅仅要经济罚款，而且有可能还要把违规的人逐出银行队伍。因为现在有时罚款没有用，银行是集体行为。第二，查处的人，一定要公之于众，要让全社会、海内外都知道，要形成威慑力量。特别是假外资、假合资公司，通过打官司、调解，引进热钱搞投机炒作，已经是市场上公开的秘密。有关部门应把工作做细，严厉查处。另外，关于投资商业地产，对像摩根士丹利等海外各种各样的基金，应该想尽办法，挡住不让进来，我看在这方面可管的政策余地还很大。政府要给市场明确的信号，商务部等有关部门的政策，不能再一味重视以吸引外资多为成绩，要重视宏观经济的平衡。

我知道央行在资本管制这个问题上很难，但我认为不要怕人说加强资本管制是倒退。这是美国第二轮宽松货币政策出台后各个新兴国家都在采取的措施，该严的就得严。

第四，对明年的货币政策大家一定要形成基本共识。去年贷款增长30％左右，今年如果是7.5万亿，全年增长18.8％。我认为明年贷款可降到15％左右，约7万亿。如果明年经济增长是9％左右，应该说15%的贷款速度并不慢。所以，明年的货币政策要稳健，要偏紧，不能宽松，这是管理物价预期的信号。

第五，当前要大幅提高利率的环境确实很复杂。但是今年10月份居民存款这样一种大幅度的下降，而且社会上各个媒体都在议论高通胀来了，因此，要管好通胀预期。预期是什么？是心理因素。现在大家对物价有点慌，同时利率又是负的，为什么不把利率赶紧由负转正？利率由负转正，对政府管理通胀预期，是比较主动的。因为CPI上涨3%—4%可能没办法，但是政府为了稳住老百姓实际生活水平不下降，我加息，对抵消通胀预期是有好处的。

第六，对汇率升值，尽管中央可能有既定的安排，社会上也一直在吵吵闹闹，下一步怎么调？一两年内怎么调？我认为应进一步明确方向。汇率调整应该和结构调整、资本管制，甚至和人民币区域化进程结合起来考虑。如果资本管制强一点，自然可以减轻升值压力。某些程度上，升值预期大，外汇进来的速度要求更快，就要看你管制的能力有多大了。结构调整快了，升值的速度可以加快，压力就小了。人民币区域化走得快一点，慢慢摆脱对美元的过度依赖，人民币汇率的弹性空间就可以大一些。因此我的意见，应综合考虑这些因素，通过加快其他方面的工作，适度加快汇率的升值。并且在升值的方式上，要尽可能让市场投机者看不懂。

第七，美国经济复苏没那么容易，今年好不到哪里去，明年也好不到哪里去，除非它进一步滥发货币。但作用是有限的，因为现在美国金融市场不是缺钱，银行系统超额储备很多，是不愿意向中小企业贷款。在这种背景下，我们拿了这么多美元怎么办？得考虑贬值压力，得考虑对物价的调控需求。面对未来全球物价上涨的压力，为掌握对国际大宗原材料商品价格的调控余地，我们应该尽可能逢低吸纳，多储备些实物资产，而不是金融资产。对影响国计民生的、影响经济稳定发展的实物资产，在价格不错的时候，该出手时就出手。通过国有企业去买，还是财政发债去买，这是技术问题。让一部分外汇流动性尽可能释放到国际商品市场上去，鼓励各大企业用人民币换汇买资源和商品，能买到什么状况，会不会形成输入性通胀，我想这个影响肯定比我们直接持有美元贬值的影响小，因为把货币散到全球，是让全球去消化。你滥发美元，我想办法比你出手快，在国际上买实物资产，最终也会影响到滥发货币国家的物价上，形成一定的制约力量。

第八，人民币区域化应该抓紧做。我从日常调研中感觉，这方面的工作空间还很大，有些问题的解决，部门间还没协调好。人民币离岸市场可以加快建设；对拉美的有些项目，在外汇投资的同时，可以放人民币贷款给当地；支持东盟一些国家的发展，也是我们的长期战略。在全球需求减少下，中国这么多产能怎么释放出去？可以通过人民币投资、贷款释放出去，来维持自己的增长。而且短期内国内人民币偏多的压力很大，能出去一点是一点。现在香港已经快有 2000 多亿的人民币在流通了，还要进一步鼓励。

第九，现在股市、楼市不好炒，大家有点慌，这么多钱怎么用？政府部门一定要想尽办法让它流向合理的地方。这里说两点：第一，发改委对私募股权基金不要搞什么审批备案了，根据“公司法”和“有限合伙法”让民营资金自己干。政府部门管什么？人家个人的钱往哪里投，用不着政府管，亏损自己负责。政府要管的是，拿财政的钱，拿纳税人的钱，参与私募股权投资的，这个要管好。政府要管的是，向非特定公众进行筹资的非法集资行为，这个银监会在管。第二，对国务院提出的新的“非公 36 条”，要抓紧时间落实，绝不流于形式、口号。

第十，作为治本的中长期措施，今后要重视国际金融领域中的一些事务。着重讲几点。1. 关于 IMF 的改革。国际货币体系制度的改革，要准备好不可能一步到位，但要不断去呼吁，去推动，包括争取把人民币放进 SDR 这个篮子的改革等，这是随着中国崛起过程要始终坚持的。

2. 我在报纸上讲，当前美国滥发货币，相关国家要把自己的防火墙做好。这是当前宏观审慎管理中的突出问题，因此落实《巴塞尔协议Ⅲ》，不仅仅在于提高一两个点的资本充足率等措施。

3. 中国要主动想办法，能不能求大同，存小异，以高姿态来支持东南亚各国，尽快把亚洲债券市场建起来？亚洲是外汇储备最高的地区，亚洲又是全球经济增长最快的地区，我们为什么要把赚来的美元又回流借给发达国家金融市场？应该尽可能把赚取的美元放在亚洲市场，以购买亚洲的债券支持亚洲实体经济的发展。在淡化美元滥发负面影响的同时，中国可以从亚洲国家发展、亚洲经济一体化中享受好处。

最后补充一点，我同意马建堂局长刚才讲的，对当前物价的舆论，政府要引导。个别媒体的舆论似乎有些控制不住，一些报道给人感觉物价好像要出大事了。就像美国危机刚刚爆发时，中央电视台对华尔街风暴的报道一样，有点太过了。我当时就批评他们，你们不能用政府的主旋律平台，让华尔街人士在台上发牢骚。当时中国股市在跌，房市在跌，投资在跌，整个市场信心严重不足，这时中央电视台应该给大家鼓信心，但却让人有天要塌下来的感觉。后来，中央电视台纠正了。现在对于物价的报道好像又有这种感觉，要纠正。

在货币政策委员会会议上的发言[1]

（2010 年 12 月 24 日）

一、关于国际形势

明年，危机以来世界三大板块“同舟共济、共渡难关”的局面不好维持。伯南克预计美国的失业率要花 4 年至 5 年才能恢复到 5%—6%的水平，而且它的失业率要稳定下来，经济增长起码要维持在 2.5%以上。虽然目前华尔街预期比较乐观，但联合国曾预测是 2.2%。美国经济不太好，就还会实行量化宽松政策。欧元区因为主权债务问题，政策上不会像美国一样松下去。亚洲新兴国家担心全球货币多，担心通货膨胀，加强资本管制。因此世界三大板块“同舟共济”的局面难以维持，对我们来说，意味着汇率压力更大、贸易摩擦更多。

---

① 此文是根据作者在中国人民银行货币政策委员会 2010 年第 4 次季度例会上的发言内容整理。

二、关于国内形势

明年的突出问题是物价问题。从目前看，表现为农产品价格；从趋势看，有国内成本上升原因，工资、资源税改革等会推动物价上涨。有美元过多带来的价格输入因素，也有投机因素。为什么在1998—2002年想投机投不起来？最根本的原因是过去货币没那么多，现在货币多了。所以根本上讲，物价问题最终是个货币现象。那么货币到底是怎么出去的呢？最近七八年来，货币供应已经主要不是通过商业银行再贷款出去了，而是外汇占款。2008年第四季度以前，80%—90%由外汇占款出去的货币都被对冲掉了，即收了回来。为了应对危机的需要，危机后只对冲了60%—70%。当然，这是形势所迫，方向是正确的。但是从货币供应渠道看，要真正解决中国长期通胀问题，必须抓住发展方式转变与结构调整，坚决不松手，否则中央银行被动的货币供应局面是很难扭转过来的。结构调整中最重要的，是要扩大消费，而不是其他。扩大消费要有“硬措施”。没有“硬措施”，仅靠收入分配改革方案解决不了多大问题。

治理通胀，除了要加强农产品供给政策落实和国务院16条措施之外，在金融方面，要统筹各项政策。

三、关于货币信贷政策

目前有71万亿的货币存量，超发多少不好计算。简单计算，已通过央行的对冲操作，大约有18万亿—19万亿被冻结起来，目前对物价压力不大，但这是一个“堰塞湖”。明年又是“十二五”开局之年，不少省市的GDP增长都超过14%。现在货币存量本身就多，因此明年信贷增长控制在15%，约7万多亿，保9%以上的增长是可以的。因为对于“堰塞湖”被冻的18万亿—19万亿货币，央行随时可通过调整逐步释放。应从比较紧的角度来设定货币信贷目标，这样在调控上才能主动。

四、关于资本管制和资本流出

热钱的确不好管，但要形成威慑力量。现在假中外合资，名义上搞产业投资，实为炒房地产、炒股票的不少。要加强调研，该罚就罚，该高调处理的，就高调处理，要处理到人，“杀鸡给猴看”。对外汇储备运用，要有战略思考布局，光靠中投公司，用出去的速度太慢，耽误事。

五、关于利率

目前通货膨胀已经形成，上下都感到了压力，现在社会上怨气较大。要让全社会，特别是工薪阶层、低收入老百姓能够接受4%左右的通胀水平，应该适当动一动利率。使利率逐渐变成正利率，使政府对物价目标控制在4%左右更有利，更主动，最终有利于稳定社会。对热钱问题，只能严厉资本管制。最近社会上热播的《让子弹飞》电影所释放的情绪，要注意。

六、关于汇率

汇率升值有利于稳定物价，但物价问题不能仅靠汇率就能解决。要搞清这个辩证关系。同时，汇率不要跟着美国走，要根据中国自己经济结构调整和其他社会政策的安排，比如失业保险、企业转型的进程，能适当加快的，就适当加快。

七、关于房地产市场

房地产市场的调控方向不能变。现在市场上总有幻想，所以政府在这方面的舆论一定要旗帜鲜明，当然措施要仔细研究，在节奏上要可以把握分寸，在方向上有关部门一定要与中央保持一致。给市场一个明确的信号，不能讲模糊不清、模棱两可的话。不能错误引导市场，盼望房价的大反弹。在这方面，对媒体舆论要组织引导。

人民币区域化的路径和相关建议[①]

（2011 年 3 月 4 日）

一、人民币区域化的基本思路与路线图

人民币国际化的过程，既是伴随人民币不断输出，并不断提高人民币资产市场国际影响力的过程，也是现有其他国际主要储备货币相对地位下降的过程，是一个相关国家利益格局重新调整的过程。

因此，要适度加快人民币国际化或者区域化的进程，关键是要冷静分析形势，能不失时机地抓住世界经济变化提供的机遇，有意识地输出人民币，并借助经济影响力，在确保自身风险能管理的范围内，确立人民币资产市场的国际影响力。

在当前，要加快推进人民币区域化进程，关键是三条思路：一是先要想尽办法让人民币走到境外；二是鉴于中国资本项下未完全放开的现实，能让人民币在境外，像其他自由兑换货币一样，可用于存款、贷款、结算支付、资产管理、投资、汇率避险等全方位业务，形成一定的市

① 此文刊载于"国研网"，主要摘自夏斌、陈道富合著《中国金融战略：2020》（人民出版社，2011）。

场循环规模；三是要做到境外各机构与自然人参与、扩大境外人民币市场的循环活动，必须让境外各机构与自然人，能通过中国政府允许的人民币可兑换通道，享受或部分享受中国经济高增长的收益。与此同时，仍要充分利用国际组织和世界各国相关的力量，对现有主要储备货币发行国的滥发货币行为，进行适当的限制，引导"去美元化"和各地区"货币区域化"的潮流，为人民币的国际化预留空间。并在积极推动亚洲金融合作的过程中，积极塑造亚洲区内的"主导货币"形象。

有鉴于此，我国人民币区域化可以沿着以下的路线图推进，在控制风险的情况下，适度加快人民币区域化的进程。

1. 在国际贸易中积极推广使用人民币计价、结算。

人民币的区域化，应首先从跨境贸易结算开始。

为此，在引入人民币外汇账户的情况下，全面放开企业在国际贸易中使用人民币计价和结算的限制。尽快消除出口退税、外汇核销等方面的技术性政策障碍，尽快放开人民币跨境结算试点城市的限制，在全国全面推开。现在是中国想推行人民币区域化而在现行国际环境下难以推行的问题，因此不要再自己限制自己了。

2. 在现有资本账户管理框架下，逐步允许人民币拥有与外币一样的交易资格。

为降低人民币区域化过程对资本账户的冲击和可能引发的风险，同时也为了便利人民币的跨境流动，形成良性循环，有必要在现有的资本账户管理框架下，允许人民币取得与外币一样的使用资格，在跨境直接投资、证券投资等方面，加大人民币的使用范围。

一是为了推动人民币在跨境贸易中的运用，除应实现人民币结算的便利化外，还应为跨境贸易提供必要的人民币金融产品，尽快放宽与跨境贸易直接相关的、以人民币进行的金融活动限制，如可允许境外的以人民币计价和结算的贸易融资。在风险可控的情况下推动人民币出口信贷业务的发展。

二是在目前资本账户已放开的领域，应尽快使人民币取得与外币一样的交易资格，只要对方国接受、鼓励使用人民币对外直接投资和从事并购活动。结合对周边和非洲等国家（地区）的外汇援助、外汇投资与外汇贷款，设立人民币投资基金、人民币贷款和以人民币形式的对外援助，在逐步加大 QFII、QDII 现有外汇币种的额度基础上，增加 QFII、QDII 的人民币资产投资内容。

三是继续推动中国央行和各国央行人民币互换计划。在 2008 年美国金融危机中各国互相援助的基础上，扩大互换计划的国别范围、延长计划期限、增加计划额度，以进一步促进双边的经贸活动和满足海外的人民币资金需求。

3. 推动香港人民币离岸市场的发展，在不冲击资本账户开放的情况下，为人民币境外循环运用提供风险可控的运用场所。

由于人民币缺乏境外的运用渠道，在境外又没有一定量的沉淀，这就会严重影响国际社会对人民币的接受程度。为了进一步活跃境外人民币的市场，同时也为了减缓人民币回流对国内金融市场开放的要求，有必要在香港发展人民币离岸市场。

一是通过香港与内地商品期货交易所不同方式的合作，根据不同商品，在境内外建立以人民币标价的商品期货交易所等大宗商品期货市场。

二是允许香港金融市场以人民币为标的，自由开展结算、存贷款、融资和其他资产市场业务。

三是鼓励东亚国家包括其他国家的政府机构和企业，在香港人民币离岸市场发行人民币债券，筹集人民币资金，用于向中国支付进口货款等。可考虑邀请美洲、非洲的跨国机构在港设立办事处等常设机构，以提供贷款融资方面的中介担保等服务。

4. 在风险可控的情况下，适度加快资本项目中人民币交易的开放，为境外人民币提供必要的、风险可控的投资运用渠道。

人民币区域化的加深，是与资本账户开放和金融市场的开放相联系的。考虑到相对外币而言，我国对人民币的控制能力较强，可适当加快人民币的资本账户开放和金融市场开放，进一步丰富人民币回流的渠道。

为此应尽快研究中国人民币债券市场向海外投资者开放问题。这首先要结束国内债券市场多头管理、市场分割的局面。在鼓励允许海外投资者投资中国境内债券市场的同时，允许海外机构与企业在中国境内发行人民币债券。

5. 在国际和区域合作上，为人民币区域化创造必要的环境，最终实现人民币区域化的不断深入。

一方面，随着人民币在区域中的影响力加大，对我国提供金融稳定的责任要求也会相应加大，另一方面，人民币区域化加大的同时，也是其他现有国际货币影响力减弱的过程。为了降低我国独立承担金融稳定的责任，减少与其他国际货币的直接冲突，我国有必要加强国际和地区货币金融合作，为人民币区域化创造必要的环境。

一是始终如一地支持国际货币体系重组中的各项积极措施，特别是联合国国际货币改革小组提出的各项积极倡议，如扩大 SDR 的额度与范围（包括人民币币种）、IMF 投票权改革等各项措施，以逐步削弱主导美元不负责任的负面影响。

二是支持世界各地区“区域货币”、“货币同盟”的发展，积极探索与其签订货币互换计划，探索用双边货币开展贸易结算的方式与便利措施。

三是进一步推动落实“清迈倡议”中除货币互换和储备库机制外的其他三个支柱建设，防止在监控资本流动、区域金融监管和人员培训三个方面被边缘化。加强这三个支柱建设，以利于在更大程度上提高东亚各国的经济运行效率、质量，同时也有利于我国资本账户的管理。中国作为亚洲区内有影响力的国家，应以更积极的态度，求大同、存小异，鼓励亚洲各国重点发展亚洲债券市场，运用亚洲诸国高储蓄优势，支持亚洲经济的发展。在这方面，日本政府曾为亚洲国家发行武士债券提供 50 亿美元担保的做法，值得我国政府借鉴。

我们可以用下图来反映我国人民币区域化的路线图。需要特别指出的是，路线图只是意味着沿着路线图的线路渐进推进人民币区域化，是一个风险相对可控的过程，但并不意味着只有之前的步骤完全实现了，才可以开展下一步骤的活动。实际上，只有根据国际和国内的状态，合理安排，协同推进才可能取得人民币区域化的最佳效果。

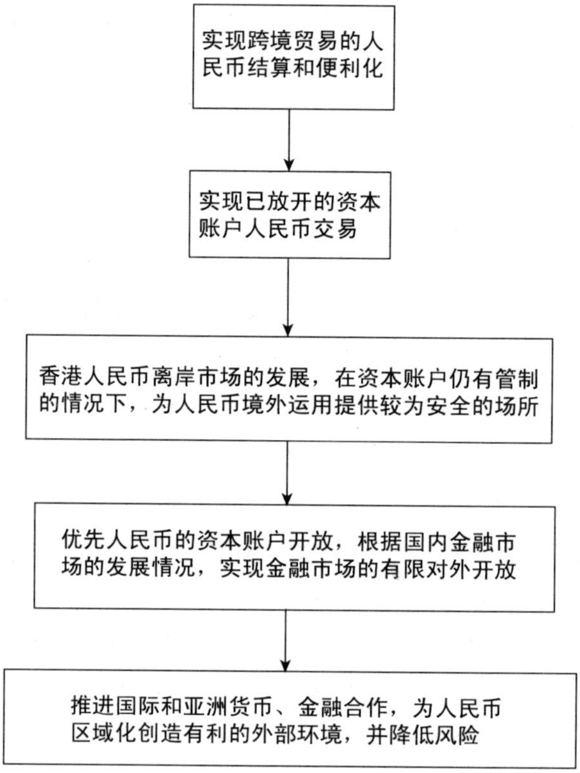

图 1　人民币区域化路线图

二、将发展人民币离岸市场作为人民币区域化的战略支点

中国正以人民币跨境贸易结算为起点，推行人民币区域化，方向是对的。但是要真正推行，必须让境外人民币持有者持有人民币后，能实现价值储藏、增值功能。然而我国资本项下因其他因素未能实现完全放开，这意味着人民币还不能在境内、境外实现完全的自由兑换。在这种条件下，如果能开启一个与国际金融风险相对隔离的人民币离岸市场，能使境外人民币持有者尽可能多地实现货币的价值增值功能，计价与结算功能也容易顺利地大范围展开。所以，当前要推动人民币区域化，抓紧人民币离岸市场的建设，是一个好的选择，也是迫不

得已的选择。

从美元的经验来看，欧洲美元市场的发展，为美元在国际贸易、投资等领域取得支配性地位，发挥了重要的积极作用。如下表所示，2008年年底，非美国居民在美国境外持有的美元存款占全球美元存款的比重达到15.49%，官方在美国之外持有美元占官方持有的美元存款的比重达61.69%，在离岸的非美国银行持有的美元存款占55.07%。

表1　2008年年底全球美元存款市场的分布(单位:10亿美元)

非银行存款者	银行所在地		合计
	美国	美国外	
美国居民	11,743	1,520	13,263
非美国居民	809	2,580	3,389
合计	12,552	4,100	16,652

资料来源:Federal Reserve,BIS international locational banking statistics by residence (deposit liabilities of reporting banks & non—bank sector)。

注:美国居民的美元存款用以下公式估计:M2 * (M3/M2)(2006年1月)—流通中货币。

表2　官方美元存款的分布状况(单位:10亿美元)

银行的国别	2004年底存款地点			2007年底存款地点			2008年年底存款地点		
	美国	离岸	合计	美国	离岸	合计	美国	离岸	合计
美国	73.6	7.8	81.4	143.1	28.1	171.2	127.6	32.5	160.1
其他	73.0	268.2	341.2	73.1	475.0	548.1	59.7	269.4	329.1
合计	146.6	276.0	422.6	216.2	503.2	719.4	187.3	301.8	489.1

资料来源:BIS locational banking statistics by nationality。

在人民币离岸市场的这种模式下，可将境外的人民币完全等同于外汇管理。人民币通过经常项目、部分现已放开的资本账户(包括上述FDI、QDII、QFII及部分贸易项下融资)流出我国，这些人民币构成我国的“人民币外汇”。初期可完全按照现有的非人民币外汇规则管理人民币外汇的跨境流动，积累一定实践和管理经验后，鉴于人民币外汇相对一般非人民币外汇，风险更小，可采取相对宽松的管理方法。在境外，“人民币外汇”已为可自由兑换货币，可自由参与以该货币为基础的各类资产市场运作。同时也允许国内金融机构、企业甚至是自然人，在资本账户管理框架下，参与海外人民币资产市场的运作，发行或者投资海外人民币债券、股票等金融产品。允许海外金融机构、企业和自然人，在我国允许的管理制度框架下，参与国内的人民币资产市场的运作。但是这一切，中国中央银行必须予以监控，以保持中国货币政策的相对独立性。这部分的“人民币外汇”资金的进出，应实行某种程度上类似外债的资本账户管理。

在资金操作上，从原理上说不论是境内机构和自然人，还是境外机构和自然人，只要是在货币兑换允许的项目下，都可以选择使用人民币结算。但是一旦选择人民币结算后，这部分人民币就应从中国国内的普通人民币账户转由银行为此专门设立的“人民币外汇账户”内，以示区别。当出现需要事先审批或者备案的汇兑时，银行才可据以实现人民币在中国境内人民币账户和人民币外汇账户之间的划转。人民币外汇账户中的人民币，通过由国家指定的清算系统，在境内货币持有者与境外货币持有者之间进行划转，完成资金的支付。非居民持有的这部分人民币外汇，可以在境外进行运用和汇兑，但不可以直接自由转入中国境内的普通人民币账户内。当我国允许人民币自由兑换的时候，方可自由回流我国。

以人民币结算的经常项目逆差，和人民币对外援助、贷款及投资形成的人民币，构成我国滞留在海外的人民币外汇净值。允许境外持有人在境外自由运用的同时，也允许境内在海外的机构和企业在境外自由运用，由此可能产生海外人民币外汇存款的多倍创造。

海外人民币外汇除以现钞形式沉淀的部分外，其余部分有的可通过现有部分资本账户和金融账户的顺差，有的可直接投资境外机构在离岸市场上发行的证券产品，有的可转化为吸纳人民币的银行负债（中央银行存款）和部分购买境内机构在境外发行的国债等证券，甚至可通过中国境内外两地中央银行之间的货币互换，实现人民币资金在境内外的平衡。据此，人民银行可通过上述离岸市场中的政策操控，以调节不能完全由市场自动平衡的差额程度，并通过调整离岸人民币转存中央银行的利率水平，影响境外人民币市场的基准利率水平，维持境外人民币离岸市场的稳定发展。

三、香港人民币离岸市场的可能风险及其防范

正常情况下，人民币离岸市场自身的资产创造过程，并不会在数量上直接影响中国境内的货币市场，但考虑到我国市场主体在离岸市场的主动参与程度，离岸市场形成的价格可能会对国内造成压力。

从人民银行的货币调控看，人民币离岸业务规模的发展，从国际收支平衡表的角度看，只是用人民币外汇替代了一般外汇，在这过程中，是基础货币发行的增加。如果在货币发行总量不变的情况下，这将导致国内基础货币量的减少；或者，在货币发行总量不变的情况下，将导致外汇占款或其他资产的扩张，引起人民币超过本国经济体原有的需要进行增加发行。此时增发的人民币只是在国外流通，只要不回流国内，就不会对国内经济造成冲击。并且，海外人民币只要回流国内，就会造成海外人民币资产的多倍收缩(即基础货币的回流)，海外的杠杆对人民银行控制的基础货币规模没有直接的影响。

但人民币离岸业务发展后，将在境外创造出一个人民币的兑换和交易市场，将产生与境内并不完全一致的境外人民币汇率和利率体系。境内、外市场的利率、汇率的差异，会诱发人民币跨境流动的压力。这对应该坚持的人民币资本账户的某些管制，会带来新的挑战。

具体说，第一，当境内、外的利率不一致时，可能引发跨境套利的资金流动。撇除其他因素，纯从利率看，当境内欲实行宽松的货币政策，境内利率低于境外，将引起人民币资金流向境外，反之则相反。这在一定程度上抵消了原本宽松货币政策的效用，尤其是当中央银行日常调控的主要手段是以数量为主的时候。但这只是货币作用领域扩大后的必然结果，相当于一定的货币深化对货币政策造成的影响，其效用的大小，难以用精确的数量刻画。

第二，由于允许境外的人民币外汇在境外自由兑换，同时人民币资本管制又没有完全放开，必然在境外产生一个不完全等同于本国国内的汇率，由此，境内、境外会产生套汇空间。但是，在将境外人民币视为外汇管理的情况下，这种套利行为对我国的冲击，又可以等同于现在境外外汇对我国的冲击。通过经常项目等正规渠道，能较容易实现汇率差异之间的套利（境外市场人民币汇率高，则出口时收取外币，在国内按照较低的汇率换成人民币，进口时支付人民币，并在境外将人民币换成外币）。当然这种汇率差异的大小，取决于政府的汇率政策。政府可视经济发展状况，以尽快实现汇率形成机制的市场化，形成市场真正可信的有管理的浮动汇率制度。

考虑到人民币离岸市场类似于人民币在境外的二级市场，其资产创造有赖于我国提供的“基础”人民币。而基础人民币来源于跨境（包括经常项目和资本项目的私人资金流动）人民币流出（向境外投放基础人民币），并通过跨境人民币流入收回基础人民币。其差额部分，通过存放中央银行（这里通过清算银行）、央行的货币互换、中国的债券在境外发行以及境外市场的现钞沉淀、交易等手段平衡。因此，为人民币离岸中心提供的清算机构（主要是清算银行，也可设立清算所，可以是唯一的，也可以是多个），是人民币离岸市场流通人民币的“中央银行”，其他银行和市场主体可以通过跨境人民币业务影响这个市场的“基础货币”投放，但调节部分则由“清算机构”承担，并维护整个海外的清算系统（具有汇总和清算功能）。我国的人民银行是这些“中央银行”的“中央银行”。这样，可以借助“中央银行”的货币管理框架，通过海外的清算机构与人民币银行的货币管理，来影响海外人民币市场的货币价格和供求数量。

为此，从人民银行的货币调控角度看，一是人民银行应借助创建人民币外汇账户，区分人民币基础货币在国内和海外的分布状况和变动，据此进行货币政策操作。应分别监测我国居民的货币持有量和海外银行、政府机构的人民币持有量。二是应严格控制负责海外人民币清算的清算机构，需要有严格的资格要求和审批，并对其海外的人民币业务的扩张、清算系统要有严密的监测和指标控制。三是要密切与各国和地区，特别是从事人民币离岸业务的国家和地区的货币管理当局合作，必要时可通过货币互换等形式予以调节。当然，金融是货币功能的展现和延伸，与金融监管部门的合作，同样也是重要的。

为了使人民银行的管理更加有效，现有的外汇管理需要及时作出以下三方面的调整：一是在实践中要进一步明确居民和非居民的概念。尤其是要把在境外从事外汇业务的本国金融机构、企业在海外的分支机构，视为非居民，并将外国金融机构、企业在我国的分支机构，视为我国的居民，并将这些机构和母子(分)公司之间的资金调度，视为外汇活动，予以跨境资金管理。二是在现有的外汇账户管理基础上，应增加"人民币外汇"账户。明确人民币外汇账户的开立以及与一般人民币账户之间的划转规定等。同时允许本国境内金融机构与企业在境外开立"人民币外汇"账户。三是修改现有的国际收支统计、外债统计与管理，将"人民币外汇"计入国际收支统计与外债管理要求。进出口核销可使用"人民币外汇"。此外，还需要进一步完善现有的外债管理，特别是对外资企业(实际上属于本国的居民)的外债管理，堵塞各方面漏洞。以上措施的采取，并不是外汇管制的倒退，而是为了更好地配合人民币国际化的进程，便于中国的中央银行有效统计、监测国际收支动态，以提高人民币国际化格局下货币政策的独立性。

对于两地产生的汇率、利率等价格差异可能引发的套利行为，应该稳妥处理。两地价格差异是市场分割的必然结果。只要存在资本账户管制，这种价差仍将长期存在。但正如股票市场的 A 股与 H 股一样，并不需要过度的担忧。随着资本账户管制的进一步放松，两地的价差将会趋于一致。虽然这种价差会激发一定的套利行为(两地价格会存在一定的差异，但并不会无限扩大，而会存在一定的套利机制可以稳定价格区间)，但并不需要急于使两个市场的价差完全一致。一方面，价差提供了一定的市场信息，给国内的改革提供必要的压力，另一方面，需要防止离岸市场引导，甚至主导我国的货币供求和改革的节奏。价差是市场有效分隔的表现，不能仅仅为了平抑价差而启动"额外"的套利机制(一定的平抑机制仍需要)。

对于人民币的离岸市场，由于还存在资本账户管制，因此，除上述货币管理渠道之外，还多了一个通过资本账户直接控制离岸人民币市场上基础人民币供求的渠道。即通过调节资本账户管理中设置的渠道，利用节奏、额度等调节市场主体可得的基础人民币货币的规模和方便程度。

除此之外，人民币离岸市场的初期发展，高度依赖于人民币回流国内的规模和程度，因此还可以利用我国资本市场（一级、二级）对外开放的程度以及借助“人民币外汇”的外债额度的审批等进行控制。

此外，在布局推进人民币区域化过程中，还需要采取必要的措施以控制可能产生的其他风险。

一是首先要安排好人民币国际化的推进顺序，使人民币国际化与我国的宏观调控能力、金融市场发育程度相适应。人民币国际化的过程，不可避免要触动我国的资本账户与资本市场的对外开放问题。有其他国家相关教训作证明，我们必须认识到，如果说人民币国际化可能产生较大的风险，主要并不在于货币职能作用地域和领域的扩大，而在于与此相伴的资本账户开放和汇率自由浮动区间的政策搭配和进程。或者说，当前推动人民币国际化，风险不在于国际化本身，而在于推动资本账户和汇率变化的转轨过程，属于转轨的风险，是“价格管制”放松可能导致的风险。因此，降低风险的根本之路，首先在于要推动国内金融的市场化、自由化。只有完善了这一点，资本账户开放和汇率浮动才能形成“水到渠成”之势。如果国内问题在短期内无法解决，则应尽可能减少由于资本账户管理和汇率过快的、不切实际的“转轨”带来的冲击。在这方面，13 亿人口大国的经济稳定增长，是首要目标。切忌在对“转轨”复杂性把握不大、看不清的情况下，有“试一试”、“闯关”的行动。

二是应该逐步放松人民币外汇的账户管理。我国的资本账户已部分开放，加上上述建设人民币离岸市场的诸多政策措施，实现进一步的对外开放，已经能够支撑人民币一定规模的区域化。但是，其形成的具体状况仍有较大的不确定性。因此，在初期，居民的人民币外汇负债有必要纳入现有的外债管理，以观察、控制人民币输出入的规模。更一般地说，应将人民币外汇等同于现有的外汇，所有对外汇的限制同样适用于对人民币外汇（当然，所有对外汇开放的资本账户项目，也宜在能严格区分境内、外人民币的基础上，对人民币开放）。当然，由于人民币的最终发行权在我国央行，央行拥有最后贷款人及其他各种必要的调控工具，其可能遇到的风险会远远小于我国居民的非本币外债。随着我国宏观调控能力的提高和居民自身风险管理意愿及能力的提高，可以逐步放松对人民币外汇账户的管理，甚至可领先于普通外汇。最后，过渡到仅对金融机构进行审慎监管，即由企业和金融机构根据自身的风险状况自由决定，政府仅对其行为进行合规的审慎监督检查。

三是人民币海外业务的市场运作宜集中。在初期，人民币离岸业务可集中于香港，好处是可在不对其法律、金融市场运行规则作较大调整的情况下快速启动(在这一点上，上海不如香港)。也可借助于香港现成的国际金融中心平台与网络，使交易对象不至于过于分散，迅速形成市场交易规模，并能降低控制的难度。在人民币外汇的交易内容和运作方式上，初期均可作出一定的限制，譬如货币创造能力、自由兑换额度等。在运行一段时间后再逐步放开。但仍需要对货币创造能力施加一定程度的限制，即缴纳法定存款准备金等。

四是在建立人民币离岸市场初期，对人民币外汇债权应进行必要的额度控制。以人民币跨境结算形成的经常项目逆差以及准备通过采取其他的政策措施而形成的境外人民币，构成我国滞留海外的人民币基础头寸。这些基础头寸并不会构成对我国的实质性债权，因为其中大部分可在准备改善的资本账户管制框架下实现回流。除此之外，还可通过人民银行的货币互换、央行存款等方式回流到国内。但是，在创建人民币离岸市场的初期，为了将风险降低到最低的程度，除了仍坚持一定的资本账户管制内容外，应通过对上述采取的有关政策的力度进行调整，以直接或间接的方式，对回流的人民币规模(或年度规模或日规模)作出一定的限制，以实质性控制境外人民币的放大规模，使其适应我国目前的管理能力。

五是建立风险应急机制，保留必要的临时资本账户管制的权力，这也是人民币国际化进程之初所需坚持的原则。同时，积极参与亚洲金融、货币合作，研究如何借助区域的合作力量，以制约国际金融市场对人民币离岸市场的负面冲击，并加强应对可能产生的各种风险的能力，这也是建立风险应急机制中的内容之一。

中国未来金融的若干重大改革事项①

（2011 年 3 月 7 日）

一、准入限制的市场化

金融业对内充分的市场化，是调整我国金融发展结构失衡与滞后的关键。当前金融领域内的各种结构失衡，在相当程度上是因为金融受到管制及竞争不充分造成的。在解除了这些不恰当限制后，金融结构的再平衡会根据市场需求自发形成。目前金融结构中的直接、间接结构，直接融资结构中的债券信用、银行信用结构，企业融资结构中的国有大企业与中小企业、创新企业结构等诸多结构失衡，均反映的是金融非市场化的后果。其主要体现在以下四个方面：一是在现有市场中，各类金融机构市场准入的行政限制问题；二是各种金融产品的行政审批问题，包括债券和股票发行的行政审批；三是以市场化为导向、企业以各种合同形式创建的金融市场交易活动仍处于灰色地带，由于相关制度空白，其始终在寻求“合法化”；四是利率和保险费率等价格

① 此文刊载于“国研网”，主要摘自夏斌、陈道富合著《中国金融战略：2020》一书（人民出版社，2011）。

体系的市场化问题。

造成这些限制与情况存在的直接原因，除相关管理部门的不协调导致的市场分割等原因影响了最高层决策外，主要有以下三个基本原因：一是在中国渐进改革过程中始终要处理好改革、发展与稳定的关系。在这压力下，由于缺乏对金融机构倒闭、破产的法律支持，监管部门往往承担了超越其所能控制的风险管理任务，即在市场出现风险时，不论产生风险的原因是什么，监管部门都有责任确保金融和社会的稳定。因此监管部门对金融的市场化过程，自然会采取过度谨慎的态度。

二是我国的消费者（中小投资者）自我保护机制较弱，以市场为基础的信任程度和风险意识较差。有的投资者甚至过度依赖政府干预，对自身选择的投资态度是，“只能赢，不能输”，从而使监管部门的责任无限放大，使得监管部门在推进市场化改革时，为担忧中小投资者难以接受风险而步履艰难。

三是我国市场结构中，国有金融机构在金融市场中占有绝对的市场份额，在金融市场中间接融资，主导了融资市场，形成了金融市场特殊的风险定价（道德风险和逆向选择），这决定了价格的市场化并不能带来完全竞争的效果。有时可能会产生恶性竞争，不利于系统性风险的防范。

有鉴于此，要进一步加快金融业在这方面对内充分的市场化过程，必须在以下若干方面予以突破：

要尽快完善有问题金融机构的市场化退出机制。进一步完善破产法，尤其是应尽快出台金融机构的破产法，实现金融机构的市场退出法制化和程序化。在中国当前，要重视“大而不能倒”的问题，更要重视“小而不能倒”的问题。日常生活中恰恰大量存在的是“小而不能倒”的问题无法得到解决。为此，需制定相关的存款保险制度，特别是中小金融机构的存款保险制度，规范投资者保护基金和保险保障基金的使用，使其真正便利金融机构的市场退出。

在加大金融消费者（中小投资者）保护力度的同时，要加大对金融消费者的风险教育，同时保证市场的公平公正运行。除继续实行严厉查处市场内幕交易、市场操纵和欺诈行为等日常监管措施外，可考虑设置专门的部门来维护金融消费者的权益，防范金融机构损害消费者权益的行为发生。同时，对按法律法规及有效合同交易运行造成的消费者风险及损失，政府应按法律法规及合同处置，不应迁就群体性事件的压力，应逐步培育全民的法律意识。

逐步减少对金融机构、产品市场准入的实质性限制，真正允许并且鼓励民间资本投资国内任何金融机构。不能歧视民营资本及以信托方式集聚的民间资本入股各类金融机构。民营资本控股金融机构在上世纪末的中国曾发生过一些教训，随着其后金融监管加强和全社会微观金融治理水平的提高，政府部门的政策应及时调整、取消各种违法限制民营资本入股、控股银行、证券、保险等各类金融机构的部门规章。应在进一步研究制订中国经济不同发展阶段国有资本相对控股和绝对控股的原则基础上，逐步减持国有持股比例。在这方面，恰恰对于境外投资者入股境内各类金融机构，不要简单相信有些官员和专家所说：引进境外战略投资者有利于改善微观金融治理，微观金融搞好了，宏观金融就安全了。因为 2008 年全球金融危机中东欧国家外资大撤离给我们提供了教训。

实现股票、债券等金融产品的基本市场化发行，对除存在扩大金融杠杆率、影响货币信贷政策执行和影响境内外资本流动管理的创新性产品外，对其他传统业务产品的推出，应一律由审批、核准转向以备案为主。特别是对于股票的发行，更应强调市场化原则，弱化行政审批、控制发行规模对市场走势的影响度。

推动金融市场要素价格市场化是一个长过程，同时又是一个较艰难的过程。可通过发展理财市场来逐步推动利率市场化。在规范理财市场的前提下不断推动理财市场的发展，主动推动金融的部分“脱媒”，以加大传统金融业务的经营压力，减少利率市场化过程中的市场过度波动，从而使得利率市场化“水到渠成”。在对多类债券严肃市场评估的基础上，放开债券利率 30 年前制定的上浮 40%的制度约束，推动与国债相关的衍生产品发展，提高国债在市场中的基础性地位，从而产生有市场影响力的收益率曲线，引导市场的利率走势。逐步推动保险费率的市场化。在附加费率自由化的基础上，可逐步弱化对纯费率的管制，转向行业指导与自律，建立全行业的统一数据库，并形成具有广泛数据基础的纯费率参考水平，各公司可根据本公司的服务人群特点，在一定幅度内自行确定。

二、金融市场的统一与完善

中国的金融市场特别是债券市场的多头管理、市场分割问题，已经严重影响了市场的发展与效率。当前中国债券市场由发改委、人民银行和证监会多头管理的现实，分别是上世纪末中国整顿金融秩序时，因证监会不愿承接人民银行原有的企业债管理职责，以及进入本世纪后人民银行不满意发改委长期维持债券行政管理、影响结构调整与货币调控，从而主动履行短期融资券和中期票据管理职责造成的。

中国金融市场的统一与完善，涉及多方面的内容。就其重点而言：

应在协调研究中国债券长期发展原则的基础上，将债券市场的管理职责统一归属于管理证券的中国证监会。并研究新办法，按市场化原则，取消当年债券发行总额限制，按风险定价原则决定债券利率水平，取消债券发行的行政审批制，逐步由核准制过渡到备案制。

统一各地、各部门场外交易市场（产权交易市场），可以大大提高资源在全国范围内的有效配置。在这方面，不存在理论上、技术上的困境。关键是中央政府要下决心，指令明确，建立全国统一的电子报价平台市场，除有利于提高产权资源的有效配置外，同样可以节省社会大量的人力与财力。

研究主板市场、中小板市场及创业板市场的转板机制，做到转板自愿、降板强制，完善多层次资本市场的效率机制。

加强银监会与证监会的协调沟通，解决信托人作为上市公司股东资格问题，以吸引更多的社会闲资参与企业的创业，支持企业的发展。

加快培育符合我国市场体系稳定运行的资信评级机构。规范金融市场中各子市场的信用评级资质管理。加强对评级机构的指导与监督，提高评级质量。伴随境内、外人民币资产业务的发展，政府应尽快支持、鼓励境内民间资金与亚洲国家有关机构合作，组建跨国合作的评级机构。可以先评估亚洲债券市场发行的债券，支持亚洲债券市场的发展。

扩大货币市场的参与主体，提高货币政策的传导效应。应允许更多的证券公司、信托公司、财务公司及基金公司参与货币市场交易，扩大货币经纪公司数量，进一步丰富金融衍生产品交易。

鼓励私募基金可按国家法规运作。法规不完善的，可以完善。但不宜出台有倒退意义上的"产业基金管理办法"，即予以行政审批的管理模式。政府可出台相关办法，主要规范约束用"纳税人的钱"投资私募基金的行为。

在向境外人民币持有者开放境内货币市场、债券市场的基础上，探索境外的外币持有者经兑换，投资境内债券市场的试点。

对金融市场上面向境内交易者的各类制度创新，包括股指期货、国债期货等各类衍生品，原则上，早开放、早主动，早试验、早收益。但对一切涉及放大信用杠杆的产品创新，应提倡"以实践为主"原则，结合宏观调控政策需要，通盘考虑。对于打通境内、境外市场通道的各类金融创新产品，不能"孤军奋战"，必须视国家开放战略部署，实行有序创新。

三、完善中小企业融资体系

完善中小企业融资体系首先是个系统工程，必须要有信贷、税收、担保、工商、统计等各项政策的协同。就金融领域而言，关键是要放开金融市场的各种准入限制，允许民间资本进入金融业，并且允许与鼓励各种金融组织积极创新，开展各类金融服务。

加快小额贷款公司的发展。降低社会资金入股小金融机构的门槛和要求。小额贷款公司审批可交由省级地方政府监管。在明确谁审批、谁负责的前提下，督促地方政府公开审批条例。在有条件的地方，加快审批设立的步伐，逐步由审批制度过渡到核准制度。

进一步加大财政资金支持担保体系建设的力度。可设立政府的中小企业发展基金，以贴息、补贴、担保及部分抵偿责任等各种方式，体现财政的大力支持，广泛吸引正规金融体系对中小企业的融资支持。

在重新明确中小企业划分标准的基础上，对小企业、微小企业的信贷支持予以积极的优惠。同时，应对一切从事中小企业，特别是对小企业、微小企业进行信贷支持的金融机构，同样给予政策的优惠，以更广泛地动员国内金融资源。

在金融机构管理政策上，应鼓励农村合作银行、村镇银行、小额贷款公司等中小金融机构，重点服务中小企业，特别是小企业、微小企业。对其业务范围应限定在局部区域和县城，不鼓励跨区域经营，也不轻易鼓励走全国连锁或金融控股公司模式。在监管上，应杜绝以其经营业绩良好为引诱，支持其升级为在更大区域范围内经营的机构，违背创办中小金融机构的初衷。防止出现新的农村资金流入城市的现象，防止一些金融机构随着经营规模的扩大，出现喜做城市大型企业、大型项目，厌倦小企业、小型项目的行为。

四、政策性金融体系的完善

我国仍是一个发展中国家，同时又是一个经济正在崛起的大国。特殊的历史时期特征决定了，在追求国内金融业充分市场化的同时，仍需要结合经济结构的调整，配置一定的产业政策，需要一定的政策性金融支持。完善现有的政策性金融体系，关键是处理好与金融市场化的关系。在此前提下，与财税政策密切配合，才能实现政策性金融机构的可持续发展。

“三农”问题，本质上是解决农村贫困和产业萎缩的问题。如果将“三农”问题完全放任由商业金融机构自发解决，实行“优胜劣汰”的市场原则，必然导致农村资源的外流。为此，解决“三农”的金融问题，虽然治本之道在于通过各种渠道促进“三农”的发展，提高其收益率。但在短时期内不能很快提高农业生产率的情况下，一方面，必须借助财政力量，改变“三农”与其他行业、地区之间的收益差异。另一方面，当前还应进一步拓宽经常政策业务的机构范围，加大政策性金融的支持力度，将政策金融经营的受益对象从机构拓宽到业务（如果能处理好这个问题，农业发展银行是否继续存在，仍是可讨论的）。在这方面，需要有三类政策的支持。一是以扶持农村经济本身为目的的各类财税政策。二是以扶植农村金融体系为目的的各类政策。三是出台引导“城市资金回流农村”的政策。在农村经济尚未发展到能自发吸引资金流入的阶段，有必要出台直接限制政策，限制农村资金的外流，并同时鼓励城市资金流入农村。

为实现“三农”领域良性循环发展，鼓励各地农村自发形成农业产供销一体化、特色化和多元化的各种农业专业合作组织，将农业技术、国家支农惠农政策、农业产业化管理和农村金融支持结合在一起，这是完善农村政策金融体系的最基本的组织与制度基础。日本、中国台湾地区的经验表明，单纯的合作金融是很难成功的，必须依托于上述的专业合作组织。

允许农村建立互助性合作金融组织。鉴于上世纪末简单关闭上千家农村互助基金会，造成几百亿元巨大损失的教训，对目前又重新鼓励成立的资金互助会，要精心培育。除限制其跨村镇设柜台吸收存款、经营外，政府部门应充分尊重农民的意愿，杜绝一切不应有的行政干扰。

培育农村真正的合作金融组织。我国目前的农村信用合作社，虽然名为“合作金融”，但大多数已成为借助政策支持进行运作的银行机构，失去了原合作金融的性质。同时历史包袱仍制约着农信社的发展，省级信用联社定位尴尬。对此，除有些合作金融组织已通过吸引社会资金进行股份制改造，改制成城市商业银行、农村合作银行或者村镇银行之外，在监管政策上，原则上对未改造成银行、仍为合作金融组织的，考虑其交通不便、信息不灵和经济落后、地处边陲地区的特点，应充分尊重农民的意愿，允许农民组织根据实际情况决定经营方式，并遵从审慎管理原则，切忌将监管沿海发达地区现代化商业银行的政策，简单套用在“合作金融组织”上。可鼓励并购有问题的农村信用社，但不应鼓励通过并购改变合作金融组织的性质，更不应鼓励其“往大城市走”，跨区域经营。要防止各地政府为追求形式上的政绩，追求把银行“做大”的冲动。应鼓励已改制的中小银行坚守为县城中小企业服务的宗旨。将信用社省级联社转变为信用合作协会，协助地方政府执行对部分农村金融机构的管理职能，发挥行业自律功能，主要是从信息系统、人员培训、信息收集、同业沟通等方面为会员提供服务。切忌将信用联社成为各信用社的“财务包袱”、日常业务经营的“指挥官”。

应明确小额贷款公司的法律地位，可将其认定为准金融机构。不同历史时期形成的小额贷款公司，在业务资格和享受财税优惠方面，应一视同仁。可适当扩大小额贷款公司的杠杆水平，如扩大到净资产的 2 倍，但仍不允许其吸收公众存款。允许符合条件的小额贷款公司发行债券，或向其他金融机构获得“批发”资金。

拓宽农村的融资担保方式，扩大抵押担保品范围。允许集体建设用地、宅基地抵押贷款，经济林权质押、仓单质押、动产质押贷款和收购资金贷款封闭运行等多种担保方式。允许保险保单成为银行质押物。为提高保单的价值，国家可对保单进行担保，由国家优先赔付后，再由国家向商业机构追索。

保留农业金融的政策性业务。加快推动政策性农业保险，扩大并提高涉农贷款、农村基础设施建设贷款的利息补贴标准。通过政策支持，加快从机构扶持调整到面向县域和涉农业务。可更多采取招标等方式，拓展商业金融机构开展政策性业务的范围。农业发展银行若可转制为商业银行，将原先的财政补贴转为贴息，粮棉收购贷款业务可委托邮政储蓄银行等机构开展，农业综合贷款可通过招标方式，由各商业银行发放。

进一步降低满足一定条件（如服务“三农”的业务比重）的农村金融机构税收负担。可考虑进一步降低其营业税。对小额信贷公司和农业保险公司可考虑免征营业税，对任何金融机构新增涉农贷款的利息收入，在营业税和所得税方面也可给予一定的优惠。将分散在政府各个部门的支农财政资金整合成农业风险补偿基金，统一协调。这可与农村专业合作组织的经营相结合，可借助银行、邮政储蓄银行的全国网络，满足农村必要的存款、汇款、转账等需求，对汇转农村资金的业务，减免部分营业税，收入不征收企业所得税。

采取一定的行政手段以满足农村基本的金融服务需求。出台类似美国的社区再投资法，要求达到一定经营规模的金融机构，按一定的比例，支持“三农”领域。

目前政府有关部门基于自身监管责任的考虑，要求银行相对控股村镇银行。实际上当前全国性国有银行、股份制银行对村镇银行兴趣有限，在业务和运作模式上，被控股后的村镇银行与银行分支机构没有本质区别。为此，可考虑取消银行在村镇银行中必须相对控股的要求，同时放开民间资本的持股比例限制。

建立农村金融机构市场化退出机制。一旦农村金融组织和机构破产，应允许其市场退出，但主要应由地方政府主导清理。为此，需修改现有的法规制度。除此之外，应为吸收存款的农村金融机构，建立存款保险制度，适当隔离机构破产退出和居民存款安全之间的关系。

国家开发银行、中国进出口银行等政策性银行的发展趋向，既要发挥“银行”的支持作用，更要重视其“政策性”的功能。这是一国经济在崛起、影响世界经济格局变化过程中不可忽视的力量。因此，对于这两家机构，可引进新股东，实行股份制改造。但是根据国家目前的雄厚财力，可不必实行股份制（治理机制的改善，股份制并不是唯一条件），更不应引进海外战略投资者入股，也不必去追求像普通商业银行那样公开上市。当前中国不缺一家商业银行，缺的是有实力的、经营得好的政策性银行。因此也不应鼓励政策性银行转化为商业银行，更不应鼓励向兼有政策性业务和商业业务的综合性银行转制。

政策性金融业务，可由政策性银行承担，同样也可以明确规章，公开招标，由普通商行承担，享受一定的政策优惠。政策性银行如果经营其他非政策性金融业务，必须单独列账，分账核算，分账考核。政策性银行不以盈利为目标，但并不意味放松对其的考核与监督，需要建立有别于普通商业银行的考核指标体系和类似于普通商业银行的审慎性监管指标体系。

五、国有金融资产管理体制

对于我国而言，国有金融企业在金融发展、宏观调控中发挥了重要作用。由于国有企业的特殊性，如何建立国有金融资产的管理体制，规范其市场条件下的微观机制，对形成未来全国统一的竞争市场具有极其重要的意义。金融业对内充分市场化的前提是市场结构的相对分散，企业运行机制的充分竞争。因此国有微观金融企业改革的关键，首先是要逐步降低其市场份额，鼓励更多其他金融机构的发展。其次是要彻底消除“官本位”，实现国有金融企业股权的多元化。

目前国有资本基本控股全国的银行、证券、保险、信托、基金等各类机构，是由一定的历史原因形成的，即在亚洲金融危机后的中国金融秩序整顿中，大量的金融机构严重资不抵债、濒临破产。造成此状况的原因之一，客观上存在个别民营股东违规经营、造成了资不抵债。当时监管部门出于监管教训及救急的需求，鼓励支持了各大国有企业纷纷投资、控股银行、证券、信托、基金公司等各类金融机构，由此造成了目前的局面。

但是，目前过于紧密的国有产融关系（国有大工商企业与国有大金融企业的关系），并不利于充分体现市场竞争原则，并不利于在中国高储蓄状况下，为社会充裕资金寻找到投资出路，更不利于国家在转变发展方式、加大财政民生性支出时的财力窘境问题的解决。

为此，在到2020年前的一段时间内，应实施“国退民进”方针，相对减持各类金融机构的国有股持股比例，大量吸引境内民间资本（包括个人投资）入股。通过撬动国有资本存量，政府减持股份、套现，支持社会保障体系建设以及直接用于提高低收入群体的收入水平，以利于救穷人、扩消费、促增长、稳社会，以利于尽快缩短中国经济发展方式转变和经济结构调整的痛苦期。为此：

应尽快调整、明确中央与地方金融国有资产管理的体制与原则。国有金融资产管理，不能一味追求“管理规模越大、增值越快越好”这单一的商业原则。国家应在确立中国不同发展阶段水平对不同种类金融企业需要保持绝对与相对控股的战略原则基础上，对目前持有的过多股份，按市场原则，有计划、逐步地出售、转让给境内投资人。同样不排除根据国家金融战略取向，对另一些金融机构，如投资银行等，应进一步增资扩股，加速培育国际同业中的国家竞争力。国有金融资产管理总体上应实行股份“有进有出、有增有减”的方针。中央与地方对金融资产的管理，应分别归并中央与地方的唯一机构管理，向各级财政负责。地方管理的金融资产，多属中小类金融机构，在方向上，更应鼓励地方所持股份替换成民营资本，以便地方集中财力解决公共财政问题。

理顺“党企”、“政企”关系。在不违背《公司法》的原则下，实现各级党组织对金融企业的领导。对政府投资控股的金融企业，可委派董事长或总经理等管理层。只要由政府委派、属政府管理系列的管理层，薪酬水平可适当参照市场水平；非政府委派、非属政府管理系列的管理人员，一律与企业签订用工合同（必须确立有被解雇的风险），薪酬水平由企业董事会按市场原则定。改变目前某些金融机构管理人员由监管部门直接委派的“政企”不分的做法，改变目前某些金融机构其人事、外事、党务等活动直接归属监管部门的做法。

六、新开放格局下的货币政策体系

今后的10年，随着中国金融业的进一步对内对外开放、人民币的逐步区域化，将会极大地改变我国货币调控面临的市场环境，会使调控情况更趋复杂。特别是在美国金融危机后，尽管国际社会正对国际货币体系改革进行积极的探索，但是步履缓慢，未卜因素太多。在全球性系统风险防范意义上的全球宏观审慎管理，更是难以说清。所有这些都会给我国未来货币调控带来过去从未有过的复杂性。为此，在今后的宏观货币调控体系建设中，必须努力在以下若干方面提前准备。

随着汇率的进一步浮动和跨境资本流动的活跃，境内外套利业务不可避免。随着国内金融市场向深度与广度发展，企业融资总量中可控的银行信贷份额会逐步下降。随着人民币区域化进程的加快，意味着货币深化的广度将延伸，可能会增加人民币升值的压力，也可能在不引起国内通胀的情况下，增加货币供应量。在这些情况下，我国若仍维持以信贷规模等行政控制为主的调控机制，将给我国宏观调控造成极大的被动。因此，中国央行应在战略过渡期的前半段，加快利率市场化改革，理顺利率传导机制，择机取消银行信贷规模行政控制办法，真正探索以利率、汇率为主要导向的调控机制。

要加快建设防范金融系统性风险的宏观审慎管理制度框架。这既要吸取国际社会的研究成果，又要特别关注在中国经济发展特定阶段和在有缺陷的国际货币体系中由“金融弱国”地位所决定的风险特征。在组织措施上，有必要在中国目前“一行三会”之外设立一个相对独立的评估机构，专门从事宏观系统性风险的监测和评估，每半年集中评估一次，平常予以观察与分析。将目前各类分散的系统监管、市场信息进行综合的监测和分析，尤其是我国的整体债务状况及结构，包括对各种形式的外债、内债，长期债、短期债，中央债和地方债，显性的和隐性的债务进行综合分析。

为了实现金融稳定和社会稳定，应确立对不同机构主体有不同的监管和风险处置措施，避免形成将来事实上的货币发行“倒逼”机制。一是严格区分金融机构的政策性业务、商业性业务和社会救助的政策界限。如果是同一主体从事不同的业务，必须严格分账核算。二是需尽快明确目前问题突出的金融控股公司、地方融资平台等特殊类机构的监管和整顿原则，形成长期的制度约束。通过明晰央行在维护金融稳定中的“合理”职责范围，暴露市场体系建设中的矛盾与问题，反过来，“倒逼”加快其他领域、其他监管制度的改革与创新。

七、金融监管框架与协调

金融监管涉及大量具体琐碎的操作规程与内容，在此，仅作概略性的原则评估。

我国未来的监管框架可考虑借鉴澳大利亚模式，即驼峰型监管加消费者保护模式。在这种模式下，对向非特定公众吸收资金的银行和寿险公司，要进行严格的审慎监管。对其他金融机构的监管，重点是重视其信息披露和保证市场的公开、公平、公正。监管部门可区分金融机构对系统性风险产生影响程度的不一（包括机构大小、业务规模以及现有的风险状况等），采取有差异的监管方法。在这过程中，应根据业务的重点以集团并表的方式，管理各种不同形式的金融控股集团。除此之外，金融系统也接受消费者保护的管理。

中国经济发展的地区差异和发展水平的参差不齐，决定了需要各种形式的金融组织与金融产品为其服务。因此提高中国目前金融监管水平的关键原则，要体现对不同种类的金融机构有所区别，实行不同的监管政策。在农村地区，全面贯彻“城市金融”的监管模式和政策，是一种金融“发展过度”在监管上的表现。表面上“先进”的金融业务制度和服务，并不适合于经济落后、信息不灵、偏僻地区经济发展的需要。表面上接近国际惯例的“高度安全”的农村金融监管政策，却往往失去了为“农民、农业、农村”服务的应有功能，最终只能以萎缩农民欢迎的农村金融规模和在监管视野之外的地下金融发展为代价，从而出现就整个金融体系而言并不是最适合的现象。“三农”经济的特殊需求性，决定了对涉农金融业务的金融机构，不能以经营利润等指标为激励，引诱其经营地域、经营范围、经营重点脱离“三农”，趋向大中城市；决定了不能把对沿海发达地区商业银行监管的理念与技术，照搬到对农村金融机构的监管上。因此对现有的农业合作银行、真正的合作金融组织、村镇银行、小额贷款公司及互助基金会的监管，必须实行有别于全国性股份制商业银行的监管制度与政策。

金融监管应逐步转向以功能性监管为基础的矩阵管理。当前我国金融市场仍存在大量的分割，部分分割是出于我国风险管理能力较弱的考虑，如限制银行资金进入股市等，具有一定时期的合理性。但是更多的市场分割，是部门职责划分不清与协调不力导致的，如债券市场、理财信托市场、金融租赁市场等的统一问题。解决这些问题的根本出路，应该由机构监管转向功能监管。但纯粹的功能性监管，又会导致多头领导，增加微观企业成本，并且可能出现政策冲突。为此，有必要在多个监管部门之间先有一个政策协调汇总机制，将功能性监管汇总、转换成对机构的管理后，进行对口管理。如果不对现有监管机构作合并调整，也可设立“一行三会”监管协调委员会（是否可和宏观审慎管理机构合而为一？可进一步讨论），下设银行、证券、保险等功能性监管机构，分别对三大功能进行跟踪，设计监管政策，然后将其分解到银行、证券、保险机构各自的管理部门，由这些部门遵照各自的要求，对所管辖机构的非主体业务进行必要的管理。对于实际执行金融功能的“影子”机构，需要根据“功能重于形式”的原则，在有关监管部门备案。当这些机构的业务规模或市场影响力达到一定程度后，应强制将其转换为传统金融机构，接受正规的金融监管。

加强监管部门之间的协调势在必行。随着各类金融机构的业务融合，各类金融控股公司不断涌现，以分业为基础的监管体系有些捉襟见肘。调整金融监管部门，短期成本较大，特别是当各监管部门之间又尚未形成有效的监管模式与固定方法时，更应着重加强监管部门之间的协调。一是应尽快明确金融控股公司的监管原则和监管方法，建立必要的防火墙和适当的监管措施，避免出现监管套利机会与监管真空。这里的关键是避免政府提供的安全网被滥用，尤其是银行的信用和客户关系的被滥用和不公平竞争。二是建立对金融创新（包括产品、机构和市场）的协调机制。目前除了金融控股公司外，需要重点予以协调的，主要是各类金融理财产品的创新。应出台各部门都必须遵循的基本原则，以规范各部门出台的规章制度。三是建立危机处理预案。当监管框架，甚至监管组织发生变化，协调的方式也应相应进行调整，但协调的主要内容仍将围绕上述要点展开。当前，可尽快恢复“一行三会”的协调机制，并下设常驻机构，首先就实现功能性监管，通过协调会议下达各监管部门应落实的监管内容。就每一项功能监管出台各部门都需遵守的规章制度或指引。

各类监管政策应有助于降低市场中的正反馈机制，提高市场的整体稳定性。应密切监测市场中真正发挥作用的机制，特别是其中具有正反馈性质，或者在一定条件下会成为正反馈的机制。银行的资本充足率、不良贷款拨备要求、部分金融机构的薪酬体制（不仅仅只是薪酬水平），上市公司之间的相互持股、开放式基金的机制，甚至社保、保险公司的一些行为，都具有顺周期或正反馈的性质。监管部门除了在规范市场行为，严格防范和整治内幕交易、市场操纵等直接损害投资者利益的违法行为，维护市场公开、公平、公正之外，应密切关注这类机制的形成与互相放大效应，并将有关情况通报宏观管理部门，尽可能地通过制度调整，消除、限制或减轻这些顺周期的负面因素影响。

监管部门与所监管企业之间应保持一定的距离。这是相比成熟市场经济体，对中国金融监管部门监督不力中应突出解决的一个问题。监管部门与所监管行业的人员之间的调动，需要有一定的防火墙，以加强监管部门“裁判”角色的公正性。如监管部门的人员调往所监管行业的微观企业，应严肃政纪，坚决执行三年“冷却期”。该行业里人员调往监管部门，则应责令其辞去市场职位，退出相关领域的投资，关系人的行为应得到一定约束等。

最后，需要特别指出的，当前我国金融发展相对“滞后”，创新是唯一的推动力。但是，如何处理好加强金融监管和鼓励金融创新的关系，是多年来始终没有处理好的一大问题，也是提高中国金融监管有效性的极其重要的环节。

总之，国内金融改革的内容是极其广泛的。以上只是从战略的视角，相对于金融开放，就未来应关注些什么问题，解决这些问题的重要原则又是什么，进行了概略的阐述。

把握好 2011 年的政策调控力度①

（2011 年 3 月 9 日）

一、今年经济走势的简要分析

物价。自去年底国务院推出 16 条措施后，物价趋稳。若今年在此基础上真正配合实行稳健的货币政策，加上人民币适度升值、扩大进口，全年物价有望控制在 4%左右。剩下的不确定性，主要可能来自特大天灾和美元进一步滥发因素。

房地产。各地限购政策纷纷出台后，房价趋稳或下滑已成定局。但会“下滑”到何种程度，难以预测。城镇固定资产投资实际增长已由 2009 年二季度的最高点 35.9%，下降到 2010 年第一季度的 24.1%、第四季度的 17.6%。占全国投资约 93%的 10 大行业中，房地产投资高于投资总水平 10 个百分点。2010 年第二季度以来，其他 9 大行业投资增速几乎均低于总投资水平，唯独房地产仍高于总投资水平，在支撑总投资水平。因此房价若直线下跌，将对全年投资发生显著

① 本文写于 2011 年 3 月 9 日，首次公开发表。作者曾基于此稿内容在 2011 年 4 月 14 日国务院参事室组织的会议上向温家宝总理作了汇报。

影响。

资金供求。自今年初实行稳健货币政策、地方融资平台整顿以及银监会同时出台中国版的巴塞尔协议Ⅲ政策后，目前社会资金宽松局面已明显改观，市场利率显著提高。但若央行和银监会紧缩政策进一步同时出台并延续，后三个季度银行资金链和企业正常的生产资金供应状况需密切关注。

增长速度。(1)世界三大经济体——美国、欧元区和包括中国在内的新兴国家，在前两年的刺激政策后，由于各自结构不同产生的不同复苏进程和暴露的不同问题，使今年继续实行同舟共济政策的难度加大，加上“中东北非”动荡、国际大宗商品价格提升、我国扩大进口、劳动力成本提高及人民币升值等因素，全年外贸进出口将回归常态。(2)目前各地的房地产新政，对全年投资增速会有明显的抑制作用，而战略性新兴产业投资规模的形成尚需一段时间，地方融资平台的整顿会影响有风险项目的继续执行。因此，今年尽管加大西部开发和保障房投资能起一定的替补作用，但从全年看，投资增速仍会趋于较平稳状态。(3)在物价影响下，2010 年消费品零售额实际增长 14.6%，比 2009 年还低 1.7 点。今年政府将采取的个税、补贴等突出民生的政策，会扩大消费支出，同时也有相应缩减投资支出的效应，再扣减物价上涨因素，因此全年实际消费增速仍不能乐观。

归结以上因素，谨慎估计中国全年 GDP 增速约为 8.5%—9%，市场乐观估计约为 9.5%—10%。

二、若干重要判断

1. 当今中国经济运行存在的问题是清楚的。今年着力于保民生、促内需、稳房价、控物价，实施稳健货币政策的调控方向是正确的，必须毫不动摇地坚持。

2. 归集今年的一系列政策，不管是房市、金融、物价政策，还是投资、税收、民生等政策，说到底，是在围绕经济发展方式转变这一中国经济的根本问题进行调整。应该说，中国经济今年是明显的政策调整年，是基于对 2008 年危机爆发之初我国迫不得已采取的一些临时政策的调整，是回归可持续增长方向的调整。

3. 同时，必须看到，当前中国经济的问题，是短期与长期问题、体制与结构问题的纠结。目前限于各项复杂情况出台的若干带有试行性质的、非市场化的政策，包括前年的 4 万亿政策、近年的房屋限购、限物价政策，方向是对的，但是只能救急，不能解决经济不平衡中的根本问题。要解决根本问题，仍须靠改革。而在改革只能逐步到位的情况下，快速撤除非市场化措施，同样又是危险的。必须看到，当前对以往政策的适当调整，是在危机后外部需求减少，我国经济增速开始步入合理放慢的情况下进行，因此宏观调控与政策调整的空间在缩小，难度在加大。必须要有更大的战略勇气，才能处理好过去未曾出现的经济增速放缓同时必须加快改革的关系。

4. 基于今年政策调整年中各种问题的复杂纠结，宏观调控既要坚持年初以来正确的调控方向，又要密切关注由各部门出台的单个政策的综合宏观效应，这是做好今年经济工作的关键之处，也是困难之处。特别是在当前“社会管理”的压力下，更要把握好发展的速度、改革的力度和社会可接受程度的结合。尤其是对多年积累的房地产泡沫问题，必须警惕由于泡沫的突然破灭而造成的灾难性后果。要有以时间换空间的策略。

三、政策调整时期的建议

1. 成立部门政策跨部门综合效应评估小组。由该小组对某一部门出台的重大政策对其他部门政策的跨部门影响及对宏观经济影响作出事先的综合效应评估，供领导决策参考。以防多部门政策的叠加或抵消效应，避免部门会签文件时仅限于关注对本部门的影响事宜，忽略对整个宏观效应认真评估的现象。

2. 房市调控应着眼于长效机制的建立。围绕“确保保障房、打击投机房"的调控方向，应抓紧下一步政策的事先研究与储备。在重视廉租房建设的同时，在今年中、明年初或其他适当时机，当社会流动性归于常态之时，应重点配合上海、重庆房产税试点基础上全国房产税的规范工作，择机提高房屋交易累进所得税，以精准打击投机炒房。同时，淡化、统一各地不同的限购政策，适度引导社会闲资，允许少量、合理的投资购房，以满足一部分买不起房人群以租房形式提前享有住房的需求。参照相关国家做法，以突出保护租房人为主要内容，规范租房市场法规。严查外资绕道炒作国内楼市。建立房市的长效机制，应准备好再花 1—2 年的时间。

3. 解决好金融调控中的两大问题。(1)加强国务院对央行、银监会政策的协调监督。以防央行货币政策紧缩效应和银监会在规范银行过程中紧缩效应的过度叠加，对经济产生的不稳定因素。(2)实行"社会融资总量"管理是今年货币政策实施中的一项新调整。但须注意，在金融产品多样化条件下，"社会融资总量"的管理有一定的暂时合理性。但在目前经济已市场化的条件下，要精确调控"社会融资总量"，只能对股票债券实行像对贷款那样的规模控制，这必然会大步退回计划经济。而若真正按市场化方向体现"社会融资总量"的调控意图，仍会走上以利率、汇率工具来调控货币供应量之路。因此，今年在把握"社会融资总量"管理时，仍要运用好利率、汇率手段。

4. 要以"铁的手腕"迫使各相关部门加快落实国务院新"非公 36 条"。面对房市调控后大量社会游资压力和财政保民生后的支出拮据状况，(1)限期相关部门调整政策特别是各类"内部规定"，大胆鼓励社会游资进入各相关领域。(2)尽快出台已历经 10 年之久而久而未决的产业基金的制度创新。大力鼓励由社会闲资组建各种私募股权基金。对各种名目的"产业基金"，政府职责主要限于规范、管理用纳税人钱进行投资的行为。(3)对近 27 万亿的国有净资产(包括金融)在进一步提高分红比例的同时，实行"部分领域相对或绝对控股"和"有进有出、总体为出"的调整原则，通过市场盘活部分国有资产存量，在给大量社会闲资寻找出路的同时，弥补国家在公共财政建设和扩大低收入者消费中的资金缺口。

5. 扩大进口,加快外汇储备多元化运用步伐。今年在扩大相关产品进口、稳定物价的同时,应加快放宽企业"走出去"的限制。通过允许企业以人民币购汇"走出去",在提升企业实力和竞争力的同时,减少国内货币存量进而减轻国内的物价压力,减少国家外汇储备进而减轻国际收支不平衡压力和汇率升值压力。从总体上看,这可以提高国民的净福利水平和国家整体的竞争力。

房地产行业调控政策应进一步到位[①]

（2011 年 4 月 15 日）

一、宏观调控力度不能松动

调控力度坚决不能松动。从 2010 年底、2011 年初以来，调整中尽管采取了一些行政性措施，市场上也有些非议，但是我认为，整个调整的方向是正确的，而且也取得了一些初步的成效。但仅仅是很初步的效果。在市场中间、在调控中间，不同的声音、不同的想法进行博弈都是可能的，包括物价的风险，前高后低，最高点是中期、年中，下半年可能物价低了，是不是货币该放松了？目前各种各样的声音都有，不管怎么说，我认为方向既然正确，就不能轻易转向，调控力度就不能松动。

既然是调整年，要调整必然会有矛盾和问题，像中小企业资金紧、中小银行资金紧，但各个地方政府促增长的积极性、保速度的积极性一点都不减。尽管在调整，尽管出现一些矛盾，大家的积极性还是很

① 此文曾刊载于 2011 年 4 月 15 日《上海金融报》、国研网。

高。面对这个状况，我们看到困难和暴露的矛盾，在调控上不能打退堂鼓，不能摇摆。否则，全年的调控效果更差。

综合而言，我对当前经济形势的判断是，2011 年是一个调整年，调整方向是对的，调整会遇到困难，而且增长速度会慢慢往下走。面对这种状况，我个人认为，决策者要充分顾及这次调整的艰难性、复杂性，一方面我们把控制物价作为今年宏观调控的首要目标在抓，大家都看到劳动力成本提高的问题、食品价格上涨的中期压力问题，加上输入性通胀又增加了新的不确定性，例如日本的地震、核辐射，可能会带来的一系列反应，以及北非、中东动荡对国际大宗商品价格波动带来的压力。另外一方面，长期积累的结构当中的问题、矛盾要调整，意味着速度会下来。所以，一边是要调控物价，一边是调控中速度要下来，这是今年调整中的复杂性。

我认为，这是全球金融危机后中国经济调整面临的巨大挑战，这是多少年来中国没有见过的。过去我们也讲调整，但是往往都在两位数的高速增长背景下，通过发展来解决调整中的问题。而今年，也可能是今后的一段时期，增长速度趋于合理下降、趋缓，这样的背景下我们不得不进行结构调整，又不得不进行物价控制。对这种状况、局面的出现，我认为要有充分的心理准备，要充分顾及今年调控的复杂性。

二、要坚持稳健的货币政策

目前市场的资金紧不紧？一方面，银行间的同业拆借率还低，资金还不那么紧，投资热度很高，长期资金需求还是比较旺盛。但另一方面，中小银行的资金紧了，企业资金紧了，民间高利贷很高了，资金出现较紧的局面。居民活期存款，3 月份比上个月减少 4500 亿元，企业定期和活期存款比年初减少 1 万亿元。银行资金不紧，市场资金紧，这种结构性问题怎么解释？

在资金总量偏紧的情况下，各地经济增长思路、惯性没有变，全国各地还是积极性非常高，开局之年大搞项目，资金的需求很旺。与此同时，四大银行、各中小银行在前一两年地方融资平台上贷款，很多大项目没有完工，还要续建，还要继续贷款。逼迫中小银行要想尽办法维护前两年的贷款项目，拼命地找资金，所以高息揽存的现象也就出现了。

在这样的背景下，既要实施稳健的货币政策，又要保持实体经济稳定的发展，不能让实体经济大起大落，那么我认为，首先，在资金总量上，对市场发出的信号仍然不能松动，还是要坚持稳健的货币政策。M2 增速 16%指标年初定了，1 月、2 月走得不错，但我们才走完三个月，全年的目标是 16%，今后三个季度是什么状况，很难说。因此，这样的背景下，总的口子不能松，总的指导思想还是要偏紧，否则，调整会有代价。

其次，我们金融宏观政策要打提前量，比如说存款准备金发布时间原来是提前一个星期，是否可以再提前？提前半个月在市场上发布，帮助中小银行尽快了解市场预期、尽快调整资金，头寸不够的调整资产，让他们有所准备，不要逼得太紧。从稳定预期来说，让中小银行有调整资金的主动空间。

再次，目前结构性的问题已经暴露，因此，央行应该加大结构调整的力度。所谓结构调整的力度，就是定向票据、动态的差别存款准备金。国际上有没有这样的惯例？没有。根据中国目前的状况，这可能还是必要的。可以鼓励、激励银行在信贷市场当中加快结构调整。

第四，2011 年 4 月 6 日加息以后，现在我国还是负利率。因此根据经济、金融发展情况，仍然应该不排除当形势需要时进行加息。加息，肯定有利于稳定物价上涨的预期，也有利于经济的稳定预期。但是我们也必须清楚，加息是价格手段，这是央行宏观调控工具箱的一种，价格手段、数量手段要同时并用。

第五，对于社会融资总量，我想谈几个看法。一是在当前情况下，社会融资总量的提出是有必要的。货币供应量的控制，从理论上讲是要通过利率手段传导、控制的。而我们的利率手段没有完全市场化，很难通过利率手段调控。与此同时，我们的金融市场产品逐渐丰富，除了信贷外，各种各样的理财产品、投资产品、投资工具很多，因此中央银行简单通过控制信贷规模来控制经济，已经不够了。整个社会资金向实体经济领域的进入，不仅是银行贷款，PE、股票、债券都很多。因此调控货币供应量不行、贷款规模调控又嫌狭窄，只能提出社会融资总量，我认为是必要的。

但对这个问题，我同时认为又是暂时的，什么叫社会融资总量？一年内通过股票、债券理财产品等工具，有多少资金进入实体经济，这实际是西方国民经济核算中资金流量表的概念，不是什么新鲜的事。我们讲贷款是讲同比，是和年初比、和去年比，要讲社会融资总量这个指标，统计上可以作调整。过去我们没有历史统计，现在怎么比？要补数据，这也可以做到。但这个指标比起资金流量表中的企业资金来源，范围又窄了些，有局限性，而且比起货币、信贷统计，又有一定的滞后性。因此要看到这项统计的暂时合理性，知道这是怎么回事。明确这个道理之后，社会融资总量怎么控制？每月股票、债券发多少？如果政府有关部门下指标控制，这等于是大倒退了。每个企业发多少股票、多少债券，搞多少私募股权基金，暂且不论能否及时统计出来，但如果搞指标调控，不就完全变成计划经济了吗？因此我想对市场讲，今年提出社会融资总量的同时，相信央行对货币供应量和贷款指标仍然需要进行调控，他们会在内部把这三项互相参照，进行调控。未来要按照市场经济的方向走下去，利率要慢慢放开，到那时候，仍然主要看货币指标。从这个意义上说，今天在强调社会融资量调控的同时，对于利率手段、汇率手段的调整，仍然需要运用。

最后，要加快运用好巨额外汇储备。从增量角度讲，要加快发展方式的改变。发展方式不改变，出口占 GDP 比例这么高，中央银行宏观调控的被动局面就难以改变。因此，从根本上讲，要加快汇率机制改革，必须加快发展方式的改变。从存量角度来说，2.8 万亿美元的外汇储备，要加快多元化的应用，让企业能更快地走出去，购买资源、购买能源。

三、房地产调控方向要坚决

我坚持认为，以后要把房地产市场变成消费品为主导的市场，买房是为了住，而不是像买股票一样为了卖。

首先，房地产调控的方向要坚决坚持，房地产调控的信号要进一步明确。对决策者来说，现在调控的趋势、方向不能变，一变更加失信于民。对市场来说，我们不要抱有不切实际的想法，不要用历史经验演绎今后的发展方向，今后的发展趋势、特征肯定和过去的历史不一样。我也曾经说过，不要用炒作股票的思维方式研究、分析房市，告诉老百姓房地产市场怎么走，这是两回事。何况中间磕磕碰碰，还会遇到政策调来调去，变化这么多。

其次，调控的重点是什么？应该是围绕正确的方向来建立房地产市场的长效机制。什么叫长效机制？现在政府部门调控的重心在房价上。现在房价比较高，要稳住房价，甚至让它降一降，但是我认为，从一个国家房地产市场健康发展的长效方向看，政府调控的着眼点，不是价格，应该是制度。把制度建好了，自然会出现稳定发展的房地产市场。

建设长效机制应注意哪几个方面？首先，要抓紧规范中国房地产市场进一步调控的政策研究和政策储备，对很多问题要前瞻性地进行思考，应该选择适当的时机，统一上海、重庆房地产税试点的制度基础；应该淡化统一各地不同的限购政策；某一时点上可以推出高额交易所得税，在交易环节打击投机，同时，要加快保障性住房建设。当前应该尽快出台以保护承租人为主的市场租赁管理条例。另外，土地收入和地方财政、财权和事权问题，是一个大的问题，在讲长效机制的时候，这个问题要同时解决。

最后一点，当前房地产市场的调控要讲究策略，方向不变，要坚决调整。眼前考虑经济增长、结构调整、物价调控，还要考虑房地产，这些矛盾纠结在一起，什么都想要，就要找平衡。改革、发展、稳定当中怎样找平衡？房地产市场有多年累积下来的惯性，房地产的投资水平影响总投资水平的相关系数，远远高于其他行业。去年以来，在总投资水平往下跌的过程中，中国投资占95%的十大行业，九个行业往下，唯有房地产上扬。这意味着为了保证经济的稳定发展，房地产的影响不可小视。要保证经济的发展，我们在房地产市场的调控上，要保留调控的空间，要注意掌握好节奏与弹性。我的建议是，房地产应该调控到位，要再花1到2年时间。

发展亚洲美元债券，制约美元“放水政策”[①]

（2011年6月4日）

背景提示

在美元仍将是主要储备货币、贸易结算货币、投融资货币的情境下，亚洲国家出口导向和高储蓄暂时难以大幅度扭转的约束下，如何提高亚洲经济体手中6万多亿外汇储备的安全性、收益性和可控性？

2009年国际金融危机影响仍未消散之际，国务院发展研究中心金融研究所所长，国务院参事夏斌在2009年提出了创建和发展亚洲美元债券市场这一设想。在2011年3月份南京G20分会上，夏斌再次提出这一建议，引起媒体的广泛关注。就亚洲美元债券市场的必要性、可行性、操作层面等具体问题，夏斌接受了专访。

① 此文为作者2011年6月4日答《21世纪经济报道》记者问。

一、从国际金融的“答题者”到“出题者”

记者：您认为，建立亚洲自己的美元债券市场的目的是什么？

夏斌：从根本上讲，是为了应对现有以美元为中心的国际货币体系的缺陷，维护亚洲进而维护全球经济的稳定发展。具体可从这次危机说起。

这场金融危机的根源，一方面在于2001年以来美国宏观政策的失误，另一方面，之所以一个国家的宏观政策失误能惹出涉及全球的这么大的事，就是因为当今全球的货币体系是以美元为主导，这个体系有问题。但是，今天谁对它都无奈。当今世界没有出现像1944年前后取代英镑的那个美元货币。因此，要改革这一体系还是个漫长的历史过程。

在短期改革不了的情况下，美元采取一次又一次的放水政策，对美国国内是有利的，但对非中心货币国家、发展中国家的不利，也是显而易见的，因此世界上应该有其他的措施予以制约才好。

我认为，发展亚洲美元债券、融资市场就是其中一个制约。即，你多发货币，只顾自己，货币充斥国际市场，应该设法让这些货币流入实体经济，而亚洲经济是发展很快的地区。

长期以来，中国是不太主动去关注国际金融上的事，更多的是国际金融事务上被动的“答题者”，不是“出题者”。现在中国自身做大了，国际上的事大多与中国紧密相连，因此中国应主动关注这些事。主动去参与国际货币体系的改善。

我在《中国金融战略：2020》一书中说过，要注意“另外一条战线”的金融事务，除国际货币体系改革外，比如“上合组织”中的金融合作、对拉美、非洲货币合作的支持，还包括亚洲其他的金融合作等，都应该予以关注，因为这都与我国发展的外部环境能不能稳定相关。

记者：那么亚洲是否已经形成了发展这一市场的条件？

夏斌：从亚洲地区的基本条件看，是成立的。亚洲地区经济增长动力强，是今后10年、20年全球增长最快的地区之一。同时，整个亚洲地区储蓄高，外汇储备最多，有6万多亿美元，但是其中又有些发展中国家存在增长潜力，却缺乏建设资金。

建设亚洲美元债券市场，就是要尽可能做到用亚洲的资金来支持亚洲实体经济的发展。比如越南、柬埔寨，如果需要资金又有好的项目，就可以在亚洲美元债券市场上发债筹资，中国等外储多的国家，用美元外储去买，来支持亚洲地区的经济发展。

记者：这个市场的可行性在哪里？也就是说如何看回报率？

夏斌：讲市场可行性主要是讲市场形成的基本条件，这在前面已说了。至于回报率，近期危机中大家看到了美国金融市场的"避风港"作用。但是从中长期看，主要还是要看实体经济面。只要今后国际经济、政治面不出大的变化，世界权威组织都已预测，亚洲GDP到2030年将要占到全球GDP的一半，必须要看到这一历史趋势。

现在亚洲资本市场短缺，有些国家资金缺乏，如果在今后3年、5年的市场起步阶段，选择优质的机构企业和融资项目，这些债券肯定会有稳定的、较高的投资回报，甚至有可能吸引欧美资金过来。

记者：建立亚洲自己的美元债券市场对中国、亚洲及全球经济的意义有哪些？

夏斌：首先，发展亚洲美元市场，对亚洲经济高速发展的支持意义是明摆着的。不仅如此，亚洲经济已是世界经济的重要一极，当然，支持了亚洲经济，对全球经济的稳定发展肯定是有利的。

其次，现在亚洲各国的大量美元外储是拿到美国金融市场上投资，美国经济一时难以消化，就容易造成全球范围内的流动性过剩。导致国际上资本跨境流动活跃，对各国汇率、资本管制造成冲击，国际金融市场越来越不稳定。如果用美元投资亚洲实体经济，可以对冲这一风险，有利于稳定国际金融局势。

第三，中国与亚洲经济一体化的程度越来越高。周边国家经济发展起来了，会产生很多新的进口需求，这有助于带动中国的出口、产业的发展和消化部分的过剩产能。

另外从长期看，亚洲美元债券市场的发展，也会间接抑制美元政策对全球经济不平衡带来的负面影响。长久以来，美国之所以敢于长期超发美元，推动双赤字，原因是美国政府预计到，鉴于纽约国际金融市场的魅力，多发的美元最后会回流国内，因此政府不怕赤字，不断发国债，不担心美国还不起钱。

这个回流，可能是美国在海外公司的利润回流国内，但主要是发展中国家经济成长后，积累的大量外汇到美国进行投资。如果亚洲美元市场形成后并形成一定的规模，亚洲各国包括其他地区更多的美元，不去美国市场买美国国债，却到发展中国家去投资，这些美元就会用于在世界市场上购买物资。

因此如果美元长期超发，最后世界市场因货币过多而引起全球物价上涨，美国是一个进口大国，进口成本自然也会增加。通胀的预期会推动美国市场上的利率上升，对它的宏观经济金融政策会有制约作用。从中长期看，必然会有这样一个循环。

二、中日韩合作至关重要

记者：欧洲也有离岸美元市场，请问亚洲这个市场与欧洲的区别在哪里？

夏斌：欧洲美元离岸市场是被动的，自发形成的。

当时因为美国的税收制度导致很多美元留到了欧洲；加上美苏冷战的政治因素，苏联有一部分美元放在欧洲。欧洲美元多了，自然推动了美元离岸市场的发展。而亚洲这个市场是我们主动提出，去主动推动的，其深刻的制度基础，是基于当今世界的实体经济流和资金流的不协调，这是不一样的。

记者：有资料显示，1971 年，新加坡发展银行发行了 1000 万美元债券。为鼓励其发展，1980 年 4 月新加坡取消了亚洲美元债券的印花税。1992 年，亚洲开发银行发行小龙债券(dragon bonds，亚洲美元债券)，是在日本之外的亚洲发行的债务工具，拥有新加坡、中国香港地区与中国台湾地区的台北三个区域中心。自 1991 年新加坡发展银行发行第一期债券以来，已经发行了 10 多期，包括在中国内地发行了一期，这一市场已经超过了30亿美元。请问您如何看待这个市场？

夏斌：基于新加坡的自然禀赋状况，李光耀及后来的政府是非常注重新加坡金融中心的建设，新加坡金融业也已成为新加坡经济中的一个重要产业。

在这方面，他们做得很不错。我们的台湾地区也曾提出要搞“亚太运营中心”的战略。香港地区已是亚太地区重要的国际金融中心城市，自然要发展各种金融工具。但是，金融是讲集聚效应，讲市场深度的。尽管大家都在搞，但分散了，其效应与作用就不明显了。

记者：如果建设亚洲美元债券市场，是否可以说新加坡在其中占据了主导地位？现阶段中国应该如何发展扩大其影响力？

夏斌：从目前看，新加坡先占一筹。若新加坡这个市场能搞大、搞好，这对稳定国际货币体系，支持亚洲经济发展自然是好事，我国政府应该支持。至于现在为什么不能尽快拓展，原因是什么？我没有作深入调研，不好说。

但我认为，我们应该看重的是，应尽快把这个市场搞起来，而不在乎是在亚洲哪个城市搞。谁最有条件搞，大家应该支持谁。

记者：亚洲美元债券市场在学界的讨论有一段时间了，为什么长时间没搞起来，有什么阻力？如何解决？

夏斌：中、日、韩是亚洲经济中三个重要的国家，三者的合作至关重要。过去一个时期，有合作，但困难也不少。进一步的合作，关键是中、日、韩三国的政治领袖要有战略眼光，要开明，要对三国金融战略合作有紧迫感。只有这样，才能求大同存小异，尽可能给予地区内不发达国家支持。

亚洲债券市场发展起来了，对这三个国家经济发展都是有利的。而且这三个国家都有相当大的经济实力，在亚洲债券市场形成之初，应该持“支持大于追求高回报”的态度。等市场正常运转起来后，回报率方面应该是没有问题的。退一步说，如果三国暂时合作有难度，其中两国的合作同样是重要的，同样能发挥作用。

三、搭建市场框架藏汇于民

记者：具体的市场框架如何搭建？

夏斌：具体问题，如谁来发债、怎么发、担保机制、评价机制、评级机制和市场地点（是在东京，中国香港地区还是新加坡，上海），这些都可以进一步研究。从评级机构看，世界三大评级机构的评级要求，是否完全符合亚洲情况？它们是否支持亚洲美元债券市场？如果不适应，或者不支持，亚洲市场力量应尽快联合起来，构建大家可信的民间评级机构，现在亚洲仅有一个较务虚的评级协会之类的机构。同时，尽快发展亚洲债券清算支付体系是同样重要的。

记者：您能否预计该市场买卖双方的具体情况？

夏斌：应该包括区域内所有的有买卖需求并符合一定条件的机构。发债方可以不仅限于主权债，还可包括企业。当然也不排除区域外的主权债与企业债。这个市场名叫亚洲美元债券市场，但供需双方可以是面向全球的。

在这方面，现已经成立的亚洲债券基金第一期10亿美元、第二期20亿美元，主要投资于主权和准主权债券。我看，从亚洲经济发展势头看，这规模远远不够，投资范围也窄，不利于债券市场的发展。这个市场的发展，最初可能需要各国政府的支持，但市场最终的发展，还是要靠市场力量去推动。

记者：这个市场形成后，中国的老百姓与这个市场有什么关系？

夏斌：针对中国目前的巨大外汇储备和外汇主要集中在国家手中的状况，应加快藏汇于民的步伐，鼓励机构去投资，也可支持老百姓去投资，逐步放大资本管制的口子。企业机构和老百姓拿人民币换外汇去投资，人民币回流中央银行，也可以减轻市场上货币供应过多的局面，减轻物价上涨的压力。

这件事，本人与市场已呼吁了好长时间，有关部门应抓紧修改原来的规定。在QDII审批方面，要加快放松。主要机构投资者如果能筹集到资金，说明老百姓相信他们，他们有能力赚钱，原则上都应支持。

四、在岸与离岸市场的关系

记者：最后问夏老师一个问题，亚洲美元债券市场和人民币离岸市场、人民币国际化有什么关系吗？

夏斌：亚洲美元债券市场是相对于美国在岸债券市场的亚洲离岸市场，人民币国际化进程中的香港人民币离岸市场，自然是相对于中国境内在岸市场的一个离岸市场，自然性质是不一样的。

目前，人民币离岸市场重点在香港发展。现在香港不管是什么币种，债券市场的发展规模远不如股票市场。随着人民币离岸市场的发展，随着中国资本账户的逐步放开，美元兑人民币的口子会逐步放大。这样，除中国外，境外机构也可在香港市场上发人民币主权、准主权债，商业机构可发企业债，境外人民币持有者可自由投资香港的人民币债券市场。

届时，人民币与美元债券的交易、支付清算系统可以是同一系统，所不同的只是债券币种不同。两者在同一场所、同一平台交易，操作便利，从而增强了市场的深度与广度，能活跃市场，推动美元市场的发展。当然，这种交易模式，上海待条件具备后同样也可以干。

目前，对上海这一在岸市场而言，只要抓紧研究，放开境内人民币债券市场对境外投资者的投资限制，债券市场的发展会比香港市场发展快，其结果也会间接地有助于亚洲美元债券市场的发展。

微博摘录:调控要适应经济发展的内在逻辑[1]

(2011 年 6 月 26 日)

当前中国经济发展内在逻辑决定,经济增速将进入趋缓新平台。过度反向调控只能增大周期震荡,其影响只是时间而已。物价问题由经济周期性和结构性因素所致。因此即使周期性因素(货币因素)减弱,由于结构转型时期的工资上涨、资源价改革、非贸易行业发展,价格仍会出现温和上涨,对此决策部门要有政策准备。

---

① 此微博发表于"新浪微博"、"腾讯微博"、"网易微博"。

站在国家的土地上思考[①]

（2011 年 7 月 8 日）

背景提示

夏斌作为中国当代最有影响力的经济学家之一，独特的成长人生轨迹，让夏斌能够一直站在国家的土地上思考，他的经济学思维方式带着浓重的国家主义路径。

夏斌的话机非常敏捷，当我们的问题还没有说完，他就知道我们的意思，接过话头，滔滔不绝地展开了。

无论如何，这都是一个极有趣味的学者。他的办公室里到处都堆放着书和资料，非常凌乱，看上去没有秘书帮他打理。唯一的绿色，是窗户边上的一颗巨大的仙人掌，足足有两米高，表明这个办公室的主人，虽然身处各种纠缠之中，但思想的指向，却是绿色的，发展的，倔强的。

夏斌显然不是那种象牙塔里的纯粹理论经济学家，他说自己一直站在国家的土地上思考，他的经济学思维方式肯定是国家主义路径。有一次，他说起美联储的各种政策，说起这些年美联储发放的

① 此文是作者答《新财经》苏小和记者问，刊载于该刊 2011 年第 07 期。

天量的美元，说起2008年的金融危机，他像所有崇尚理论趣味的经济学家一样，把怀疑和批评的重点，自然放在了美国政府的货币政策上。不同的是，当他回忆起美国政府高官讲起危机中走进美联储地下室，看到摆放在那里的一排排的黄金那种金黄颜色的话语，可以看出来，这深深刺痛了他的神经。

这似乎在说，他比谁都懂得金融领域的金本位效应，黄金的战略地位。某种意义上，这就是美国人的底气，或者说是一个国家的底气。

没有人能真正把自己抽离出来，将一个人的命运和一个国家的命运放在一个纯粹的市场里观察，思考并行动。每个人的行动都有长期和短期的考量。在长远的角度看，夏斌显然深深赞同一批自由主义经济学家的怀疑与批评。但是夏斌说，生孩子是一个具体的过程，没生过孩子的人，怎么能理解肚子的疼痛呢?

正是将自己放在一个身体力行的位置，夏斌这些年主要的工作，就是孜孜不倦地在构建一个国家的金融战略。既是一种理论的展开，也是一种实际的操作，既是一种全球视野的战略，也是针对国内市场的一种定量分析。有人看见夏斌的宏大构想，甚至夜不能寐，夸赞他是这些年来，一个真正的中国人站在世界金融的大背景下，对中国的金融进行的一场志存高远但却又切合实际的战略设计。

这样的战略，是切合中国实际的。某种意义上，无疑是中国金融的福音。

记者:最近这两年货币超发的问题,温总理也提到,要关注通货膨胀背后的货币因素。

夏斌:近两年货币流动性是多了,原因也很多。

第一,与中国的增长方式有关。货币不是人民银行想发多少就发多少,而是因为出口太多了,被动地发。到现在为止,尽管在通过准备金率等各种手段不断对冲,流动性还是多,这是第一个概念。

第二,并不是像媒体上所讲的货币超发45万亿元,而是用货币存量减去GDP流量,一个是存量,一个是流量,这么简单一减,多出的部分就是超发。中国和美国金融市场结构不一样，不能简单相比。现在75万亿元的存量，即货币供应量，表现为银行的负债方，表现为大家的存款和现金。央行通过提高存款准备金等对冲手段进行回收流动性，比如说收回20%，那就有15万亿元，它们像堰塞湖一样，被深度冻结在中国人民银行。作为商业银行吸收的存款，但是不能贷款，被冻结了。从这个意义上说，讲货币超发，起码也应该减掉这块吧，所以我说，承认超发，但是上述那种减法，表述不准确。

记者：您《中国金融战略：2020》这本书里有一句话我特别喜欢，我们不要去照搬教科书，要用人类近代史的经验考虑今天的中国金融战略。由此我想到几个历史事实，1929年的美国胡佛总统，他当时通过政府超发货币刺激经济，还有一个是日本经济，停滞的10年之前，也有一个超发的过程。很有意思，这些历史的案例，都出现了政府会超发货币的方法，都遇到了金融危机，但最后都是超发失败导致了国家经济的大衰退。我的意思是，如果用历史的经验看当下的中国，是不是悲观了一些？

夏斌：最近，史蒂芬·罗奇说过，中国与其他国家有十个不同。IMF前天报道，中国经济预计将在2016年超过美国，要成为世界第一。与此同时，纽约大学的鲁比尼教授曾准确预测美国金融危机，他这次在国际上预测中国要在2013年出事，当然他没有用到“危机、崩溃”这些词。

对于这个问题，我认为从长远看，中国仍有高速增长的潜力、机遇，但是这个潜力最终能不能发挥，机遇能不能变成现实，需要我们在当前的结构转型中把握好。我认为，这两年是很关键，转不好的话，鲁比尼教授的预测将会有30%的可能性。这些问题现在并没有解决。最近大家看到经济有些下行，股市跌了，又在担心“硬着陆”，担心“超调”，呼吁政策要转向，要放。市场现在很纠结，很困惑。一方面都看到中国过去那种增长方式要出事，另一方面看见现在资金一紧，经济稍微下行了，就要求放松政策，很矛盾。

记者：关于中国的金融战略，您是从2007年开始构想的，那时显然您没有考虑到2008年全球金融危机的爆发。

夏斌:记得我在2006年和蒙代尔一起参加人民大会堂一个论坛的时候,当时格林斯潘正卸任,全球包括中国的媒体在大肆赞扬他,而我不这样认为。我当时说,格林斯潘的政策遗产,也许对美国国民来说是好事,但是对于全球来说,是福还是祸,还有待历史的检验。我没有那么高明,尽管没预测到2008年的金融危机,但是我对格林斯潘的政策是早已有所怀疑的。

记者:可以稍微展开一下吗?

夏斌:比如说,今天讲全球不平衡,危机刚开始,海外很多人说是华尔街贪婪造成的。我说华尔街贪婪?难道北京的金融街不贪婪?上海的陆家嘴不贪婪?英国的伦敦城不贪婪吗?我的观点是,贪婪是人类的本性,是人类几千年、上万年的遗传基因,贪婪不是危机的根本原因。后来有人说监管不力,我说,到底是监管不力,还是不愿意监管?2004年,美国证监会管理规定还在放松高杠杆,2005年,还没当美联储主席的伯南克等主流经济学家,还在喋喋不休讨论美国经济不平衡可不可以持续的问题。一些人认为,只要中国不停地出口赚外汇,外汇不停地投入美国,美国就能不停地刺激房地产。所以我说监管不是危机的根本原因。

根本原因是什么?我认为在这轮全球化中,上世纪70年代出了三个人物,邓小平、撒切尔、里根,他们都是倡导自由经济战略。邓小平带领中国打开了国门,把全球资本和大量廉价劳动力结合起来,产生大量的廉价商品,提供了全球化的发展。美国则是错误判断这一轮全球化形势,2001年后长期实行低利率政策,从6%多降到1%多,扩张信用与贷款,刺激房地产,鼓励大家赚钱。而美国GDP的70%是消费,大家赚钱,大家消费,GDP上去了。美国之所以能这么做,客观深刻的制度原因,是当今的国际货币体系以美元为主导,他能够利用这个制度。换句话说,中国、日本、欧元区政府犯同样的决策错误,能引起世界当今这么大的危机?不可能,利用不了这个制度。

因此归纳起来说,危机是美国错误判断了形势,后院着火了。现在国际社会都提出要改国际货币制度,都开始看到这个根本原因了。我是早就把这两个问题联系起来看的人。所以,危机根本原因应该就是这条。当然，监管问题也是不能轻视的问题。如果宏观政策不失误，监管问题也有可能就不那么突出了。决策失误问题，美国政府是不可能承认的。

记者：您的关于2020年中国金融战略的构成，看上去很恢弘，我想问，2008年的金融危机，对您的金融战略构想，有延缓的作用，还是有促进的作用？

夏斌：危机对我的构想是一个促进，一个丰富，一个深刻的思考。原来有些问题想得比较浅，在危机中促使我想了更多的事，想来想去，更坚信了我认为中国应走的道路，更坚信了我提出的战略方向。

一、宏观调控之下的中小企业

记者：有一个问题我想您很清楚，国有企业的领导谈投资，他思考的是投资的规模，可对于民营企业来讲，却是资本严重匮乏。一方面是国有企业的钱花不完，一方面是中小企业大量倒闭。我刚从广东回来，发现很多中小企业搞不下去了，这个事情怎么办？

夏斌：对于中小企业在这轮紧缩中发生的倒闭现象，要客观地看。有的是属于政府融资政策没搞好，财政政策灵活性、针对性不够，支持不到位；有的属于中小企业经营确实是不行，该淘汰了；有的是因为前一阶段产能过剩，看到做实业赚不了钱，去玩房地产，玩其他投机。现在货币一紧，资金链断了，这也是个原因。

对于国有企业投资问题，我的观点是，垄断的构架一定要改。中国现在的金融你可能没有感觉，就是银行、证券、保险、基金等任何的金融机构，都是由国有大中型企业控股，像中国移动、中石化等控股。这种现象是我们社会主义市场经济应有的方向吗？我认为不是。但又为什么会造成这个状况？1997年亚洲金融危机时我在人民银行当司长。在整顿信托机构的时候，发现有些机构资本金输光了；有些因为民营资本经营不善；有些因为民营资本做了点坏事，但这是个别。为了尽快使这些金融机构充实资本，所以拉了一些大型企业进来，这是历史的必然，也是历史的需要。但是现在事过境迁，是不是永远要这样？要打个问号。

从另外一个现象说，比如说房地产业，我们现在要国有企业退出来。曾经有一个大型国有企业总裁对我说："我们炒房地产，赢了，钱还是国家的。民营企业炒房地产赢了，是暴利，那是他自己的。"我没回答他，也没批评他，因为给他面子。

在这个问题上，我阐述什么观点呢？国有企业是共和国的长子，现在共和国有很多"小儿子"，就是很多行业需要发展，财政没有钱，养老、医疗、保险等都缺钱，现在需要救"小儿子"，救很多行业。因此应换个角度来管理。国资委应该怎么管呢？就是不要你国企去赚这个钱，或者把他赚的钱分红，多收一点，甚至撤回一点股本，去支持消费，调整结构，这才是真正的大事。

记者：从您的陈述里，我意识到两个问题，一方面是激活市场，一方面则是淘汰。但我看到的是，货币政策紧缩，导致好企业倒闭，真正原创性的，有市场价值的企业反而淘汰了，但另一方面，当政府发行足量的货币之后，我看到有一批垃圾企业，一批注定靠着政府货币政策赚快钱的企业，却又死里逃生，活过来了。这在市场的意义上，我认为是毫无意义的。但与此同时，我看到在温州、福建、广东，真正有发展潜力的企业，却因为没有资金而被淘汰了，这个怎么解释呢？

夏斌：你说的确实是应该解决的问题。也说明前几年宏观调控有不成熟的一面。在这一轮调控中，我认为确实是到了真正关键的时刻，大量的矛盾已经积累到了这个地步，如果再不调整，就会出大问题。关键问题是要处理好改革、发展和稳定三者的关系。什么叫硬着陆。9.5％就硬着陆了？甚至8.5％就硬着陆了？我认为是否"硬着陆"，关键是看在货币紧缩中，能不能把老百姓的民生问题解决好。如果能解决好，速度该下来就让它下来。长期始终保持两位数的发展速度，问题很难处理。现在到了关键的时刻，中国经济增速已经走到了趋缓增长的下一个平台的历史时期了。

我的意思是说，当前中国经济的矛盾，一个是经济周期在起作用，一个是中国经济结构的内在发展逻辑在起作用，必须等量齐观，合理处理。这次调整和以往的调整相比,难度更大,空间在缩小。过去我们可以通过发展解决问题,现在发展的速度不能像过去那样11%、12%的两位数增长了,这个矛盾就更尖锐了,政府确实很难。

二、GDP情结与今天的中国经济学家

记者:想和您聊聊这些年大家挥之不去的GDP情结。我读到的历史,1883年之前,从1820年到1883年,晚清迎来了一个经济增长的高峰期,那时候的GDP还是不错的,亚洲第一。

夏斌:我似乎记得,1832年,晚清的GDP占全球的份额最高达到32%,是全世界最高的。

记者:我关注过这一历史时期经济增长背后的各种市场化因素,比如民间的借贷非常自由,利率在市场里自由浮动,大量的外资进来,口岸经济,催生了相当有深度的竞争体系。有意思的是,晚清政府并没有有意识地主导这一轮经济增长,反而是民间资本的自由化拉动了经济。我的意思是,有没有可能,我们今天的经济,可能还在原地,甚至比原地有所退步?比如说,银行连续几次调整,都是在银行准备金上做文章,而没有在利率上做文章。

夏斌:从历史的大跨度一下子降到眼前的具体问题与政策,很复杂,一两句话说不清。我只能回答,眼前应尽快转为正利率,不管是从经济学角度,还是从社会角度,好处很多。从长期看,中国要拥抱全球化,千万不能放弃。

记者:现在围绕中国经济,经济学家基本上是两个体系,一个是体制外的,一个是体制内的,比如说许小年、陈志武教授就主张尽量放开市场,而李稻葵等教授则一直沿着政府的思路在说话,您认为呢?

夏斌:我认为不能这么简单地划分体制内和体制外。许小年、陈志武等人说的市场方向是对的,长远方向我也这么认为,但是就像我那本书里讲的,中国现在是"金融弱国",在全球化国际背景之下,中

国怎么走要好好研究，坚持市场化方向并不意味一天内马上全部市场化。现在怎么办？一步步怎么走？马上完全放开肯定不行。如果资本项下完全放开的话，美国滥发货币，中国目前是受不了的。竞争之下，很多企业要倒闭，工人要失业。现在主要的问题，是要了解："我是谁？我现在在哪里？我能往前走多远？"然后再研究到具体的政策层面。用体制内、体制外这个划分不太合适，体制内不少人明白要走的方向是什么，重要的是如何一步一步往前走。我始终认为，重要的不是简单地批评，而是要有切合实际、能解决具体问题的点子。

记者：您提倡国内金融的充分市场化，涉外金融的有限全球化，我发现这是一个很有意思的问题，百年以来，涉外的金融是完全的市场化，国内的金融完全是计划经济化。

夏斌：不是这么理解。从国际体系上说，现在是一个市场化的体系。中国几十年来正在从计划向市场过渡与转轨，在汇率、资本管理等这些特指的涉外金融领域中，我们并没有完全的市场化。现在我们的问题不是更快地对外开放，而是对内要尽快地开放，像刚才说的民营企业问题、利率市场化问题，要尽快地市场化。涉外金融完全市场化、全球化，我们没有放弃。但因为现在还是"金融弱国"，在全球金融市场上跟人家打拼，要有自己的本事，现在还差一点劲，经济结构及国内金融市场化问题还没有很好解决。所以在汇率问题上，在资本管制问题上要一步步来，人民币国际化问题上也要一步步来，这就是涉外金融有限全球化的意思。

记者：您觉得，到2020年，这样的目标可以达成？

夏斌：我想2020年只是一个时间段的概念。金融完全开放的具体时点，可能是2019年，也可能是2021年。国务院已经提出，到2020年要把上海发展成国际金融中心，什么意思呢？潜台词就是包括汇率、资本项下基本完全放开的意思，提的也是这样一个目标。

记者：有人因此就揶揄，连人民币自由兑换都遥遥无期，上海国际金融中心不是有点贻笑大方。

夏斌：所以目前在加快人民币国际化的进程，自然包括人民币自由兑换的内容，2020年就是一个奋斗目标期。如果这个目标能实现，你想想，最近IMF预测的，2016年中国GDP赶超美国，到2020年中国经济的规模是世界数一数二了，这么大的经济体，金融市场彻底放开的话，人民币资产市场自然是世界数一数二的市场，上海自然是国际金融中心了，这是很简单的逻辑。

当前的经济局势与政策[①]

（2011年7月11日）

面对年初以来政府采取的一系列调控措施，目前有些宏观经济数据已出现回调，但是物价上涨压力仍然较大，二线、三线城市房价还在上涨，同时中小企业融资困境又凸现。因此市场上有些人士开始担心“超调”、“硬着陆”，呼吁“要转向”，有的甚至在等待7月份、8月份中央政策的改变。同时，长期以来面对中国经济发展中的不可持续及担忧，大家也都同意，中国经济要真正步入良性发展轨道，必须转变发展方式。然而真要转变，又感到困难重重，缺乏信心。因此总体而言，面对当前复杂的局势，市场上存在一系列的疑虑、困惑与纠结。

---

① 此文根据作者2011年6月10日在FT中文网青岛论坛上的发言内容整理而成，刊载于2011年7月11日《中国证券报》。后作者基于此文内容在2011年7月11日国务院组织的经济专家形势座谈会上作了汇报发言。

一、要正确认识中国目前所处的经济发展阶段和经济运行的特征

如何解决上述的疑虑、困惑与纠结？特别是面对6月份可能更加“不尽如人意”数据的公布，如何使人们对中国经济发展方式的转变真正树立起信心，全国上下同舟共济，克服困难？这首先必须对形成当前的困惑和纠结的原因作出深刻的分析，特别是基于对中国当前所处的经济发展阶段特征和经济运行特征的客观认识，从理论上作出清醒的判断，并在此基础上能拿出一整套对症下药的、有效的调整政策，而不是零星的、行政性的短期政策。唯有这样，才能使人们真正相信，中国发展方式的转变是可能的，也是有希望的。

(一)当前经济发展阶段的特征

中国目前经济的外部环境，正处于美国危机后持久的深刻的全球经济结构的调整阶段。

2003—2008年，曾使国人兴奋的中国经济两位数的高增长，是通过积极参与经济全球化过程而取得的。此刻的全球经济，同样也是低通胀、高增长的繁荣时期。全球经济为什么曾出现“过度的繁荣”？重要原因之一，是世界第一大经济体美国，借助了美元在国际货币体系中的特殊霸权地位，大力推行扩张的信用政策、巨额赤字、寅吃卯粮，在刺激本国经济繁荣的同时，带动了全球经济包括中国经济的繁荣。这种由世界第一大经济体带头扩大信用而刺激起来的繁荣，从长期看，原本就是不可能撑下去的。因此最终在2008年爆发了蔓延全球的美国危机。所以如果深度分析这场全球危机的本质，危机实际上是对过去美国“高消费、低储蓄”、以中国为代表的“高储蓄、低消费”这样一种全球经济失衡的结构调整，是对危机国家银行资产负债表的缩水、修复过程。自然，这一调整过程是漫长的，在这过程中必然会带来全球经济增速的放缓。作者曾在2008年年底预言，我们不要指望美国经济在危机的2年、3年后能马上再恢复到3.5%的增长。最近，美

国原财长萨莫斯也已发出担心：美国经济可能会重蹈日本经济“失去的十年”。因此，面对全球结构的深度调整，作为全球出口第一大国的中国而言，就是外部需求减少的过程，而且这一过程绝不是一两年时间能解决的。这是正确判断全球危机后若干年内中国经济发展阶段的一个重大特征。

中国经济发展的内在逻辑力量，支配了中国经济未来的增速将逐渐趋缓。

不管任何国家，一国经济不可能长时期以两位数的速度高增长。尽管我们清楚，从长期看，中国经济仍然存在相对其他国家高速增长的潜力和机遇。同样我们也清楚，即使暂时撇除环境、资源的制约因素不说，国际经验表明，在人均收入接近 5000 美元左右的时期，过去那种长期高增长的投资局面将难以维持；在社会两极分化较为严重的时期，解决消费的快速增长同样需要一个过程；而且，劳动力成本正趋逐渐上升，以及外需又处于较长时期的调整、减弱。因此，从趋势看，未来中国经济必然处于一个从过去两位数高增长的平台，逐步迈向相对趋缓增长的平台。这一趋势是中国经济发展的内在逻辑力量决定的，并不是经济周期性的问题，也不是宏观政策力量所能简单支配、调控的。此时如果采取相反“过度的”政策调控，只能使经济震荡加剧。所不同的，只是表现时间的早晚问题。

（二）当前经济运行的特征

迄今的中国经济是大量结构性矛盾与周期性矛盾交错、重叠的时期，是大量历史问题累积的时期。例如，在原有经济结构问题尚未解决的情况下，前两年为了克服美国危机的影响，中国与世界“同舟共济”，方向是对的，但是在操作上投放了过量的货币。过度的投资在加剧原有结构矛盾的同时，自然进一步推动了经济周期趋热的特征。又如，在一定意义上主导着中国经济增长的房地产市场，本来就存在长期以来自身严重的市场结构问题没解决（如廉租房建设滞后），2009 年初以来，房市调控方向的变化和政策的反复，又放大了周期性的泡沫压力。再如，在我国消费增速不能尽快提高的情况下，危机复苏中曾采取的一系列稳定经济增长的政策，尽管强调了民生和消费的支出，但在量级比较上，多半还是采用了多年习惯的鼓励投资和出口的政策。其结果，往往是伴随着美国等国经济复苏中的反复，进一步使中国经济结构性与周期性矛盾的交错更趋于复杂化。

结构转型时期物价上升的压力，恰恰遇到明显的经济周期特征的影响。本来从趋势看，中国的物价正处于一个相对温和上涨的时期。也就是说，当前的中国经济即使没有美国两次量化宽松货币政策的影响，没有前两年货币刺激政策的影响，自身人口优势的逐渐减弱，工资成本的逐渐提高，资源价格的改革，以及结构调整中增长动力正由可贸易行业向不可贸易行业的部分转移，都会引起整体生产效率的下降，这些因素都会引起物价总水平的上升。但是“屋漏偏逢连夜雨”。此时正好加上美国货币大量放水的影响，引起了全球大宗商品价格的动荡和上升，形成了我国物价上涨的输入型因素，以及前两年我国自身“天量贷款”的刺激，必然造成 PPI 和 CPI 上升加快的压力。由此可见，这些结构的、周期的，国外的、国内的因素，综合形成了当前我国物价上涨的压力（当然，仔细分析，还有近期的气候因素、物价统计中的翘尾因素等）。因此可以说，即使在国内、国外周期性货币因素减弱后，伴随着中国经济结构转型的一个较长的时期，物价问题将始终是一个必须关注的重大问题。

除以上两个特征之外，近几年出于宏观调控困境而无奈出台的一些行政性措施，又扭曲了市场的信号。这些措施在暂时部分解决了宏观调控目的的同时，却积累了不少新的问题，为中国经济进一步的市场化结构调整，增添了新的压力。这又需要通过进一步的深化改革才能得到妥善解决。

二、面对当前的经济困境，应该怎么办？

从经济逻辑说，针对前两年多投放的货币（不管是由外汇占款原因还是其他原因引起的)，即目前高达75万亿元的过度的货币存量和最近物价上涨的压力，毫无疑问，理应紧缩货币；针对危机后全球需求的减弱、中国自身过度投资的不可持续，要追求中国经济未来持续稳定的增长，只能加快消费的增长。但是，货币紧缩后，消费增速一时跟不上，或者，消费的增速不能及时填补出口与投资增速的下滑，其结果，必然是经济增速的下滑。因此这时市场上产生"硬着陆"的担心和对宏观政策"转向"的期盼，也就不足为奇了。

面对这种局面，怎么办？作者认为，在抉择下一步的宏观政策前，必须厘清以下三点认识：

第一，什么叫"硬着陆"？相对2007年12%的GDP高增长，或者说相对去年10.7%的增长，今年增速如果减少1—2个百分点，是否就是"硬着陆"？最近市场上对"硬着陆"的议论较多，但对此并没有作出明确的定义。作者认为，经济增长减速多少本身，并不能足以解释是否"硬着陆"。在中国目前，观察是否"硬着陆"，关键看两条：当采取宏观紧缩政策后，经济增速出现放缓，一是是否直接影响了社会的稳定(包括失业率的提高)？二是是否直接影响了整个金融体系的稳定？只要整个金融体系是基本稳定的(个别小金融机构经营困难是自然的市场现象)，社会是基本稳定的，就不必担心"硬着陆"。由此意义上也可以说，是否"硬着陆"，实际上不能仅仅看货币政策的松紧程度，还要看对失业人群的再就业、失业保险、失业救助、社会保障等各项财政政策的落实情况。

第二，如何理解"今年宏观调控的首要目标是调控物价"？毫无疑问，把调控物价作为今年宏观调控的首要目标，既有利于解决周期性问题，也有利于解决结构性问题。但是如前所述，由于物价问题的复杂性，即使通过这轮货币的紧缩，物价上涨中的货币性因素减弱后，今后由结构调整、价格改革和工资上涨等因素引发的物价温和上涨，仍会持续一个时期。因此，政府决策和市场应对此要有个平和的心态和政策上的准备。即面对可能出现的温和的物价上涨，政府需要及时出台政策，以重点帮助低收入群体确保实际生活水平的不下降。唯有这样，才能实现物价温和上涨时期中国经济结构的调整。

第三，具体怎么掌握“稳增长、控物价、调结构”的关系？三者之间，谁主谁次？谁先谁后？这在西方经济学中根本找不到理想的答案。唯一的答案，中国仍应延续自身过去30年改革开放取得“人类经济奇迹”过程中的主经验、主旋律，即要处理好改革、发展、稳定三者间的关系。把握好调控与改革的力度，讲究各项政策的平衡艺术，这是对中国政府决策的最大挑战。同时也要树立信心，因为比较过去特别是上世纪的80年代、90年代，已成为世界第二大经济体的中国，今天比以往任何时候，更有物质条件和财力基础，能较好地掌握三者间的相对均衡。

在具体行动上，去年底中央经济工作会议已明确指出：转变发展方式，是科学发展的主题。加快结构调整，是转变发展方式的主线。那么，当前中国最大的结构问题是什么？作者曾在2009年提出，在危机后经济全球化的新阶段，面临外需的减少，中国经济要想继续保持持续的高速增长，必须是扩大内需特别是扩大消费，加快推进大国经济体以大国消费为主导的结构调整。然而，中国迄今为止的增长模式、政策框架、执政经验及其最后体现的经济结构特征，都是与原来保持两位数高增长及其路径相吻合的，应该说，这本来也是有其一定的合理性。但是，现在情况发生了变化。面临新的经济局势，过去曾有效的政策框架和部分的执政经验，已难以培育结构转型要求下消费主导的新增长动力源。而且在这一轮宏观调控下，原来高涨的“房地产市场—土地财政”的增长轨迹，已使各地方财政捉襟见肘，难以支撑或根本无暇再去培育消费增长的新的动力源。一个明显的迹象是，当眼下货币稍紧，经济增速稍有下行，社会相关方面已承受不了。因此，如何培育新的增长动力源？靠各级政府原有分配投资资金的政策框架与经验，肯定不行，必须靠市场去解决。政府必须“往后退”，逐步减弱行政措施的作用，“放手”市场，因为市场的形成有利于结构调整。要进一步促进市场的形成，必须深化资源价格改革、财政改革、社会融资体制改革和以行政审批为主的各项行政管理体制的改革。在保持社会、经济基本稳定的前提下，通过改革来改善宏观调控，通过培育市场来促进结构转型，这是当前在发展方式转变中，正确处理改革、发展、稳定三者关系中所必须予以充分关注的。

三、下一步政策应如何改善?

根据目前的制度现状,下一步的政策改善应贯彻以下三项原则:

(1)任何政策的出发点,可以从解决短期问题出发,但应尽可能落脚于有助长期问题的解决。具体说,短期政策的设计要能衔接长期结构转型的需求,即兼顾周期性和结构性的特征,为未来政策留下空间。对于临时调控急需而无奈出台的一些行政措施,应在尽量短的时间内以市场的、法律的手段取代。(2)要明了,已在33年渐进改革轨迹上快速航行的中国经济,“渐进改革”与“快速航行”这一特点本身,决定了多年历史积累的现实困境是错综复杂的,因此在今后政策选择中,不要指望在短期内能找到诸如“人民币升值”等某一种西药,包打天下、包治百病。中国问题的解决,既需要“只争朝夕”,又需要继续采取能体现现行“渐进”特征的多味中药方,选择兼顾长短期问题、以市场手段为主、包括以适当行政措施在内的一整套工具箱。(3)由于是包括多种政策在内的“工具箱”,因此防止多政策间效应的相互“抵消”和“过度”叠加,评估并讲究各项政策的综合效应,远比选择某一政策工具更重要。以上三点是政府在解决当前经济困境中进一步改善调控政策的关键,也是考验政府经济执政能力的关键。

具体的政策改善包括农业、贸易和区域发展等多个方面。在事关今年下半年及明后年宏观经济在总量调控力度的把握方面,必须充分关注以下若干政策。

(一)今后几年必须始终坚持稳健的货币政策方向

在中国当前货币深化速度减缓的大背景下,如何逐步消化已存在于市场的近75万亿的巨大货币存量问题,这是今后几年货币政策的头等大事,也是事关能否保障今后物价基本稳定的一项大事。由于存款准备金率等“对冲”力度的变化与M2的增减有一定的替代关系,因此今后货币的调控不能简单套用过去货币增长的经验公式，甚至在今年下半年或明后年，M2 的增速也不能简单参照去年下半年或今年的调控目标。今后一个时期，适度偏紧（相对于包括今年在内的过去 3 年），或者说稳健的货币政策，是既有利于周期性矛盾的解决，也有利于经济结构的调整。因此需要继续运用公开市场操作、存款准备金等常规手段，不断对冲中国经济增长模式下“不合理”的货币增量。基于防止输入型物价上涨因素和国内经济的内在需要，在继续保持人民币汇率一定弹性的原则和在市场上各种实际利率已大幅上浮的现实下，应逐步使基准存款利率转负为正。在发展人民币离岸市场的过程中，把握好资本账户开放下的资本管制力度，继续防止“热钱”的冲击。

（二）细化、改善对中小企业特别是小、微企业的支持力度，是确保这轮宏观调控能否最后成功的关键

在中国目前体制下，总量政策偏紧后必然会暴露中小企业融资难的问题。经过这几年的政策改善和努力工作，中小企业特别是小、微企业的融资数量已有较大幅度的提高。尽管如此，在这轮调控中能否做到进一步加大对中小企业特别是小、微企业的支持力度，仍然事关调控全局。历次调控表明：其实中国经济调控的难点不在于总量力度上的把握，而在于结构政策上的把握。当前要真正解决好中小企业融资问题，重要的已不是各级领导的认识问题，也不是缺乏领导的要求和布置，而是需要深入基层、深入市场，进行制度细节的调研，急需对维持社会稳定有决定性意义的中小企业特别是小、微企业的“养命钱”融资，以及在贷款调控总量不变的前提下放松对中小企业特别是小、微企业的贷款限制，提出具体可操作性的管理细则。作者调研时间有限，在此提出不成熟的建议：

1. 鉴于村镇银行资本金普遍低于 1 亿元并不宜过大的成立初衷，建议对村镇银行信贷规模按存贷比而不是按资本金进行限制，而且不允许以“内部口头”的方式进行调控。

2. 在按有关规定对小额贷款公司进行分级评定的基础上，对评

级优良的小贷公司,一律放开杠杆率比率50%的上限(普通工商企业的负债率还可以为7%),支持其适当放大贷款规模。

3. 建议将小额贷款公司向银行借款专门用于实业投资的,视作同业拆借,不占银行贷款规模。

4. 对中小企业经优质担保公司担保发行的有真实贸易背景的商业承兑汇票,采取鼓励政策,支持商业银行予以贴现,可不占银行贷款规模。人民银行应给其与银行承兑汇票同等待遇,予以再贴现支持,以促进中小企业的生产贸易活动。

5. 有关管理部门应对各商业银行每年新增贷款中支持中小企业特别是小、微企业的份额,应按照不同类型银行,分别规定一定的比例。对超过一定比例的,可进一步下浮存款准备金率,年底还可酌情追加贷款规模。

6. 支持中小企业在银行间市场发行集合债券(不面向自然人),利率随行就市。并将集合债的审批权限下放各地人民银行,缩短过去长达6个月的审批期限。

7. 允许并鼓励各商业银行,对小、微企业的贷款资产开展买卖、转让业务,释放其贷款规模限制。

8. 大力鼓励各商业银行在小、微企业融资方面的各类金融创新,包括建立适合小、微企业特点、区别于大中企业的贷款风控体系;在确保风险控制前提下,大力鼓励对小、微企业开展无质押、无担保的贷款等。

(三)在货币政策适度偏紧的环境下,财政政策应积极,唯有这样,才能真正推动结构的转型

作为总量政策的货币政策,对结构转型作用有限。结构能否转型,财政政策是关键。而且能否坚持适度偏紧、稳健的货币政策,同样需要财政政策的配合与支持。目前总的看,中国相比欧美诸国,对于在巨大GDP体量基础上的快速增长和国有资本预算后广义的财政收入占GDP如此之高的比例,财政政策理应而且完全可能在结构调整中发挥更大的作用。因此下一步的财政政策,一是应该采取更加"积

极”的态度，二是应该加快财政自身支出结构的改革。只有进一步改善财政政策，才能真正确保中国经济结构的转型。

为扩大更趋积极的财政政策的收入来源，首先应将国有资本预算和年度财政预算统筹考虑。在坚持国有资本 IPO 资金按比例划拨社保基金、提高国有股份分红比例的同时，急需明确国有资本预算管理的原则，在体现国家对部分行业相对和绝对控股的战略原则基础上，实行国有资本“有进有出”，而不是国有资本“规模越做越大”的管理原则，深挖财源，扩大财政收入。

在支出结构方面，必须扩大结构转型时期城乡低收入群体的各种补贴支出，扩大失业人群再就业技能培训的财政支出，特别是面对今后物价温和上涨的局面，应留出足够的财力支出空间。在扩大社会保障、医疗、教育改革支出的同时，确保收入分配改革中各项必要的补贴支出。进一步加大补贴、担保、减税等支持力度，在支持小、微企业、战略性新兴产业发展的同时，大力支持国内消费及服务经济的发展。抓紧布置研究在理顺中央与地方事权基础上的税制和转移支付的制度安排，彻底解决“土地财政”问题。

(四)作好短期行政措施和长期市场机制的制度衔接准备，坚定不移地把房地产市场引向健康发展的道路

房地产市场调控不仅是当前宏观调控中最“纠结”社会人心的一个领域，也是中国整个经济社会能否步入良性发展轨道的关键领域之一。同时，目前房地产市场暴露的问题已经集中了当前中国经济结构性和周期性的一系列矛盾、问题。因此，必须始终不渝地坚持加快社会保障房建设、坚决打击投机炒房的原则，把房地产市场引向以消费品为主导的健康发展方向上来。若这次调控半途而废，在目前高通胀预期下，房价将成脱缰野马，政府将严重失信于民，宏观经济真有可能彻底陷入海外的悲观预期中。

因此政府在房市调控目标上，短期内，可以着眼于房价；长期看，一定要着眼于形成长效制度。要确立政府的长期调控方向不应是调

控房价的理念，具体到当前的调控策略，应是一边坚持暂时的行政措施，一边抓紧进行有利于中国房市健康发展的长效制度的研究和政策储备。面对历史多年积累的大量问题，调控既要坚持方向、明确信号，又要讲究策略，做好准备，再花 1—2 年的时间。要把握节奏，择机做好短期行政措施的退出和长期税收、市场及其他法律制度出台的衔接。要防止因在短时间内集中解决多年累积的历史问题，而致使出现社会、经济难以忍受的剧烈震荡。为此：

为了精确打击产生于交易环节的投机行为，与其推出房产税（自然也应该逐渐细化、完善），不如重点先推出高额累进所得税。选择适当时机，在统一上海、重庆不同的房产税，及淡化、统一 35 个城市不同限购政策的同时，推出高额累进的交易所得税。

在理解投资人在目前市场货币多、买房保值心情的同时，政府应学习德国、法国经验，尽快出台以重点保护承租人利益为主的"房屋租赁市场管理条例"，控制租金的过快上涨，提高空置房的使用率。

在确保社会保障房资金方面，除了继续给地方政府施加一定压力、迫使其少搞项目之外，应通过各种财政、金融手段，刺激、鼓励社会多方力量，多管齐下，创新资金供给机制。中国当前的资金流动性，只要政策到位，应不缺建设资金。

土地财政问题事关重大，中央政府必须拿出勇气，结合财政改革和国有企业资本预算改革，通盘考虑税制改革。今后中央财政的转移支出，必须也仅仅是以公共财政、事关民生的支出为限，确保地方财政支出的规模。

改变国企必须退出房市的强行行政规定，改为对有相当多余资金从事房地产开发的国企，政府从国资所有人的角度，一律对其另行提高分红比例或依法抽撤其投资资本。

（五）通过舆论等监管，协助国务院落实"新非公 36 条"

国务院 2010 年制定的"新非公 36 条"，既是确保结构转型的良药，也是消化目前民间过多资金、扩大内需特别是支持中小企业投资、发展服务经济的一项重大举措。但是目前的现状是雷声大、雨点小，始终难以全面落实。为此，国务院应支持全国人大或政协，加强监督，或开展网上逐条讨论，鼓励舆论监督，督促政府有关部门，对照研究落实措施。当前可能唯有这样，才能尽快提高执政效率。

(六)实事求是，精细处理好地方融资平台的风险

处理好地方融资平台的债务风险，是确保今明两年中国的银行体系不出事的关键。要解决好这一问题，一是必须要发挥地方政府和银行的积极性，做到对每个项目债务进行实事求是的精细分类。区别不同的情况，应偿债项目公司只要能提供符合市场条件的偿债方案，银行应尽可能满足其后续融资或展期还本息。各地情况千差万别，贷款期限不一，在这方面绝不应采取简单“一刀切”的限期整顿政策。二是政府有担保的，必须按照1995年《担保法》依法严肃处理，不能下不为例、破坏法律的严肃性。三是可以允许地方政府发债筹资偿还银行贷款，但必须规范发债行为，发债主体要编制独立的资产负债表。符合发债条件，尚可发债。四是最后不管以各种方法处置，政府都要作好最终风险埋单者的准备，绝不能在债务信息不透明的情况下，通过资产证券化等形式，将风险传递到自然人。五是对实在无能力偿还债务的地方政府，允许以债转股、出售股权、资产重组等方式偿债，也可迫使地方政府以出售其控股的实业、宾馆、金融机构股权筹资偿债，同时可吸引、消化民间大量游资。

(七)加快外汇储备战略性、多元化运用，严堵“热钱”的流入

这同样是确保境内货币稳定、完成今年宏观调控首要任务的一项重大事情。解决以后的外汇储备增量，主要靠改变发展方式诸项政策的调整。对历史积累的巨额存量问题，首先要看到，这是经济全球化史上一个特殊历史时期的产物，也许是史无前例、空前绝后的。这既是苦恼与挑战，同时又是重大的历史机遇。因此国家应尽快成立“海外投资委员会”，瞄准2020年甚至是2030年中国经济崛起所需的各种物资与资源，集科技部、工信部等若干部门智慧，共同谋划加快外汇

资金的用途，减少纯金融资产的运用比例。同时大力支持有条件的非政策性金融机构、企业甚至个人购汇，予以海外运用。这可在减少国家外汇储备的同时，减少市场上货币，减轻国内通胀压力。在这方面，当前重要的是，有关部门应尽快提高工作效率，制定具体可落实的制度。当前严堵“热钱”流入，尽管困难重重，成本不小，但是这仍是我国金融渐进改革过程中的一项必然政策，也是确保当前国内经济稳定的一项重要政策。应参照其他新兴国家曾行之有效的做法，择机对外资流入建立无息存款准备金制度和预征税制度，以对“热钱”形成威慑力。

四、最后的结论：乐观派与悲观派

IMF 不久前曾预测，按照购买力平价测算，中国经济到 2016 年，总体经济实力将赶超美国，成为世界第一。对此应看到，这是长期预测。就长期而言，应对中国经济持乐观态度。作者在今年 5 月 12 日摩洛哥的德勤全球投资者论坛上曾指出：“中国经济短期内正处于困境之中。但是可以说，对于仍具有强劲增长潜力的中国来说，能看到问题，就意味着问题已经解决了三分之一。”“因为过去 30 年的历史同时能证明，经过痛苦的摸索，仍然能找到解决问题的道路和方法。因为中国增长的决定性因素没有变，即中国增长的大周期还在延续，享有 30 年改革开放好处的中国人，仍然在孜孜不倦地追求改革开放。”

然而，准确预测美国 2007 年危机的“末日博士”、美国教授鲁比尼不久前又预测，中国经济将在 2013 年出事。对此应看到，这是基于中短期的预测。中国经济目前确实正处于结构问题和周期问题胶着的转折关头，如果政府拿不出一套清晰的对策，并能予以有效的执行，鲁比尼的预测确实是一个不可轻视的警告。

总之，我们对中国经济应保持长期的乐观，但又不能盲目乐观，特别是在中短期内，确实困难重重。出路在于趁当前宏观调控正出现较好势头之时，坚持政策的稳定性，同时加大前瞻性、针对性的调控力度，对结构转型拿出真正的战略勇气、坚定的决心和一整套让市场看得清楚并让市场充分相信的、长短期相结合的政策措施。对此，全国上下也应该有信心，因为经过 33 年改革开放积累的中国经济实力，提供了拿出一套政策措施的财力基础。

对美国国债违约问题的看法[①]

（2011 年 7 月 17 日）

一、违约为小概率事件，几乎不可能

因为，(1)美两党在国家利益上的认识是一致的。若真违约，不仅会对全球金融市场带来大动荡，且会直接使美金融体系陷入“巨大的混乱”(伯南克语)，国债及与此挂钩的一系列金融工具利率上升，民众的房贷、车贷利率增加，直接抵消并严重损害正艰难复苏中的美国经济与就业。因此任何一党都不会充当“历史罪人”。(2)尽管白宫与国会谈判破裂，随着 2011 年 8 月 2 日大限临近，但从美金融市场动态看，并没有出现因担忧违约而出现恐慌性抛盘，深知美国政治的金融市场仍较为乐观。(3)两党争吵的焦点，在于对未来 10 年削减财政赤字的幅度上，民主党想多减些，共和党想少减些。同时奥巴马也不希望削减其曾承诺的医疗养老等福利开支；共和党反对未来增加富人税而愿少减赤字。因此其实质是政治需要，一个想连任，一个想逼其经

---

① 此文是在海内外媒体纷纷报道美国国债 8 月 2 日到期大限是否违约之际、美国政府正式宣布是否违约前夕撰写，参与此文写作的还有陈道富。

济政策维持不下去。最终的结果，可能会提出妥协、折中的方案。

二、我国的应对思考

（1）对国内可以做适度的舆论引导。尽管不可能违约，通过学者指出，即使违约，是技术性违约，本息偿付会展期。且债券有若干期，故又要算我国目前持有多少即将到期的债券。（2）若有可能，以获取必要的政治和其他利益。美两党政治博弈，需要借助一定的市场和舆论力量。中国的态度和行为对美债市场具有举足轻重的影响力。我方应与白宫保持密切沟通，掌握动态，及时利用。可以协助白宫以取得提高债务上限或稳定国债利率为条件，寻求与美在南海或其他问题上的共识。初期宜以言论为主，必要时，可抛售美债相威胁，甚至在美抛债、打压价格，在欧洲逢低买入，从市场波动中获利，减少可能的损失。（3）仍应加强资本管制，管住热钱。应尽快推出预征税等托宾税制度，对“热钱”形成威慑力。（4）建立海外投资委员会，加快外汇的战略性运用。建议国家尽快成立海外投资委员会，集科技部、工信部等部门智慧，瞄准2020或2030年中国崛起所缺的各种物资资源，组织金融机构、企业甚至民间个人力量，加快战略性物质的运用，减少纯金融资产运用比例。企业等用人民币购汇，又可减少市场上货币，减轻国内物价的压力。

关于中日货币金融合作的思考[①]

（2011年7月26日）

一、中日金融合作是稳定世界经济发展的重要使命

世界经济发展的重心正在向亚洲转移，特别是美国爆发金融危机后，此趋势越来越明显。因此，维护好亚洲经济的稳定发展，是直接事关世界经济的稳定发展。

然而，经济的稳定发展离不开金融的支持。波及全球的2007年美国危机，暴露了国际货币体系的致命缺陷：美元的发行缺乏有效的约束。当今治理全球失衡中的一项重要内容，就是要改革国际货币体系。但是，世人同时看到，这一改革又是一个相当漫长的过程。美元在未来相当长的时间内，仍将充当世界最重要的储备货币。当今世界还看不到1944年前后取代英镑集团的那个美元集团出现。

退一步说，如果现在世界上有一个稳定的国际汇率制度，或者说，存在一个平等、稳定、有效的国际货币体系，当今中国未必一定需要追

① 此文是作者在中国国家创新和战略研究会与日本贸易促进会2011年7月26日于北京共同举办的“中日经济论坛”上的演讲内容。

求人民币的国际化。但当今的金融世界不太平，问题太多。主导世界的主要储备货币的运行，不能维护世界经济的稳定发展，中国要避免现实金融世界对本国发展带来的负面影响，人民币国际化是迫不得已的历史追求。

再退一步说，如果现在亚洲存在一个能为亚洲各国都能接受并赋予实施的亚元，当今中国也未必一定需要追求人民币的国际化。但是亚洲各国鉴于历史、经济、政治等因素影响，又不能像欧洲那样，短时期内创造一个统一的货币。而主导世界的主要储备货币的运行，如在1997年亚洲金融危机所表现的，并不能维护亚洲经济的稳定发展。因此，为了亚洲经济及中国经济的稳定发展，中国应该而且真诚愿意与亚洲各国一起，通过加强货币与金融各方面的不断合作，以弥补亚洲缺少统一货币的缺陷。

我相信，这对于日本而言也是同样重要。因为随着亚洲经济的崛起，日本与亚洲其他国家的经贸关系日益密切。日本为了在亚洲地区的经贸利益，同样渴望亚洲各国有一个稳定的货币金融环境。

而中、日两国是亚洲两个最大的经济体，因此，首先加强与改善中、日两国的货币金融合作，不仅是直接有益于亚洲经济的稳定发展，同样也有利于世界经济的稳定发展。

二、人民币国际化是中国迫不得已的历史选择

面对当前国际货币体系的缺陷和亚洲金融货币合作的滞后状况，为了减轻国际金融秩序的不足对中国经济稳定发展的负面影响，中国正在寻找人民币国际化的道路。尽管中国政策研究者清醒地认识到，人民币国际化是个漫长的过程，即使经过10年的努力，其占世界储备货币的比例也许仅仅为3%—5%。但是当今人民币国际化的战略意义，在于战略布局。如果未来人民币能成为国际主要货币之一，和欧元、日元等其他储备货币一起，与美元形成一定程度的竞争，则是肯定有助于从根本的制度层面上减弱世界经济失衡的基础。

我判断，未来人民币汇率制度的方向，将会融入当今全球经济主导的浮动汇率体系。但是，在从今天到2020年的八九年内，中国经济面临的大量改革难题与世界经济金融不确定的态势，决定了在汇率制度上，中国将继续选择有管理的浮动汇率制度（当然在浮动区间、浮动频率方面更趋于市场化，篮子中货币权重会有所调整），而非完全的浮动汇率制度，这可能比较符合中国经济发展的需求。配合汇率制度的逐步市场化进程，资本项下的开放也必然是逐步的开放。同时，面对当今世界有缺失的国际货币体系，为了确保中国经济稳定增长不受更大的负面冲击，需要实现人民币与本国经济开放度相适应的区域化。但是，中国政策研究者同样清醒地认识到，这一战略选择，将面临不可回避的困境：因为要保持较为稳定的汇率环境，资本项下开放的步伐不宜过快；而资本项下开放步伐不宜过快，决定了人民币就不可能尽快或者说真正实现国际化。然而，中国放弃对人民币国际化的追求，又不仅不利于实现自身经济发展所需的稳定汇率环境，对国际社会而言，也是缺少了一股能体现世界经济实力格局变化的、对有缺失国际货币体系制衡的改善力量。因此可以说，这将是制约国际货币间汇率过度动荡的一个遗憾。

困境是客观存在的。能否使困境降到最低程度？这只能期望中国在战略实施中，第一，汇率政策、资本管理政策与国内改革政策的变动，要尽可能地衔接好，以免引起宏观经济的不稳定；第二，在人民币逐步的区域化过程中，衔接好与汇率及资本管理政策的适度改革；第三，通过创设人民币离岸市场，在部分实质性地向境外开放国内金融市场的同时，相对隔离人民币区域化过程中国际金融风险向国内市场的传递，同时视国内汇率、资本管理政策的演进，调控人民币离岸市场的规模与结构，适时扩大“离岸”与“在岸”两个市场的“通道”，以不断推进中国整体金融市场的开放步伐和改革力度。

目前，作为人民币国际化进程中的第一步，人民币跨境贸易结算已扩大到全球144个国家和地区，结算额2010年已达到587亿美元，较2009年增长13倍，成为中国贸易结算的第五大货币。有专家估算，2011年有望达到2000亿美元。今年5月底，香港人民币存款已达

5500亿人民币。此外,2005年来,除了境外机构在中国开始发行以人民币计价债券外,中国财政部及有些金融机构开始在香港发行人民币债券。截至今年6月底,香港累计发行人民币债约1185亿元。而且目前中国的中央银行已与世界上12个国家与地区的中央银行,签署了约8400亿元的人民币互换协议。中国正允许香港一些金融机构参与中国的银行间同业市场。中国一些商业银行也开始在境外发放人民币贷款。总之,近一年多来,在人民币国际化方面,中国已开始了多种尝试性的业务。

三、中日货币金融合作的任务是艰巨的

中日两国有着不同的国情。日本是一个在市场经济运行机制方面较为成熟的发达国家。中国是一个正处于“发展中、转轨、非中心货币和巨大经济体”的国家。两国处于不同的历史发展阶段,自然在金融体制与金融运行方面,存在着明显的差距。就中国而言,仍处于日本曾经历过的汇率相对固定、资本相对管制的年代。尽管我们金融改革的最终目标是走向市场化方向,但就短期看,因中国国内各方面因素的制约,还不能一时马上能做到。因此,这中、日经济现实的差距又制约了中、日两国货币金融更加紧密的合作。

同时,中日两国又共处于同一个亚洲区域。1997年的亚洲金融危机,唤醒了亚洲各国政府,加强各国间的货币金融合作,是克服各国金融体系中“货币错配、期限错配”、防止系统性风险的重要一步棋。为此,从2000年5月“清迈协议”以来,进行了一系列的磋商。在完善亚洲债券市场、发展资产证券化、信用担保市场和亚洲债券基金以及其他相关合作方面做了一些工作。但是实事求是地说,这些合作与当前亚洲经济发展的迫切需求来说,仍是相当的滞后。分析其原因,是多方面的。其中重要原因之一是,中、日两国以及韩国,作为亚洲经济的“核心国”,在从亚洲经济的长远利益出发,在高姿态、求同存异、发挥好“领头羊”的作用方面,仍做得不够好。

四、进一步合作内容的讨论

1. 进一步发展亚洲债券基金。中日两国是世界上外汇储备最多的两个国家。目前,相对于亚洲新兴市场经济约7000亿美元的公共债券存量而言,仅发行了10亿美元的亚洲债券基金(ABFI),而且该基金主要投资亚洲各国主权及准主权债券。中、日两国能否通过进一步磋商,第一,拿出更多的外汇予以投资该基金?第二,进一步在该基金中的资金来源中,扩大非美元货币的投资,包括日元、人民币、韩元等?第三,基金投资的范围能否开始有选择地寻找向私人部门的投资试点?

2. 面对中国政府已采取一系列便利政策,鼓励人民币跨境贸易结算以及在香港开设人民币离岸市场业务,日本政府能否鼓励更多的日本企业,在中、日贸易中选择人民币作为结算货币?

3. 东亚汇率稳定是东亚经济合作和亚洲经济合作中最重要,也是最困难的内容。如果中、日、韩三国货币间保持相对的汇率稳定,对区外汇率保持相对的一致,这对保持区内贸易长期稳定的发展至关重要。我认为,中、日两国应与韩国一起,以亚洲大局为重,坐下来进行真诚的讨论,由易到难,寻找合作的起点、路径与方法。第一,应进一步明确目前"10+3"中"外汇储备池"的资金运用程序和救助机制,在合作中,先发挥好"亚洲外汇储备池"的作用,并视需要,可进一步扩大外汇池的规模。第二,抓紧建立对"外汇池"参与国宏观经济稳定的指标监督机制。最初,可以是参考性指标,不强求必须落实,参与国也可以是自愿的。但是中、日两国应带头参加,尽可能严格要求。第三,视需要,在签署中、日两国货币互换基础上,与韩国一起设定中、日、韩三国货币汇率波动范围。在刚起步阶段,统一性的要求可以松些,并确定3—5年的工作进程框架,由易到难,渐渐适应,逐步严格统一要求。在此基础上,将此汇率合作要求在"10+3"范围内逐步扩大。在具体参加时间上,对"10+3"国家不强求一律。主要以示范效应逐步影响相关国家,允许自愿选择适当时机参加。

总之，东亚汇率稳定是亚洲货币金融合作中的关键内容，而能否搞好这项合作，关键要看中、日两国“领头羊”的作用。中、日两国政府，如果能从长计议，尽快合作，这不仅对两国经济稳定发展至关重要，也是对全球经济稳定发展作出的贡献。

微博摘录：美元由强转衰长周期过程中的中国选择[①]

（2011年8月6日）

毫无疑问，美国仍是当今世界综合实力最强的国家。但是从自身毁掉亲手努力创建的布雷顿森林体系，到百年一遇的大危机，再到今天国家主权信用评级被降，三大事端标志着美国已进入一个由强转衰的长周期过程。在这过程中，中国持有过多的美元纸币，自然是一种压力。必须提高外储中的非金融资产运用比例，追求国家的战略性利益，必须追求人民币国际化，这是必然的选择，也是无奈的选择。

① 此微博发表于“新浪微博”、“腾讯微博”、“网易微博”。

2011 年 8 月 CCTV－2“面对面”栏目访谈[①]

（2011 年 8 月 14 日）

记者：标准普尔调低美国主权信用评级，引发了世界对美债危机的担忧，欧美股市暴跌。那么美债危机背后真正的原因是什么呢？它会给世界和中国经济带来什么样的影响，我们应该如何应对呢？今天的《面对面》专访国务院参事、央行货币委员会委员、国务院发展研究中心金融研究所的所长夏斌。

背景提示

北京时间 2011 年 8 月 6 日，国际三大评级机构之一的标准普尔宣布，将美国长期主权信用评级由最高级别的“AAA”下调至“AA＋”，美国历史上第一次丧失了 3A 主权的信用评级。

2011 年 8 月 8 日，是美国主权信用评级下调后的首个交易日，美国股市首先遭遇“黑色星期一”。美股道琼斯指数当日跌幅达 5.55％，纳斯达克综合指数跌幅 6.90％；标准普尔 500 指数跌幅

① 此稿根据作者 2011 年 8 月 12 日接受 CCTV－2“面对面”栏目采访内容整理而成。

6.66%。在美国两大交易所，纳斯达克交易所和纽约交易所，一天蒸发的市值就超过万亿美元。

记者:像这次美国长期主权信用评级遭下调,跟国际资本市场的强烈动荡之间是一个什么样的关系?

夏斌:简单讲,就是评级下调,债券收益率提高,收益率提高,意味着成本提高,而整个世界的主要货币是美元,那么美元代表的各种各样的资产价格,自然都会上升,会有反应。所以,股市、债市、大宗商品价格等各种商品都有比较动荡的表现。

记者:怎么看待对中国资本市场的影响呢?

夏斌:因为中美经济肯定是有联系的,那么有些股票受美国的影响是很自然的。但是我个人感觉,前两天中国股市暴跌好像有点过度了,最近两天,我也关注到我们很多媒体,在非常理性地看待,告诉读者,中国经济和美国经济之间的关系,中国的股市,还要看中国自己的基本面。把这个道理慢慢讲清楚了,上市公司的业绩还不错,大家明白了,所以又反弹了一下。

背景提示

主权信用评级是对一国政府作为债务人履行偿债责任的信用评判，在此之前，被标准普尔下调主权信用评级的国家屡见不鲜。那么，为什么对美国主权信用评级的一次下调就能引发异常剧烈的市场反应呢？在夏斌看来，问题的关键就在主权信用评级下调背后的美国债务危机。

2011 年 5 月 16 日，美国债务达到了法定上限的 14.29 万亿美元，政府若不提高债务上限或削减开支，就会出现债务违约。8 月 2 日，就在距离违约最后期限不到 10 个小时，美国总统奥巴马签署了获两院投票通过的提高债务上限议案。根据协议，美国债务上限将至少被提高 2.1 万亿美元，并且政府在未来 10 年内将削减赤字 2 万亿美元以上。对此，标准普尔认为“美国国会和政府最近达成一致的财政整合计划不足以稳定政府中期债务局面”，并对美国的主权信用评级进行了下调。

记者:您觉得这次美国债务危机深层次的原因是什么?

夏斌:我个人判断,这次美债的危机,实际上是2007年、2008年危机的延续。2007年、2008年危机实质是什么?我老说,美国是“高消费,低储蓄”,这个国家没有这么多资金来支撑这么多的消费,它是借钱来花。通过财政赤字、贸易赤字的双赤字,所以,实际上美国危机的实质是“寅吃卯粮”的经济。那么好,危机一来泡沫破了,资产负债表要修复,而资产负债表的修复是要有过程的。在这两年修复中,从美国看,也没有形成什么特别的新的经济增长动力,就是靠钱来修复,所以这个问题并没有解决。这次评级,实际上是个导火索,一评级,马上就引起了社会动荡。

背景提示

早在1917年,美国制定了债务上限制度,对政府的融资额度作出限制,避免出现“资不抵债”的恶果。二战之后,以美元为中心的国际货币体系也就是布雷顿森林货币体系建立之后美国政府的债务不断膨胀。自1960年以来,美国国会已经78次提高了债务上限。今年8月2日通过法案提高债务上限,使美国再次避免了债务违约,但以旧债还新债是不可持续的经济发展模式,并没有从根本上消除美国债务危机的风险。

记者:您认为未来美国还会不断地上调它的上限吗?

夏斌:从历史看,就是近50年来已经调了78次,这么个调法怎能保证以后不再调?从逻辑上也说不通。从现实看,美国这种财政赤字状况,它能不能改善?包括现在,它的军费开支要缩小,要从阿富汗撤军等,实际上奥巴马上来以后,在这方面已经有些动作。它有两大问题,一个是军费开支,一个是医疗社保那块大开支。“婴儿潮”问题带来的社保、医疗,这么大的窟窿,包袱很重,所以只要它的经济增长不能恢复到很好的情景之下,赤字问题是很难解决的,这也就意味着还可能上调。

记者：那么现在我们看到不光是美国民众，连美国政府都是“寅吃卯粮”的维持状况，什么时候才能得到缓解呢？

夏斌：就像有的媒体上说的，美国发国债，实际上就是一个庞氏骗局，不停地发债，发新债，还旧债。

记者：你要让我还钱，那你再给我钱，我再还你钱。

夏斌：对，永远给下去。这么下去到底延续到什么时候，美国会不会衰弱？我说毫无疑问，美国从政治、军事、外交、科技、经济方方面面说，它绝对是一个世界强国。但是，从美国把自己在 1944 年辛辛苦苦和英国拼命争斗而建立起来的布林顿森林体系，在 70 年代初宣布瓦解后，到百年一遇的大危机，再到最近的美债危机、评级下调，这三个事件本身就意味着美国经济在往下走，走下坡路。当然这是一个长周期过程，绝对不是 3 年、5 年，也不是 10 年、20 年。要从哲学道理上讲，一个人有生有死，一个国家也有从诞生到衰亡。但起码从眼前各种条件因素看，从政治、军事方方面面看，我说我还看不到美国什么时候维持不下去。

记者：也就是说，如果美国还能保持这样一个定位，像“寅吃卯粮”这个游戏至少还可以继续进行下去是吗？

夏斌：但会收敛，危机本身就是个强制性收敛。危机是调整、强制它收敛，就说现在美国的储蓄率，危机之后已慢慢在上升，消费率慢慢在下降了，说明在慢慢调整了。

背景提示

美国主权信用评级多年一直维持在最高等级，美国国债也因此被各国投资者视为最安全的资产。从上世纪 80 年代算起，美债的牛市已经走过了 30 年。标准普尔这次下调美国主权信用评级，等同于向美国政府投下了不信任票。市场人士普遍认为，美债风险在上升。很多人担心，本来正在艰难复苏的全球经济还能不能承受这样的打击，更有人认为新一轮的全球金融危机即将爆发。

记者:这次美国的债务危机会不会引发新一轮的国际性金融危机呢?

夏斌:我想不会吧。从现在国际上对这轮美国债务危机引起比较大的负面恶果来说,指的是衰退,有的说可能有50%的衰退概率,我看都说得模模糊糊。不会的原因是什么呢?2008年危机爆发后,为什么很快就度过了最艰难的时候?那是因为有1929—1933年危机的教训摆在那儿,所以各国政府联合起来,赶紧投入资金来拯救危机,来稳定信心,来稳定市场。但是这3年过来了以后,大家也看到,纯粹拿钱救,有风险,通货膨胀率要上升。现在美国有通货膨胀的压力,美债的问题也慢慢暴露了,因为危机的根本问题没有解决。资产负债表的修复要有个过程,一下子解决不了,最后的结果,肯定是一个折中的选择。就是各个政府可能再刺激一下,再拿点钱,但拿多了又担心,但不拿也不行。所以从这个角度出发,它不会再引发更大的事情。

记者:您觉得不可能出现那样一个恶化的情况?

夏斌:因为决策者都明白,这样一种状况出现意味着什么?也都明白,在现在目前情况下,还有手段可以使,但使得不要过分就行,所以会想尽办法把这个秩序维持下去。从这个角度说,出现大危机那种状态不可能,这是我的判断。当然,这里要讨论,什么叫更大的事,什么叫大危机。

记者:现在流行的说法叫"二次探底"。

夏斌:什么叫底?这个要讨论。

记者:您看什么叫二次探底呢?

夏斌:那要看第一次探底的状况了。第一次探底增长率下来多少?要看这个。传统认为,看连续两个季度是否负增长。

记者:您觉得不会再出现2008年那样的状况?

夏斌:我想不应该,因为各国政府对再救与不救中间这样一种选择,是明白的,是理智的。

记者:尽管引发新一轮金融危机的可能性不大,但是也有分析人士认为,就长期而言,信用降级可能成为美元衰落的一个重要转折点,动摇美元作为全球商业流通和主要储备货币的地位,有的研究者还提出这将加速美元作为国际货币体系的崩溃。

夏斌：有人说，美元会崩溃，美元不行了，美国不行了，我认为说这话也太天真了。我曾说过一句话，我说，当今世界没有出现 1944 年前后取代英镑集团的那个美元集团，欧元不是，日元不是，英镑不是，我们的人民币更不是。我们还处于出口丝袜的年代，我们要看到我们的弱点，人民币国际化只是个方向。看到弱点意味着什么？这个过程还是漫长的。同时我也预计，即使经过 10 年的努力，到 2020 年，我们人民币区域化取得了一定的成绩，我相信，那个时候人民币在国际储备货币的比例可能也就是 3％—5％的水平，高不到哪里，所以我们头脑要冷静。今后的 15 年、25 年，甚至更长一个时期，美元还是主要的国际货币。

记者：您觉得在今后几十年内美元这样一个世界主要货币的地位是不可能崩溃的？

夏斌：不会崩溃。现在美元有一点贬值的趋势，但是讲实力的话，不能光是讲经济，即使讲经济，美国还是老大。但它不仅是经济，我们也知道，军事、科技、人才等方方面面，它还具有很大的强国优势，这是实实在在的，所以它的货币肯定还是稳定的。

背景提示

美债危机引发的另外一个担忧是，美国会不会推出第三轮的量化宽松政策。为了刺激经济复苏和就业，自从 2009 年开始美国已经推出两轮量化宽松政策，由于这种做法相当于美国开动印钞机转嫁危机，受到世界各国的抨击。人们担心，这次标准普尔下调信用评级，很可能会给美联储推出第三轮量化宽松政策找到了新借口。

记者：您认为美国还会出现第三轮的量化宽松货币政策吗？

夏斌：不一定叫第三轮量化宽松货币政策，但是对于目前这样一种经济那么疲软的情况，它肯定要想尽办法，还是要注钱，保持市场的稳定，保持企业私人部门投资的信心。因此你如果说执行第三次量化的货币政策，简单地那样叫出来，可能不见得，就是大家议论的 QE3

轻易也不会出台，但是并不意味着它不会变换方式，在一些手法上，在一些措施上，可能变换一下还是会有的。我始终认为，最后解决国际上的问题，最终是个折中的、中庸的方案，不可能不拿一点钱来救，又不能无限制地拿钱救。

背景提示

根据国家外汇管理局的数据显示，截至 2011 年 5 月底，中国外汇储备超过 3 万亿美元，持有美国国债 1.16 万亿美元，是美国国债的最大海外持有国。因此有评论认为，中国将是受美国债务危机影响最大的国家之一。

记者：我想很多人会问这样一个问题，我们有这么多的外汇储备，我们干吗要买美国国债呢？

夏斌：第一，这是一个长期慢慢积累的过程，第二，比方说买黄金，我们能买到那么多黄金吗？不可能。如果这么多外汇储备都去买黄金的话，黄金的价要卖到什么样的价去了？另外，买很多资源，也很难，收购一些企业也很难。

记者：比如说 8 月 2 日大限来临之前，可能国内很多人担心，比如会不会不还我们债。

夏斌：大限之前我认为这是不可能的。为什么这么判断？我说，美国两党在美国的国家利益上是一致的，两党玩政治无非为了政治上选民的需要，他们都不愿意当历史罪人。而且现在全世界的主要货币是美元，它有条件开动印钞机来还，为什么不还呢？为什么不开呢？它不会做这个傻事。

记者：大家的担忧就是我们拥有这么多大量的美债、外汇储备，它的安全怎么办呢？

夏斌：我们的外汇储备买了一些美国国债，买美国国债主要是待国债持有到期以后进行还本付息，不是在资本市场二级市场上来回买卖的。当然也有个别的调整，主要不是来回买卖。美国国债不会不还你钱，所以从这个角度说，没有风险。如果说有风险，是说到期的债券它还了钱，过了一定的时候美元已贬值了。

记者：贬值的风险。

夏斌：我们真正的风险是贬值的风险。

背景提示

按照夏斌的分析，美国信用评级下降会造成市场上减持美国国债的行为增多，进而导致美国国债价格下滑，将使我国外汇储备面临巨大的缩水风险。对此，诺贝尔经济学奖获得者保罗·克鲁格曼曾多次公开警告，无论是美元贬值或美债评级下降，都可能导致中国投资美国国债的账面减值将达 20%—30%。尽管是一家之言，但也同样给中国的外汇储备所面临的安全问题提了个醒。

记者：我们怎么应对呢？

夏斌：我举一个简单的数据例子。我们在 2003 年前，人民银行提供货币的方式是什么呢？是通过给工、农、中、建等商业银行贷款，基本都是通过这个方式。2003 年以后，人民银行对于各大商业银行基本没有这个贷款了，当然个别的农村小额贷款还有，那是很少量的。那人民银行这个钱是怎么出来的？主要是购买企业辛辛苦苦赚来的外汇，人民银行用人民币，不停地通过这个过程来购汇。人民银行出去的货币太多了，怕物价上涨，又通过提高存款准备金，通过公开市场操作，把它收回来，过去把买外汇流出去货币的 85%左右对冲掉了。2008 年危机来了，人民银行对冲幅度减少了，也就不是原来的 85%，后来可能变成 75%了，因此市场上货币就多了。我讲这个数据是什么意思？说明我们必须改变发展方式，如果还是以出口为主导增长的话……

记者：国家的货币还会越来越多。

夏斌：因此，要解决外汇储备过多的状况，必须改变发展方式。从存量角度说，要加快运用，加快多元化运用。我说，这一轮中国持有世界上近三分之一国际储备的现象，可能是全球化史上一个特殊时期的产物。也就是说，全球经济失衡这样一个表现，2008 年危机后在调整，在纠正这个失衡，所以我说现在的现象可能是史无前例的。因此对我们是苦恼，这么多外汇，市场货币多了。同时我认为，因为是特殊时期的特殊产物，恰恰又是个机遇，我们想尽办法用好这个机遇。怎么用？要确定战略性收益的原则，要想尽办法减少金融资产的运用比例，提高非金融资产的运用比例。

背景提示

一般来说，人们把股票、债券等融资工具和货币叫做金融资产，其他以外的资产，包括固定资产、无形资产、材料等叫非金融资产。夏斌认为，为应对美国债务危机，中国应该着手通过增加非金融资产的比例来改变美国国债占主要比重的外汇储备局面。

夏斌：我曾讲过，能不能瞄准中国崛起的2020年、2030年，瞄准那个时点中国经济增长所需的一切资源、战略物资。需要的，都可以用外汇去买。当然我知道，很难，买啥都不容易买得到。但是，要想尽办法在海外搞一些基金，企业可以出去搞并购等。现在国际社会上欧元又遭到麻烦，某种意义上讲，这麻烦比美国大。有些国家要拿钱出来买西班牙、意大利的债，它们要求这些国家必须紧缩财政，不然财政就没法维持下去，所以现在有的人提出国有资产私有化。那么对我们来说，拿了那么多外汇储备，就是个机会。

记者：也就是说，我们可以不一定买那么多美债，可以拿出钱来买一些其他国家的资产？

夏斌：就是这个意思。某种意义上这也帮了人家的忙，对我们来说也挺好，我认为这件事可以做.

记者：在这样一个国际经济背景下，黄金是不是一个很好的投资品呢？

夏斌：从价格本身说，大家都在买黄金，中国人在买黄金，世界上其他国家也都在买黄金，就是想取得一个保值的商品，从这个意义上说是可以理解的。因为拿了一个国家的纸币，它在贬值，黄金不管怎么说，毕竟是一个重要的战略保证、战略储备。我2006年提出，我们可适当买黄金，适当参与一些国际优质企业的股权投资，购买一些大宗商品，或者说生产大宗商品的企业，可以引进重大的先进的技术设备，包括高级人才，这些都是可以做的。总而言之，我说外汇一定要多元化应用。

背景提示

除了外汇储备面临的风险之外，作为美国的重要贸易国，2010年中、美双边贸易总值3853.4亿美元，占中国贸易总额的12.9%。美国经济增长的放缓将直接影响到中国的出口贸易。特别是在目前，中国的出口占国民经济比重过高，加上全球经济的低迷导致全球总需求的疲软，中国出口贸易的形势依然十分严峻。

记者：那么对中国的出口会产生什么样的影响呢？

夏斌：相对前两年来讲，我们各级领导都要清醒地认识到，就是美国危机之后世界经济增长的恢复是很艰难的，增长速度会下来。在这个过程中，外部需求会减少，这方面压力风险比较大。

记者：怎么来应对呢？

夏斌：我们不要把我们的增长完全指望在出口上面，而是要想尽办法提高消费，扩大消费，这是我从投资、消费、出口的大概念讲。外需减少了，投资从这两年看，大家都有认识，长期的高投资是不可持续的。三驾马车中两个如果不行的话，消费又起不来，要调增长就很难了。扩大消费就要从方方面面采取措施，例如收入分配改革、发展服务经济、个人所得税起征点调整、对小微企业和服务经济减点税，等等。我也曾提出，中国的国有企业能不能提高它的上缴分红比率？甚至说，研究中国今后10年、15年历史发展阶段的要求，在对某些行业保持战略性相对控股或绝对控股的前提之下，对多余的股份能不能出售给私人部门？换钱充斥财政来源，来救穷人、扩消费、促增长、稳社会。我们一定要广开门路想办法，要把消费给搞上去。如果说中国这么大的经济体，自己的大国消费市场没有处于良性循环，我们的经济长时期看是不会稳定的。

背景提示

夏斌认为，中国国内消费对经济的拉动作用还不够，需要进一步调整经济结构，扩大国内消费市场，这也是中国应对美债危机带来的一系列不利影响的有效办法。另外，在复杂的国际经济环境下，我们也应该注重防范境外热钱的流入。

记者：热钱对中国的流入，对新兴国家的流入，我们怎么应对呢？

夏斌：解决这个问题，确实有压力。发展中国家、新兴国家加强资本管制，国际舆论界认为不妥。这次在危机中，IMF（国际货币基金组织）认为，发展中国家应对跨境资本进行适当的管理。所以在这个问题上，我们应该加大对热钱流入的管理。这个工作很难，成本很大，面对着方方面面的企业和个体，拿了那么多外币，通过各种各样的名目想进来，要完全挡住很难。但是我认为，可以上托宾税，对进来的投资预征3%—5%的税，加大它的成本，规定一定的年限。最后不是热钱，是真正投资的，超过这个年限再退税。诸如此类办法在其他新兴国家，如智利等都执行过，而且效果也不错，我们也可以执行。我认为我们已经有点晚了，不是说执行已经晚了。第一，到底多少热钱算不清楚；第二，总感觉怎么挡也挡不住，所以，早就应该拿出点有威慑力的措施来了。

背景提示

目前，除了美国债务危机外，欧洲始于希腊的债务危机也在愈演愈烈。世界经济环境的不确定性给中国经济的发展带来了不利影响。从2011年开始，中国从“适度宽松”的货币政策转为了“稳健”的货币政策，那么，在新的形势下，中国的货币政策还会作出调整吗？

记者：那么对中国经济的影响，人们认为，我们是不是货币政策会有所转向，稍微放松一点？

夏斌：我认为还是要坚持稳健的货币政策。在2008年危机的时候，我们投了大量的钱，这个大家都知道，方向是对的，而且速度很快，也是必要的。在当时很复杂的情况之下，看不清，为了国家的经济事业，赶紧采取紧急措施是对的。但是我们也看到，在 2009 年，整个银行贷款达到了 9 万多亿，媒体上是用“天量贷款”这个词来概括。对于这一点，今天来说，同样我们要注意。

记者：您认为不是总量不足。

夏斌：不是总量不足。从目前的货币供应量说，现在社会上的货币供应存量，远远大于我们实体经济发展所需要的货币量，77 万亿的货币供应量，21.5％存款准备金率等，等于有近 20 多万亿的钱被冻结起来，今后这些货币怎么消化？从这个意义上说，以后的货币政策都要谨慎。另外，现在经济运行中突出的矛盾是物价的压力，从这个意义上说，也绝对要注意货币投放的分寸。在 2009 年，银行贷款曾经达到 97000 亿的天量贷款，有些教训今天应该吸取。我也相信，因为有那次天量贷款，这次政府是会更加清醒的。

背景提示

夏斌强调，中国目前过多的货币供应量造成的系统性金融风险，始终都应该引起高度警惕。另外，过快上涨的物价是当前国内经济发展亟须解决的难题。根据国家统计局发布的数据，2011 年 7 月份，全国居民消费价格总水平同比上涨 6.5％，创 37 个月来的新高，在这种背景下，由欧美债务危机给中国带来的输入性通胀的压力也不容忽视。

记者：刚才您讲了，美国还会继续多发钱，那这样多发钱造成美元贬值，造成国际的资产价格上升，会不会加大我们国内的输入性通货膨胀的压力呢？

夏斌：这次要看有多大压力，这是第一。第二，看我们人民币升值的幅度，升值对抑制输入性价格上涨还是能起作用的。

记者：您觉得我们还是要人民币稳步升值？

夏斌：这个方向不能变，还是要坚持有管理的浮动汇率制度，逐步地趋向于更弹性化。当然从趋势上说，中国经济在崛起，经济基本面很好，如果再把物价管理等因素搞好，双顺差幅度还不小，没道理不升值，是吧？但是怎么个升法，在国际游资、国际投机资金比较多的情况之下，讲究点艺术是很有必要的。

背景提示

2011年8月8日，人民币兑美元汇率中间价报6.4305，升至人民币汇率改革以来的历史新高位。2005年，中国开始实行以市场供求为基础、参考一揽子货币进行调节、有管理的浮动汇率制度。2009年，随着跨境贸易人民币结算试点的启动，中国迈出人民币国际化道路上的关键一步。几年来，人民币汇率形成机制改革和人民币国际化有序推进。那么，这次美国主权信用被降级，究竟会给人民币国际化带来怎样的影响呢？

记者：在这样的背景下，我们应该加快人民币国际化的步伐，还是应该放缓呢？

夏斌：在这个背景之下，我简单地回答是与否，不好回答。从大的方向说，必须加快人民币国际化，因为我们已经看到了以美元为主导的国际货币体系对世界经济的一些负面影响，对中国经济稳步增长的负面影响，所以要想尽办法让人民币慢慢“走出去”，从这个角度说，我们要快。与此同时，要看到人民币国际化不是一蹴而就，不是那么简单的事，拔苗助长，可能也会引来一大堆风险。所以是一步步来，所谓一步步来就是跟汇率的改革，跟资本账户的开放，跟国内的改革，包括利率的改革，都要有个协调配合的过程。

记者：人民币进一步地走向世界，是不是未来的一个趋势呢？

夏斌：随着中国经济的崛起，我们的人民币总要“走出去”。而且从人类经济史上看，还没有一个数一数二的大经济体，它的货币是不能自由兑换的，没有。所以我认为人民币国际化的方向不能变，这是我们长期的战略方向。

背景提示

在夏斌看来，欧美债务危机和全球经济放缓，给处在转型升级关键时期的中国经济发展带来了新的挑战，即使这样，中国经济增长不会出现大幅回落的情况。按照今年初政府工作报告中的预计，中国的GDP增长8％，上半年GDP实际增长9.6％，总体判断是向着宏观调控的预期目标推进。

夏斌：中国内在的经济发展逻辑决定了中国增长的速度可能要下一个台阶，趋于一个逐步趋缓的增长状况，不能像原来那样，保持11％、12％的两位数增长，很难了，问题很多，很不协调。

记者：要把增长速度放下来？

夏斌：对，放下来。今年有人说“硬着陆”，但大家预测今年可能还是9.6％，那9.6％就相当好了。可能我们习惯了长期高增长。什么叫“硬着陆”？是不是相对2007年近12％的速度，下降一两个点，或者相对于去年来说，今年跌一个点多，是不是就叫“硬着陆”？这很难说，因为以速度来解释速度，解释不清。我认为，从中国经济本身内在的发展逻辑看，劳动力成本在提高，各种各样的资源价格在改革，各方面的压力很大，地方政府有地方政府的压力，企业有企业的压力，各方面的弦绷得很紧，就是所谓的不协调，不可持续。所以适当把速度降下来更有利于经济的增长。从这个意义上说，这是正常的。

背景提示

夏斌强调，在经济发展速度降下来之后，中国更应该从全球的战略眼光加大对经济结构的调整，转变发展方式，提高中国经济发展的质量和效益。

夏斌：在国际上，我们要防止出现两种极端的情况。一种是，想尽办法印钱，最后引起全球的大通胀。大通胀局面不好收拾，这是我们首先要防止的。第二种，是防止国外目前的事端不要再走向进一步的恶化。进一步的恶化意味着什么？意味着经济全球化这个趋势可能会遇到麻烦。而对中国来说，30 年来，我们能够取得伟大的成绩，实际上因为是全球化的参与者，同时是利益的享受者，所以我们要维护这个全球化的趋势。从我们的经济社会来说，我认为首先要认清这个形势，站稳阵脚，看清方向，看好自己的阵地。所谓看好自己的阵地，就是既定的方向、方针不要变。什么是既定的方向、方针？我不是讲“官话”，就是去年中央经济工作会议提出的，我们的主线、主题是什么？主题就是发展方式转变，主线就是结构调整，就是要紧紧地抓住结构调整。借这个机会，抓住结构调整。从中国来看，我认为，一切问题的关键，就是要看我们的结构调整力度，看我们结构调整的勇气，有没有这个力度，有没有这个勇气。

答《第一财经日报》记者问[①]

（2011年8月15日）

2011年初，国务院发展研究中心金融研究所所长、央行货币政策委员会委员夏斌发布力作《中国金融战略：2020》。在这部被业界赋予"未来金融业行动纲领"的著作中，夏斌建议以"充分市场化和有限全球化"作为推进改革的总体原则。

如今，当危机再次袭来之时，夏斌仍强烈呼吁"充分市场化和有限全球化"，他还提醒投资者注意汇率制度转换之时可能发生的风险。

一、充分市场化和有限全球化

记者：我们注意到，在您的书中，"充分市场化和有限全球化"，是贯穿始终的战略思路，其中，"有限全球化"的思路特别引人注意，这体现在有管理的浮动汇率、体现在资本账户渐进开放这些战略建议上。您为什么这么注重中国金融全球化的程度问题，是担心金融市场完全

① 此文为答《第一财经日报》记者问，后刊载于该报。

开放所带来的风险吗?

夏斌:是的。因为在国内改革包括经济改革、汇率改革还没到位的情况下,完全开放金融市场绝对会带来灾难性的风险。在这方面国际上是教训多于经验。

我怕市场人士不太相信中国学者的话,所以在本书(指《中国金融战略:2020》一书,下同)中,特别引用了一个西方人、美国前财长鲁宾在《不确定的世界》一书中讲的话:迄今发展中国家的金融开放过程,还没有出现不发生危机的现象。

"充分市场化和有限全球化"就是指,在金融市场的对内、对外开放两个方面,相对而言,对内越快越好,对外相对于对内,要谨慎。就是在汇率、资本项下及人民币国际化这三个对外开放的核心内容上,要讲节奏,要讲三者政策的协调与配合,要逐步推进,这就是金融"有限全球化"的主要含义。

二、汇率制度转换之时最容易发生危机

记者:谈到汇率制度改革,您提到"汇率制度的选择,更大的风险来源于转换过程,而非某一种汇率制度本身"。在去年6月启动"二次汇改"之后,中国的汇率制度可以说也正处于这样一个转换过程之中,对于其中的风险和机遇,你怎么看?

夏斌:我在本书第四章第三节"一国如何选择合适的汇率制度"中,第六点专门讲到了你引用的这句话。在第一到第五点中,讲了关于汇率选择的理论很多。从历史上看,不存在绝对好的和绝对坏的汇率制度,固定和浮动汇率下都有不光彩的危机历史。选择好的汇率制度就是选择最优的货币区。但是对于大国、小国与发达国家、发展中国家而言,什么叫最优?其实是不同的。同时又要考虑,是不是"最优",还要看你对资本管理政策是否选对了,因为这项政策实际是对汇率制度的一种补充。

而且,不管从理论上说,还是从历史上看,一国最容易发生危机的

时期，恰恰是在汇率制度转换之际。

我在本书中指出，为什么汇率制度的转换如此艰难？或者说为什么有风险？因为一方面，一国经济制度有“路径依赖”，有些不适应浮动汇率制下的其他经济制度并不是能简单转换到位的。另一方面，我引了巴里·艾肯格林的话来解释：因为“每个国家的决策并不是与其他国家无关的，它们的自主性源自于国际货币安排的网络外部性”，“一个国家的决策会受到此前其他国家决策的影响”，即在经济全球化时代，一国决策会受到国际主导的中心货币国家的影响，在这方面，非中心货币国家并没有太多的自主性。当然，这并不否认“内因”的重要性。

至于说机遇，从中长期看，中国如此大的经济体仍处于相对世界各国而言高速的增长，这是最大的机遇。

在高增长阶段，我们应该有条件去加快内部的结构调整，扩大消费；在“蛋糕”不断做大的同时，改善贫富差距，加快财政改革，加快资源价格改革和内部金融改革等，在此基础上，可以去推进包括多方面内容在内的汇率制度改革，而汇改不仅仅是指人民币的升值。

就是在今年经济调整的艰难之年，我仍不否认，同样存在推进汇率制度逐步调整的空间。在这方面据我观察，现在的问题，重要的不是学术界、理论界的讨论，而是决策层的认识和勇气。

三、处理好汇率、资本管理、人民币国际化三项政策的协调问题

记者：对于资本账户开放，你的观点比较谨慎，建议资本账户应该渐进地开放，并与汇率、市场化改革、人民币国际化、金融监管的加强等一系列制度协调好。当下，我们看到，在一季度，跨境贸易人民币结算额已经出现“井喷”之势，香港的人民币存量已经超过 4500 亿元，并有望在年底达到万亿，在这样的情况下，人民币回流的需求正在增加，现在是不是打开“通道”的时机？怎样理解离岸金融市场的兴起对在

岸金融市场稳定的影响？

夏斌：不是现在是不是应该打开"通道"的问题，而是在处理中国金融开放中的汇率、资本管理、人民币国际化这三项核心内容时，从大原则讲，是必须自始至终要处理好的政策协调问题。

我从2009年来一直呼吁，人民币国际化的核心思路是三条：一是先让人民币"走出去"，二是让人民币在境外自己"玩起来"，三是还要"有控制地"让人民币回流一部分。

这自然意味着，在制度设计上，从开始就要打开"通道"。关键是以什么形式、什么载体打开"通道"？根据市场发展，打开多大的"通道"？其实目前"通道"已经打开，譬如，我国已在香港发行主权与准主权债券，境外三类金融机构所持人民币可进入我国的货币市场。

现在的问题是，"通道"能否打得再快一些？譬如能否加快境外人民币基金投资境内？人民币QFII？人民币债券对外开放等？当然这需要统一筹划。但是不管怎么说，同时又要冷静，现在还没有到完全自由打开"通道"的时候。

关于离岸市场的影响问题，目前这一市场还在发展中。可以说它对在岸市场有各种各样的影响，但归结到一点，就是最后对中国人民银行执行独立货币政策的影响，或者说挑战。现在我们资本项下还没有完全放开，具体说，影响表现在通过套汇、套利行为，对国内货币供给的压力、对人民币升值的压力，但这也是意料之中的事，没什么稀奇。

解决的出路无非两条，在逐步的、有限的金融全球化中，一是国内的配套改革一定要跟上，包括国内的货币供给机制及调控方法的改革，利率的市场化改革等；二是相应的一定要加快汇率的改革和资本项下进一步开放的改革。

四、金融发展的三对矛盾

记者：在对我国的对外资产负债表进行分析时，您提到"目前我国资本账户管理下的对外资产运用效益是比较低的，隐藏着较大的外部风险暴露”，对于这一点，愿闻其详。

夏斌：这一观点主要是在分析我国金融现实特征，即“金融滞后”和“金融弱国”时提出的。不少学者从比较成熟金融市场、从我国金融市场发展的“结果”层面，常用直接融资比例、金融资产/GDP 比例等指标，来描述我国的“金融滞后”。

我是从金融应发挥的功能、机理层面，从国民经济正常运行中的金融矛盾、问题出发，寻找金融发展的滞后。发现有三对矛盾：一是产能过剩与资源配置不合适，一些部门投资不足的矛盾，后者如中小企业、“三农”、服务经济、创业投资等的不足。二是货币过多与货币迷失，一些瓶颈行业资本不足的矛盾。第三点就是你提出的问题，对外大量的金融投资和较高水平的 FDI 并存。

前者指 3 万多亿美元储备资产的运用是个典型数据。在国际资金循环中，我国的大量外汇资金投资于西方金融市场，西方市场又将其中的一部分直接投资我国。前者多为债券投资，利率较低，后者多为股权投资，分红回报较高，其结果表现为中国总体净资产收益率极低。

五、外储管理应扩大“池子”范围

记者：在外汇储备管理原则上，您提到可用适量外汇，去解决体制改革和结构调整中多年积累的历史痼疾。我们注意到，外汇储备作为央行资产负债表中的资产，也要承担支付外汇占款对冲成本的责任。有观点认为，如果将资产从央行资产负债表中拿走，那么央行就无法承担这个负债，您怎么看？

在外汇储备投资上，我们听到这样一种声音，由于存在“池子太小鱼太大”的原因，外汇储备投资大宗商品和黄金并不现实，您怎么看？

夏斌：对于你说的，从央行资产负债表中的资产方拿走外汇，与负债方如何平衡这一问题，我注意到了，有些人包括一些专家也在这么说。

其实，这是一个简单的误解。我在各种场合讲加快外汇资产的运用，让政府去运用，让企业与居民去运用，潜台词非常清楚，搞宏观金融的都明白，不可能是无偿地拿走，而是讲谁要外汇，谁就通过发人民币债，筹集人民币，或者直接用人民币来买外汇。

这样，央行资产负债表中，外汇资产减一块，央行收回一块人民币的同时，负债方流通中人民币也减一块，资产负债表仍然是平的，一点不存在问题。现在关键是不能让央行一家去用外汇。

至于“鱼大池子小”的问题，看你怎么分析。第一，我在2006年提出用外汇储备抓紧买一些黄金，这里的重点是提出一个战略方向、一个战略原则。因为过去不重视，要尽快重视起来。

从长期看，人民币要国际化，必须认识到黄金是一项重要的战略储备，这并不是想恢复金本位，也没有那么傻，让几万亿外汇一下子全去买黄金。而是提出“逢低吸纳、长期购买”的原则，这一点过去没确立起来，现在要确立。至于如何买，那是具体部门的事，他们会秘密操作。

第二，关于大宗商品，我认为只要是中国崛起短期、长期需要的，都应该设法去买。至于买不着，那是另一回事。我记得在2006年时曾说过，美国发那么多美元，我们就应该用美元去买大宗商品，买到一定的时候，美国也会担心美国国内通胀的。当然对这个问题，一方面，我们要清醒，要用好外汇；另一方面，自己也要加快发展方式的转变，减少外汇过快的增长，加快提升国内的消费，提升绿色、环保的生活方式，不能产生那么多的污染，不能在物价问题上引起与各国更多的尖锐矛盾。

第三，同时一定要看到，“池子”不应该仅仅是指黄金与大宗商品，要放大“池子”的边界。生产大宗商品的企业股权、优质金融企业的股权、先进的设备与技术、优秀的人才，以及其他一切有利于中国崛起的各种资源，都应看做“池子”。而且这一池子还可以包括适当用于提高国民福利的商品与服务。只要不涉及“二次兑换”问题，都可以看做“池子”。如果是这样看问题，“池子”不应该是小的，因此关键看认识，看具体操作的能力与效率问题。

六、过渡期内应追求人民币区域化目标

记者：在人民币国际化的问题上，你认为在2020年之前的金融战略过渡期，人民币国际化应该只是追求区域化的目标，并提示注意人民币国际化与资本账户开放和汇率自由浮动之间的政策搭配，能否详细阐述一下政策搭配的建议？

夏斌：人民币国际化是一个战略要求、战略方向，从一个相当长的历史时期看，我们要始终不渝地去努力、去追求。但是现在由于受多种条件的制约，本书又提出，人民币国际化不可能一蹴而就。在到2020年前后的战略过渡期内，我们应追求的是人民币区域化的目标。

讲到政策搭配，从粗线条、大原则说，第一，汇率、资本管理政策要与国内其他政策变动尽可能衔接好。这一点尽管不直接涉及人民币国际化政策，但是相当重要，因为这是基础性的工作。第二，在人民币逐步区域化的过程中，衔接好与汇率、资本管理政策的适度改革。比如，人民币流进流出规模大了，当然，资本管理和汇率的改革要跟上。第三，我们是通过创设人民币离岸市场来推动人民币国际化的进程，因此离岸市场的发展速度、发展结构、发展规模必须同时视汇率、资本管理政策的演进过程而动，适时扩大"在岸"与"离岸"两个市场的"通道"、机制，才能不断推进中国整体金融市场的开放进程。

至于从工作层面看，具体的政策配套内容就多了。比如，要加快国际化进程，加快人民币"走出去"进程，就要在贸易结算上用人民币，以及人民币对外贷款、对外投资政策要跟上。

如果"走出去"的人民币多了，回流的政策就要跟上，包括在境外发人民币债，允许境外人民币投资境内金融市场等。进出的人民币规模大了，则意味着资本管理政策要变化，汇率的浮动区间、浮动弹性要跟上。

另外，在战略过渡期内，我们要人民币国际化，又要坚持部分的资本账户管理，这是不是涉及要建立"人民币外汇账户"的管理政策？当"在岸"与"离岸"市场之间"通道"做得相当大了，那么在国内，包括信

贷、社会融资总量的管理政策是不是也要及时调整？等等。当然，如果汇率、利率的市场功能完全发挥了，那是另一回事。其他的政策配套，在此不一一列举了。

七、以离岸市场为支点逐步推进人民币国际化

记者：最近媒体上有一些文章提到我国人民币国际化的次序颠倒了，应该先是汇率改革，然后才有可能搞人民币国际化，并提出搞人民币离岸市场推动人民币国际化进程是危险的。有的还说，正是由于推行了跨境贸易人民币结算，加剧了外汇的流入等。对此，您有何想法？

夏斌：对此我想从几个方面回答。

第一，如果当今世界上有一个稳定的国际汇率制度，或者说，当今世界上存在一个平等、互信、稳定的国际货币体系，当今中国未必一定需要去追求人民币国际化。但是，因为当今金融世界不太平，问题太多，主导世界的主要国际储备货币不争气，不能维护世界经济的稳定发展。中国要避免现实金融世界对本国发展带来的负面影响，因此迫不得已，必须去追求人民币国际化。所以我曾说，这是一种必然的选择，也是无奈的选择。

第二，按照常识及有关国家金融开放的教训，一国货币的完全自由兑换，必须取消资本管制。要取消这一管制，意味着汇率改革要在先，先要自由浮动。这是常识，也是有些国家的教训，而这些常识背后的理论其实质就是“华盛顿共识”。但是中国目前的汇率制度正在改革过程中，某种意义上你也可以批评当前的这项改革太慢，然而毕竟从经济全局看，这项改革慢又并不意味着中国目前的汇率可以实现自由浮动，这也是严酷的现实。中国客观上还需实行一段时期的有管理的浮动汇率制度。

第三，根据以上分析，既要克服美元的负面影响，自己的汇率又不能完全自由浮动，怎么办？能否“鱼和熊掌”兼得？能否走出“三元悖论”？

就是在这样的困境下，我们提出了通过创设人民币离岸市场来逐步推进人民币国标化。即通过离岸市场在向境外部分开放国内金融市场的同时，又相对隔离人民币国际化中国际金融风险向国内市场的传递。同时，不失时机地推进汇率、资本管理改革，来逐步扩大“离岸”与“在岸”之间的“通道”。

最终，随着汇率改革的基本到位和资本管制的基本取消，届时离岸市场自然也就失去其存在的价值，意味着中国金融大开放时代的真正到来。当然，这是一种理论上的期望。期望能否变为现实，一半还取决于政策、制度的设计和具体的执行力。

第四，想进一步说明的是，要实现上述第三点，确实是充满着矛盾和困难，是史无前例的，因为在世界上这样的案例几乎没有。但不这么做，不选择“次优”，什么是“最优”？面对缺陷多多的国际货币体系和中国自身结构调整的艰难性和长期性，汇率马上选择完全的浮动，能行得通？答案是否定的。

而且，正因为这种“次优”选择存在不少困难，所以我同时认为，尽管人民币国际化是中国金融开放的核心利益追求，人民币迟早也要成为国际储备货币，但是我仍清醒估计，即使经过10年的努力，人民币占世界储备货币的比例也许仅仅为3%—5%。因此，我们一定要有长期努力的心理准备。

第五，当前一些学人在关于人民币国际化“程序”的讨论中，重点提出了由于人民币跨境贸易结算助推了外汇储备增长的观点。对此，我们在两年前写的《中国金融战略：2020》的第341页中早已预料：“在人民币区域化进程中，有可能在某一时期内反而加剧我国外汇储备的积累”。怎么办？

首先要看到，由中国一个国家持有另一国家纸币形式的国际储备货币近三分之一的现象，也许是经济全球化史上一个特殊时期的产物，是史无前例的，因为其背景是这个毕竟是“百年一遇”的大危机下全球经济失衡的产物。现中、美大国等都在努力纠衡。大危机不可能是过七八年又来一次的。

其次要看到，这么多的外汇储备既是苦恼也是机遇。人民币贸易结算加剧了外汇储备的增加，这恰恰说明，在人民币国际化中，在外汇储备多元化运用方面，在“藏汇于民”方面，在资本账户开放方面，在适度加快汇率改革方面，我们的动作慢了，改革慢了。在美国宽松货币政策下，我国的“托宾税”等措施滞后了。而不能说目前跨境贸易人民币结算的步伐快了，不应该。

进一步说，针对人民币国际化中可能预料的各种矛盾与风险，我认为应该尽快建立有针对性的风险管理体系，要有一套特别的制度安排作储备，包括“在岸”与“离岸”两个市场“通道”中的“人民币外汇账户”管理，要加快人民币 QFII、境内债券市场向境外人民币持有者的开放，以及应该在外汇储备战略性利益的运用方面，加快调整管理框架和制度，等等。

第六，从全球化潮流讲，特别是从中国崛起的大势讲，只要主导世界的和平政治力量仍占上风，只要在全球化趋势中中国自己不犯大的决策错误，中国经济持续增长的势头决定了，通过渐进的策略，以人民币离岸市场为支点的人民币国际化道路，是可行的。剩下的是，关键取决于策略的博弈。

微博摘录：展望未来的世界经济[1]

（2011 年 8 月 17 日）

当今发达国家“寅吃卯粮”，债务矛盾重重；后起国家在既存制度的“路径依赖”中新兴。这决定了今后一个时期的世界经济发展必然是不太平的、乱哄哄的。

① 此微博发表于“新浪微博”、“腾讯微博”、“网易微博”。

微博摘录：解决国际货币体系问题需渐进、改良的方法[①]

（2011 年 9 月 24 日）

尽管当前以美元主导的国际货币体系有问题，但我并不奢望短期的剧烈改革能解决。我寄希望于渐进的、改良的方法，寄希望于再过 10 年、20 年。因为世界没准备好，中国更没准备好。方法与过程的不恰当，其结果是危险的。

① 此微博发表于“新浪微博”、“腾讯微博”、“网易微博”。

微博摘录：未来是“一主多极”的国际货币体系①

（2011 年 10 月 2 日）

有缺陷的国际货币体系必须改革。但美国不后退，不要指望改革有多大起色。在改革中还不能使美元突然崩溃及该体系突然垮了，因为这对全球经济与全球化趋势不利。故今后 20 年、30 年仍是“一主多极”，以美元为主的多极体系，是多种货币的战国时代；推动人民币国际化是长期战略，预计 2020 年人民币占全球储备货币的比例也就是 3％—5％；同时无奈之中，推动 SDR 的改革，又是国际货币体系改革中的题中之意。

---

① 此微博发表于“新浪微博”、“腾讯微博”、“网易微博”。

与吉姆·奥尼尔的谈话[①]

（2011 年 11 月 2 日）

夏斌：我这次来伦敦主要是参加 CCTV－2 与伦敦金融城合办的全球财经论坛，讨论人民币国际化和伦敦人民币离岸市场。

奥尼尔：关于人民币国际化问题，FT 曾作过报道。去年在南京召开的戛纳 G20 峰会预备会上，也有人提出要让人民币进入 SDR。

夏斌：当然这是好事。但是我认为，中国并不会去不讲条件地刻意追求，也不会以某种交换条件为前提，主要还是靠市场推动。

奥尼尔：去年南京会议之后，我觉得法国的目标是想趁其在任 G20 主席国期间，推动人民币入 SDR，然后要让中国在 2015 年实现资本项下完全开放。

夏斌：我认为，中国资本项下全开放不会有时间表，也不应该有时间表，主要看条件是否成熟，要靠中国国内加快改革。中国国内有人说我在这问题上比较保守。我认为，2015 年能实现当然是好事，关键

① 此文是作者在访英期间（当地时间 2011 年 11 月 2 日）在伦敦市高盛公司办公大楼会见高盛公司原首席经济学家、“金砖四国”一词提出者，现高盛资产管理公司董事长吉姆·奥尼尔的会谈记录。

看国内汇率改革进程如何，看国内的其他改革配合如何。

奥尼尔：4个月前，我与香港高级官员会晤时，他们也认为，2015年是个软目标，不是硬目标。

夏斌：当然，香港人民币离岸市场规模越大，离岸市场的发展时间越久，肯定对香港越好。

奥尼尔：这其实只是中国香港特别行政区政府的看法。

夏斌：我曾说过，到2020年，上海的金融市场规模将超过香港。为此，香港特首曾派他的一位局长到北京来找我聊，问我为什么这么说。

奥尼尔：假如按照软目标有计划地去执行，未来3—5年，会放宽资本管制政策？我与英国财长聊过此事，这对英国来说，也是机会。

夏斌：资本管制政策肯定会放宽的，但是仍然是逐步放，现在也正在逐步放。前一阵李克强副总理到香港已表态，讲了几条政策，其中允许香港200亿人民币进中国资本市场。我曾说过，比较股市，中国的债市可以更快的步伐向境外投资者放开，因为现在债市规模已很大，债市的行情波动又比较小。

奥尼尔：在救希腊基金中，欧洲有人提出发人民币债，这可以吗？

夏斌：中国内地资本市场还没完全放开，但香港市场是放开的，香港市场上现在有6000多亿人民币存款，可以到那里发债。

奥尼尔：在中国境外的人民币定价会比在境内定价好些。

夏斌：欧洲有人提出发人民币债，筹集资金是为了进口中国商品？还是通过外汇市场兑换成其他货币用？

奥尼尔：这我也不清楚，可能是为了货币交易吧。

夏斌：在中国，有些学者说，中国的汇率改革没改到位，资本管制还没完全开放，搞人民币离岸市场，次序颠倒了，你认为呢？

奥尼尔：我觉得，香港是搞试验，看看中国资本管制放开一些会有什么后果。前一阵听香港人说，好像在中国境外对人民币使用的一些限制也放宽了。

夏斌：我一直在说，人民币国际化的核心思路有三条，其中一条就讲，对已在境外的人民币，应尽快让它在境外自己“玩起来”，存款、贷款、资产管理、衍生品等，什么都可以做，尽快形成一定的交易规模，形成一定的“池子”。

奥尼尔：我们聊聊当前中国的经济情况吧。以前人民银行给通货膨胀定的控制目标是2%—4%，好像前一阶段调整了？你怎么看？

夏斌：我认为中国目前物价上涨的压力，主要是三条原因，一是成本因素，二是输入性因素，三是我们前两年货币多发的因素。当然，我国CPI中食品的权数约占三分之一，前一阵养猪管理周期上的问题引起肉价上升，也影响推动了CPI的上升。但这是个短期因素。不过，我曾对中国政府领导说，在我国结构调整中，我们对物价上升要有心理和政策准备，因为劳动力成本上升是个趋势，对温和物价上升要有一定的容忍度，以后一段时期内2%左右的物价上升避免不了，这已不是货币政策紧缩所能控制的。

奥尼尔：国外许多机构预测，也包括我在内，中国的物价在明年一季度可控制在4%以下。

夏斌：也许是可能的吧。而且，今年前一时期物价上升因素中主要是猪的因素，其重要性也在下降。

奥尼尔：以后6个月物价在4%以下，中国的货币政策会不会调整？

夏斌：我上午与英格兰银行首席经济学家聊，他认为当前中国物价在下降，货币是否应该松？我跟他说，这一两年我在中国国内一直在说这样一句话，就中国房地产市场的泡沫来说，不整，中国肯定要出事，当然整得狠了也要出事。货币政策轻易不能松。

奥尼尔：以国外观察者的角度来说，30年来中国经济取得了成功，同时中国也是第一个在自动挤房市泡沫的国家。美联储、英格兰银行在2005年就没做好这件事。

夏斌：现在中国政府压力很大，因为企业利润在下降，中小企业问题又突出了，股市也不太好，市场要求政府放松银根的呼声很高，政府又处于换届时期，现在正是决策最微妙、最关键的时期。

奥尼尔：你看问题很敏锐。你是鹰派啊。

夏斌：我对世界经济的看法是，今后几年不会好到哪里去，中国要做好准备。对于我们自己存在的问题也要认识到,在前几年的全球失衡中,我们是处于“增长的兴奋”,疏忽了结构的调整。

奥尼尔:其实美国金融危机对中国是好事。美国抽惯了“鸦片”,这次“鸦片”断了。

夏斌:我在危机刚来时也说过,这是好事。危机让中国看清了世界不太平的制度根源是什么,也让我们知道了中国经济主要的结构问题是什么。同时,我也曾提出,在中、美两国结构调整中,谁调整得快,谁就越主动。

奥尼尔:中国“十二五”规划提出GDP增长7%,中国有出口贡献丧失的可能。

夏斌:速度相对下来一点,这对中国结构调整是好事,可以倒逼。但是,确实要做好准备,速度下来后,风险会暴露出来。

奥尼尔:你认为GDP增长7%—8%是高了一些,还是低了一些?

夏斌:我认为7%—8%的增长速度是满足不了目前各地政府对增长的冲动。速度下来,房价会跌、地价下滑、银行风险就大了。速度下来,地方政府没钱了,一系列问题怎么解决?这是中国现实的问题。相对于过去两位数的增长,我认为能维持在8%左右的速度比较合适,但不能在短期内降得太快。鲁比尼还曾预测,中国在2013年要出事。

奥尼尔:鲁比尼看到的全是泡沫。

夏斌:中国有句话叫“苦口良药”。他的话,作为一种警示,依我看,可以当良药吃。

奥尼尔:去年我就觉得中国下一步会有很多问题要解决。

夏斌:我也是这么认为。出口没有了,投资不能再持续高增长,消费又一时不可能增长很快,因此很多矛盾不好解决。

奥尼尔:可以提高工资。

夏斌:提高公务员工资,涉及财政支出,涉及社会公平问题。提高工人工资,涉及企业成本,涉及企业的国际竞争力。

奥尼尔:中国再靠出口是不行了,出口没有了。中国应该像美国一样,靠自己的内部消费,这是一种良性循环。

夏斌:速度必然要下来。

奥尼尔:你现在最大的担心是什么?

夏斌:是速度下来后会暴露一系列问题。速度从过去11%、12%降到8%,银行风险要暴露。

奥尼尔:从长期看是好事。

夏斌:是的。前两年救危机,我们多投放了一些货币。现在美国危机过去4年了,再过4年、5年,如果美国经济走出来了,中国结构调整速度慢,中国就麻烦了。我在我的《中国金融战略:2020》一书的结束语中提到,从中国经济、金融的内在发展逻辑看,中国很多问题都是可以解决的。但是最后能不能真正解决,关键是看能不能形成科学的决策机制。

奥尼尔:我每次到中国去,中国的学者往往都居安思危,有各种担心,这很好,这在其他国家是不容易看到的。

夏斌:你对美国今后几年经济怎么看?

奥尼尔:说起来一点不奇怪,近期美国的数据越来越好,未来几年2%—3%的增长是没问题的。主要是私人部门的转型比较好。在房地产市场上,美联储恐怕还是有政策措施的。

夏斌:与欧元区有什么关系?

奥尼尔:在这个问题上,好多人夸大了美国与欧元区的关系。美国还是靠自己。

夏斌:我看欧元区要彻底垮是垮不掉的。因为德国过去是欧元区的利益享受者,它又是实力最强,它会想办法把欧元区维持下去的,不管是什么样的欧元区。

奥尼尔:欧元区想发统一债这件事,其实四五年前德国就想做。

夏斌:那希腊可能出局了。

奥尼尔:德国只想欧元区的各国能统一财政,对德国来说,希腊无所谓。

历史为鉴，呵护私募基金未来[①]

（2011 年 11 月 15 日）

早在 1984 年底我从日本野村证券学成回国时，就想在国内介绍共同基金、私募基金的知识。但对当时的中国来说，介绍此类知识“缺乏土壤”，实在为时过早，故当时未动笔。

1986 年前后，国内的国债发不出去，搞强行工资中摊派，曾出现发行利率高于同期银行存款利率 3—4 个百分点的“咄咄怪事”。本人当时人微言轻，但还是斗胆向领导建议，申请搞个基金，包销国库券，在赚些利差的同时，可适当减少财政发债成本，并保证不再用行政硬摊派方式，把国债销出去，但被人不屑一顾。

后当国内有个别人开始谈论起共同基金时，本人才在 1990 年底写了一篇题为《国外的共同基金》的文章，刊载在当时金融圈的权威杂志《金融研究》(1991 年第 2 期)上。对基金作了既系统又简略的介绍，这在国内算是比较早的。

时隔约 10 年，到了 2001 年我在任中国人民银行非银行金融监管

① 此文为作者给中国人民大学出版社 2012 年出版的《中国私募基金(2011)》一书写的序，标题为编者所加。

司司长期间，发表了《中国“私募基金”报告》(《金融研究》2001 年 08 期)，曾一时轰动，各媒体纷纷转载、讨论。该“报告”的最后结论是，中国的金融监管部门不能掩耳盗铃，视而不见实际经济生活中已经蓬勃发展的私募证券基金，并建议将其阳光化、合法化。记得也就在那前后，正讨论制定《证券投资基金法》。我是竭力主张该法要有前瞻性、要反映社会实际情况，有些情况一时看不准的，法律条款宜粗不宜细。记得当时该法“草案”中曾专门有一章为“向特定对象募集的基金”，后不知听了谁的意见，把这一章删去了。

时隔又 10 年的 2011 年，听说全国人大又准备修订《证券投资基金法》，有关人士又在为“私募基金”鼓与呼，拟在该法中加上相关私募基金的内容。

遗憾的是，在 2001－2011 年的 10 年中，由于当时决策与监管部门对私募基金的认知水平，使相关的法制建设耽误了。另外，囿于当时证券监管部门与中国人民银行意见不一致，对私募的性质、对信托“代人理财”宗旨的认识存在差异，不愿将当时证券公司实际上代人理财的信托行为(现已在部门规章上承认、鼓励了)予以规范、监管。最后酿成了一批证券公司在国库券理财业务上的巨大损失，导致公司倒闭关门、国家财产损失数以亿元计(损失巨大，但现行制度下，缺乏对政策制度的“后评估”，找不到由谁来负此责任)。后来，不得不成立中国投资者保护基金。

越来越多的教训证明，随着国人财富的增多，私募这一经济行为不可遏，必须合理引导、阳光化。正是本着这一出发点，“中国私募基金(2011)课题组”组织了众多教授学者，花了大量的心血，撰写了此书。从目录中可见，本书远比 10 年前我写的《中国“私募基金”报告》视角多元、内容丰富、材料翔实。新书既有中国此行业发展的历史叙述，又有大量的国际比较，值得一读。个人认为，稍嫌不足的是，全书大量篇幅既然涉及了私募证券基金和私募股权基金两大内容，但对后者的介绍、中国现状分析和政策建议，稍逊于前者。

提到政策建议，我们在为私募基金呼吁、鼓励其阳光化健康发展的同时，借此机会，本人还想特别指出，对于市场上长期纠缠不清的私募股权基金或政府主管部门愿意称之为的“产业投资基金”(注意：据说2000年前后朱镕基总理主持国务院工作时，在一次国务院常务会议上指出，以后不再讨论“产业基金管理办法”了，即也不出台此办法了)。政府应管什么？我认为，基金公司本身，可以按照相关的《公司法》、《合伙企业法》和《信托法》等法律运作，其运作不存在任何的法律障碍。政府应管的是，各级政府拿的纳税人的钱、国有资产进行的投资，因为这是公众的钱，这是国民的钱。应监督其投资的额度、比例、去向等，可以对国有资产投资私募股权基金拿出个管理办法。对成立私募股权投资基金或产业投资基金本身，用不着政府有关部门去一一审批。

以上，讲一段历史为序，说明风风雨雨的一二十年，中国的私募基金市场发展的道路并不平坦，教训也不少。关注历史，能让更多的人学会如何去呵护未来。

与乔治·索罗斯的谈话[①]

（2011年11月20日）

索罗斯：你能否简单地介绍一下中国政府目前最关注、最担心的问题是什么？例如：影子银行、房地产市场。我的意思是，现在中国最重要的事情是什么？

夏斌：我认为2009年、2010年我们的货币多投放了些。我们都已经看到地方融资平台风险、房地产泡沫风险。中国下一步怎么发展？现在外部经济不好，投资不能持续高速增长，消费又跟不上来，房地产调控又不能随便放松，增长速度就要下来。经济增长是我们最关注的问题。

从中长期看，美国对中国采取全面的遏制。从中国方面来说还是愿意真正加强与美国的全面战略合作的，但是其实目前对中国来说很难。

索罗斯：从你的职业角度来看你最关注的事情是什么？

夏斌：中国最大的问题是，明年经济发展速度肯定要降，但不能降

① 此文根据作者2011年11月20日与乔治·索罗斯在北京的对话记录整理而成。

得太快。如果房地产调控的节奏没有把握好的话,问题还是很大的。

索罗斯:“硬着陆”。

夏斌:房地产市场的周期是两年。目前限购政策等在起作用,导致交易量、房价在降。

索罗斯:房价真的下降了吗?

夏斌:下降了,但是幅度不大。但是如果形成了直线下降这样的趋势,市场、政府谁也控制不住的。

索罗斯:我特别奇怪你把美、中关系放在重要位置,我认为中国地位增强,很多事情具有独立能力。

夏斌:美国在很多领域制造了一些麻烦。对中国来说,我认为不是很好。

索罗斯:在哪些方面?

夏斌:例如:在政治外交方面,如南海问题;TPP方面,但这个影响不是很大;汇率方面,美国仍不依不饶。另外,奥巴马在夏威夷(APEC)发言中的一些东西(将中国排除在跨太平洋伙伴关系协议之外)。所有这些问题,使中国处于较难的境地。

索罗斯:欧洲问题呢?

夏斌:我们在经济方面很愿意与欧洲合作,但是我也听说,美国在警告欧洲,不要拿钱出卖原则。说中国给点钱,你欧洲就出卖原则?

索罗斯:你是否觉得现在美国对中国非常敌对?

夏斌:这次奥巴马在夏威夷(APEC)发言透露的信息对中国的压力比过去大了。但是在TPP问题上美国也不会有太大的影响,因为东南亚各国都与中国有贸易往来。菲律宾比较特殊,与美国交往较近。美国又在澳大利亚驻军,这是从军事角度看。

索罗斯:很多问题是由于美国的选举,和中国明年政府的交接一样。中国政府的换届对于美国的民众来说不是很透明,你能讲讲具体内容吗?

夏斌:首先,中国是换届,不是换执政党。第二,中国的领导是集体的领导,而不是像美国,本届总统与上届总统的政策会有很大的差别。中国有集体领导的保证,政策具有连续性。

索罗斯：根本上讲，中国权力上是两派还是多派？

夏斌：中国还谈不上派别，是集体领导，但是每个领导在具体的事情上想法会有区别，大的问题上必须集体决策。

索罗斯：上海系的影响力有一段时间在下降，这对中国政治是否有影响？

夏斌：当时是个别领导的问题，谈不上派系问题。

索罗斯：是否存在温和派、强硬派？如经济、军事上的问题？如在南海问题、边疆上是否军队中有强硬派。

夏斌：军事上我不熟悉，但是在经济上，有的观点中央与地方政府、各个地方政府之间的不一致是存在的，是正常的，但是最后还是取决于中央政府的决策。

索罗斯：中央、地方房产税方面是否有分歧？你的看法是怎么样的？

夏斌：2009年我在总理面前说，与其上房产税，不如加快上累进高额的交易所得税。为了精确打击投机炒房就应该在交易环节上税。

索罗斯：市场现状已经是房产囤积了，交易所得税对他们没有作用。

夏斌：我不这么认为。我的意思是，你投资买房可以，但是你要卖，就要交高额的税，不让你赚大钱。

索罗斯：我认为主要问题在房产囤积上，囤积房地产会导致资产泡沫。如果资产泡沫破灭，对市场影响较大，大量的所谓库存会投向市场。

夏斌：我认为如果房价下降，老百姓明白了房市的方向，就不会为了囤积房产去购买，只是为了真正的需求去购买。

索罗斯：你们现在已有很多房地产的囤积。

夏斌：我的意思是让已有的房地产泡沫慢慢地破裂。

索罗斯：我不同意你的观点，我认为现有的持房者如果卖的话，会造成房地产市场的大跌。

夏斌：所以调控要掌握节奏，我说要再花一些时间。现在不是鼓励持房者马上都卖，而是先稳住价格。大家有很多房，有的认为可以出租,有租房需求。你对中国房地产的建议是什么?

索罗斯:我认为还是实行房产税。按年征收。按年对持房者惩罚,而不是一次性的交易所得税惩罚。我认为这样能更容易控制房价。

夏斌:从长期看,征房产税是方向。但短期内要压投机,交易税效果更好。

2012年中国经济怎么办？[①]

（2011年12月16日）

日前，国际上一些人在唱空中国，“中国经济要崩溃”。国内的房市正出现价量“拐点”，又有一些人纷纷要求放松银根“保增长”。到底怎么看中国经济？2012年中国经济该如何发展？

一、中国经济发展的主基调和发展逻辑没有变

什么是中国当前经济发展的主基调？作者在2011年7月曾说（见7月11日《中国证券报》），从趋势看，我国经济正处于一个从过去两位数高增长平台，逐步迈向相对趋缓增长的平台。这一趋势并不是经济周期性问题，也不是宏观政策力量所能支配、调控的。这一点，从中央政府到各级地方政府，到市场，都应该清醒看到。

从外部环境看，受金融危机严重打击，未来几年美国不可能恢复

① 此文根据作者最初在2011年12月16日湖南《潇湘晨报》在长沙主办的“2012年关键词”论坛上的发言录音整理而成，后刊载于2012年首期《中国外汇》和《国际金融》杂志上。

到 2007 年之前的高增长。连美国主流经济学家都已经感到美国经济复苏的艰难性,曾为奥巴马政府的经济顾问委员会主任萨默斯教授更放言,危机已经过去 4 年,担心美国会不会出现类似日本“失去的十年”。而比美国问题更严重的是,更多的人在担心欧洲会真正出现日本“失去的十年”。在这样的背景下,对于第一大出口国的中国经济来说,对外需已不能抱有太高的希望。2011 年第三季度中国净出口对 GDP 的贡献率已经为零。很多机构预测,2012 年净出口对 GDP 的贡献可能从零到负,这就是中国经济 2012 年在外需方面所面临的形势。

从投资看,这几年来中国投资的高增长有多少是合理的增长?同时,在打击投机炒房过程中,房地产投资率明年必然下降。有人预测,2012 年房地产开发投资可能降为 16%左右。房地产投资约占全部投资的四分之一,房地产投资的大幅下降,加上相关产业的连锁效应,明年应不可能再出现前几年那样的高投资增长水平。

从消费看,社会两极分化比较严重,尽管政府在采取各种措施解决,但这需要一个过程。这就意味着中国消费要想高增长也需要一个比较漫长的过程。

同时,在结构调整中,中国经济正出现贸易行业向非贸易行业的转移,出现其他国家在此发展阶段都同样出现的劳动生产率下降的趋势,再加上近年来劳动工资上涨、资源价格改革、创新进程又相对缓慢。

因此从总体看,今后的中国经济不可能像过去那样保持很高速度的增长,特别出现像 2007 年那样近 14%的增长。这就是中国经济未来发展的主基调和发展逻辑。

二、主基调基本不变下必须也只能继续坚持稳健的货币政策

什么是稳健的货币政策?笔者认为,宽泛意义上的货币供应要为实体经济保持以 8%—9% 合理增长速度而提供货币,再也不能像

2009—2010年那样一种货币信贷供应的高增长。原因很简单:相对于危机前,中国的外需在减少,高投资水平不能持续,而且市场已经形成了房地产泡沫,付出了地方融资平台隐藏的大量风险代价。在这样的情况下,相对于前两年而言,必须也只能是相对紧缩银根。

在货币政策稳健的前提下可以强调微调。什么叫微调?市场上有各种解读,官方并没有准确的解释。笔者认为,微调并不意味着简单的放松银根,微调并不意味着放松房地产市场的调控。微调应是针对中国金融体系融资效率总体不高的现实,即在调控货币供应量之时,利率机制不畅,无奈只能调控贷款规模;但金融市场结构复杂后,规模调控范围又狭窄,所以今年不得不提出社会融资总量的调控;但是此指标的完整获得恰恰又滞后,体现不了货币调控的前瞻性。在现实这样一种复杂困境下,即在总量调控机制并不是很有效的情况下,中国需要运用信贷结构等政策来辅助实现总量稳健的政策。比如说,加大对小、微企业的贷款、税收支持力度,精细运用动态差别存款准备金制度等,实际上这些都包含微调的意义。应该说,微调只是对过去货币政策制度安排不灵活而进行的一些补充性安排。

尽管目前房价已经出现松动。但在微调这个问题上,不要误读,也不要抱"幻想"。正是因为前几年宽松货币政策等宏观政策的欠缺才导致了目前房市泡沫的压力,因此在货币政策由宽松向稳健转向的过程中,房市的调控方向不应转变,也不会转变。货币政策所需注意的是,在巴塞尔协议成员国所没有而唯中国有存贷比监管指标下,如何实施宏观审慎管理原则?特别是伴随我国外汇占款的波动,如何坚持动态差别存款准备金制度,如何加强微调中货币政策既不是简单转向,又能及时、足额对冲因外汇占款等新因素影响下的宏观效应?这对央行提出了严峻的挑战。

三、主基调不变下的经济持续稳定发展关键在结构调整

中国经济结构能不能调整过来,关键在财政政策。我们不要指望

货币政策的松动能解决中国的结构问题。合适的财政政策是这轮宏观调控能不能坚持下去的关键。基于中国目前的财政赤字状况,笔者在此仅强调两点:第一,要进一步实行积极的财政政策,中国政府有余地、有空间解决赤字问题,不仅要算财政部的预算收支账,还应把巨大的国企股权变现潜力、资本收入、分红包含在内。第二,必须加快财政支出结构的改革和结构性减税。主要是向战略型行业倾斜,向小、微企业倾斜,向有助于扩大消费的各种基础性领域倾斜,包括社保、医疗、教育等。同时向结构调整和价格改革中各种必需的补贴支出倾斜。劳动力成本上升等因素决定了今后一两年内中国物价将趋于一个温和的上涨阶段,在这个过程中要保持低收入群体的实际生活水平不下降,政府必须要补贴到位。唯有这样,才能保证中国的结构调整往前走。

四、能否调控好房地产市场是2012年宏观调控的关键与难点

当前的房地产市场是连接中央政府、地方政府、开发商、市场和老百姓的一大心结。同时,房市风险涉及"土地财政"收入,财政收入涉及地方融资平台风险,地方融资平台风险又涉及银行体系风险,甚至与整个股市的稳定都已经连在一块(目前全体上市公司的一半以上利润来自于金融机构)。

国务院文件提出,加快社会保障房建设,坚决打击投机炒房。笔者理解,中国房市的健康发展方向就是要坚持以消费品为主导。"为主导"并不意味完全排除少量合理的投资,但是要坚决打击买房仅是为了卖房的投机行为。在调控目标上,短期内基于目前的泡沫,政府可直接调控房价;长期看,则应建立起房市健康发展的长期有效制度。笔者近年来一直呼吁,中国的房地产市场不整顿,中国经济肯定要出事;整狠了,中国经济也会出事。这就是当前的纠结。

因此,在策略上应慢慢消化泡沫,准备花一到两年的时间。在操

作手段上可以考虑用长效的法律与税收手段来逐步替代目前的行政措施，比如说，为了精确打击产生于投机的交易环节，与其上房产税，不如上高额累进交易税；与其限价，不如上交易税。明确政策导向，可鼓励适当合理的投资，同时出台新的房屋租赁管理条例，明文控制租金过快上涨的措施，从多个角度保护房客和弱势群体利益。选择好适当时机，在推出法律与税收手段替换行政手段，包括微调限购政策的同时，一定要向社会明示，打击炒房行为绝不动摇，不要让市场误读。

五、2012 年“稳增长”必须加快落实“新非公 36 条”

2010 年，国务院出台了关于支持民营资本全面进入中国各个产业的 36 条措施。在 2012 年外需急剧减少、房地产投资肯定下降的情况下，要继续稳定增长，必须要有新思路。如果没有新思路，没有新举措，稳增长只能靠回归老路、放松货币。因此，要真正实现“稳中求进”，必须是“改中求稳”，只有在改革中才能确保稳定增长。

笔者曾得到一个数据，在某个直辖市，全市全年银行贷款的 36％仅贷给了该市前 20 家企业，这种荒唐状况不是偶然的。从监管角度看，没有发现任何一家银行违规，即对某企业贷款都未超过资本金占比监管规定，但架不住大大小小的银行都“傍大款”、“垒大户”。这就是中国目前的状况：融资体系必须改！在此背景下真要稳增长，必须要开放市场，打破国有资本垄断。历史证明，社会投资结构的优化配置靠政府计划是靠不住的，必须基本靠市场。“新非公 36 条”，已颁布近两年，迟迟得不到落实，已直接影响了结构调整和发展方式转变的大局。如何落实？关键是执行力，这是解决 2012 年“稳增长”中必需的一项重要措施。

六、国退民进，提高消费，实现发展方式的真正转变

2012 年恶劣的外部环境，加上投资增长的不可测因素，因此扩大

消费已成为“稳增长”中必须给予充分重视、重新认真思考的大问题，也是不能不推出新举措的领域。中国政府拥有危机中他国政府不可比的大量优质资产。因此在中国经济发展模式发生重大变化的关键时期，在中国经济系统已蕴藏一定风险的状况下，能否根据中国经济2020年或2030年的发展进程需要，在测算出不同行业政府绝对与相对控股比例的基础之上，将多余的股份逐步地、有计划地向境内市场出售，政府将所获收入专项用于穷人消费，以同时实现“救穷人、扩消费、促增长、稳社会”的诸多目标。也许这是中国当今社会实现发展方式真正转变不得不迈出的关键一步。笔者知道，在这方面社会上有不同的想法，包括意识形态。但是作为一个学者，笔者仍然坚持这几年一贯的呼吁，并认为，要真正解决中国经济发展方式的改变，必须要有大的想法和战略性措施。

关于“顶层设计”的一次发言①

（2011 年 12 月 19 日）

今后 5 到 10 年是中国经济的关键时期，也是我们党执政的关键时期。为什么？由于目前的改革不到位，各种利益关系、各种矛盾越来越复杂、越来越尖锐，已深刻影响到社会领域。据说，2011 年全国发生大大小小的群体事件有 18 万起，平均一天是 500 起。今后几年经济增长速度会下滑，如果各种矛盾长期得不到解决，我认为中国社会会更麻烦。所以今天又到了 30 年前必须改革那样的关键时期。不改革已没有出路。而“十二五规划”刚刚定完，在党政换届之年提出搞“顶层设计”，意义是什么？我认为这意义非同一般，这是居安思危，看到了社会经济危机的险象。

一、“顶层设计”的原则是什么？

第一，“顶层设计”的出发点。今天不是 32 年前刚刚开始讨论改

① 此文是作者 2011 年 12 月 19 日在“中国经济 50 人论坛”上的发言内容。

革的时期，要确立什么是改革的目标、方向和原则。应该说这些问题早已解决、明确了，就是市场经济、法制经济。当然有人会动摇、模糊、怀疑，但是大方向不会变。30多年的经济奇迹也已证明，个别人想变也是变不了的，老百姓是不会同意的。现在的问题是，中国在成为第二大经济体的同时，一大堆尖锐矛盾又摆在了眼前，经济发展已不可持续，严重影响了社会的稳定、党的执政基础。所以今天讲“顶层设计”绝不应是进行一般的理论讨论，不是找纯理论家从学术口号出发，去阐述理念、阐述概念，而是要问题导向，要解决问题。就是要解决中国经济增长不可持续中的制度矛盾，解决美国危机后全球需求减弱，中国速度下来后，中国经济将暴露的风险怎么办？解决中国成为世界经济大国后，因收入分配严重不公，导致的社会不稳怎么办？“顶层设计”应该从这些大问题切入，列出若干个关键问题，拿出措施、拿出政策，拿出具体可操作的解决方案。

第二，“顶层设计”要纲举目张，要抓大问题。现在经济和社会中，包括科、教、卫生领域，确实存在着各种各样的矛盾和问题，群众意见很大，甚至可以说有些是民愤很大。“顶层设计”不应该再去搞一个类似的“十二五”改革规划，讲究面面俱到。也不应该像起草总理政府工作报告那样，对各个部门、各个领域问题都要照顾到。现在大家一谈如何深化改革，涉及方方面面。每个部门、每个领域都会涉及。其实这些问题有些是属于日常的改革工作，属于短期问题，早该解决的只是没解决而已。因此对这些问题该怎么解决就怎么解决，平时去抓就行了，譬如中小企业融资难的问题，高利贷问题。而“顶层设计”主要是抓牵动全局的关键问题，抓长期以来纠缠着各种矛盾的核心问题，抓严重影响中国经济稳定增长的重大问题，同时这些问题又是跨若干部门共同协商才能解决的。只有这样，才能纲举目张、牵一发动全身，抓住这些问题，通过“因素影响法”，顺势而为，为解决其他一系列问题铺平道路。通俗讲，这轮“顶层设计”，一定不要面面俱到，罗列经济、社会发展中的各种问题。作为重要原则，必须从当今及今后一个时期社会稳定、经济稳定增长中大家普遍认为最难解决的、民怨最大的问题出发，抓住现象背后的主要制度矛盾，不回避、敢碰硬、去突破。只要做到这一点，才具有“顶层”的含义。

第三，不设思想框框，绝不能就经济谈经济。中国改革已走过了32年，很多问题暴露了很久很久，很彻底了。至今没能解决，为什么？因为有的问题一谈起，似乎有人认为涉及政治改革，有意识形态问题，不敢碰。今天既然是搞“顶层设计”，就要从国家稳定的最高利益出发，按照社会稳定、经济持续发展的目标，实事求是，碰到什么问题就解决什么问题。要敢碰，不能再回避了，不能说政治领域的问题就不能碰。否则，经济中好多问题永远解决不了，会误国误党，当历史的罪人。譬如，科学的决策机制怎么形成？尽管这不是经济问题，但是近10年已经看得很清楚，进入全球化后，作为第二大经济体，国际事务慢慢已变成中国事务中很核心的内容，大量的、知识密集型的国际事务，对于日理万机的最高领导决策者来说，什么是科学决策？怎么形成科学决策？我认为此事总没解决好，会误事。

第四，“顶层设计”要有全球视野。近期，海外既有人说2013年“中国经济要崩溃”、2016年“中国银行体系要崩溃”的言论。也有人预测，按购买力平价，2016年中国GDP超美国，按市场汇率2018年中国超美国。不管怎么说，中国已成为全球的焦点。因此“顶层设计”中，对唱空中国的，既不要持简单的“阴谋论”，要把人家的警示当苦口良药吃，去找速度下来后中国系统性风险爆发的可能性和解决的对策。对唱多中国的，又不能盲目乐观，要看到一切可能性都存在。关键在于自己，能否把制度、政策梳理好、调整好。中国现在是世界经济大国，中国的问题是全球性问题。“顶层设计”中选择需要解决的问题，如果是选择了会影响世界投资、消费与出口的问题，才真正具有“顶层”的意义。同样，解决这些问题的策略与政策，不能闭门造车，不能不考虑中国崛起中他国的担忧、他国的利益，进而他国可能采取的博弈政策和世界环境的可能变化。

二、关于“顶层设计”主要内容的选择

根据以上思考，我认为“顶层设计”中应有八个问题必须认真

解决。

1. 关于土地制度改革。农用地转非农用地、宅基地问题，实际上长期方向并不清，但各地政府的试点实践却非常活跃。由于我们的制度长期不明晰，已造成一些矛盾更加复杂化。这个问题不仅涉及农民权益保护问题，还涉及中国千千万万个小城镇建设中土地的统一规划、建设用地供应、土地财政问题。进一步分析，从经济上看，让土地流转起来，增加农民收入，是培育中国几亿农民大消费市场的大问题。从政治上看，解决强拆上访、城乡两极分化、贪官污吏问题，直接涉及政权的稳定。农民征地问题是近几年群体事件高发、上访人数最多的突出领域，已成为城乡经济、社会矛盾的焦点，到了中央应该下决心解决的时候了。这是“顶层设计”中不能回避的问题。

2. 关于经济结构问题。对于这个问题，首先全党要统一认识。大家都在讲结构，中央文件提出是转变发展方式的“主线”。但结构问题又很多，到底什么是当前中国经济最大的结构问题？是最急需解决的结构问题？大家讲结构时常常讲战略性新兴产业结构、三个产业之间的结构、地区结构、企业结构、产品结构等，这是谈什么样的结构？很大程度上都是谈的投资中的资金分配问题，是讲投资结构。而美国危机以来，中国要继续保持经济的持续稳定增长，外需减少了，投资领域已出现了房地产风险、地方融资平台风险，也就是说，投资不能再保持过去那么高的增长了，那么 GDP 总量还想继续增长，社会还要稳定，中国最迫切要解决的是什么？只能是扩大消费，是平衡出口、投资、消费之间的结构。这是中国经济最大的结构问题。可以说，现在的内外失衡问题、环境资源问题、增长方式问题、外汇储备问题、国际摩擦和汇率问题，甚至是社会不稳问题等，其实都与这个问题没解决好有关。因此解决结构问题，最重要的是要解决消费问题，“顶层设计”中最急需设计的就是扩大消费的问题。

其次，关于扩大消费，中央文件已讲了这么多年，居民消费率反倒是下降了。到底怎么扩大消费？两年前我向国务院领导反映过，我们搞十大产业振兴规划，我说中国恰恰最重要的是要搞扩大消费的规划。但迄今为止，这项工作还看不出眉目。现在讲的收入分配改革，其实也远远解决不了总量结构调整所需要的大幅提高消费的需求，何况分配改革方案还迟迟拿不出来。因此消费问题一定要有战略规划，要有“顶层设计”。而且这个规划与设计，要有工作进程表，对政府每年提高居民消费率要有时间压力，这样才不会使结构调整成为一句长期说的空话。只要不是空话，真想提高消费率，自然就要解决一系列问题，自然就会纲举目张。因为要把居民消费率从目前的36%左右的水平提高到改革开放初近50%的水平（仍比发达国家和一些发展中国家低），或者说提高到国民基本满意、社会稳定的水平，讨论的议题必然要涉及平时关注的一些重大经济问题，如收入分配、社会保障问题等。因为：

第一，要解决城乡居民消费的后顾之忧，必须逐步解决医疗、教育、养老的问题。要从“顶层设计”角度，通盘考虑老百姓的生存与安全网的建设。

第二，收入分配改革从社会、政治面看，涉及解决不公、社会稳定问题。从经济面看，直接是提高消费的重要环节。这项改革能增长老百姓多少收入？对消费率的提高最终有多少贡献度？需要认真预测。

第三，如果经过土地制度改革，农民能提高多少收入？进而能扩大多少消费？这直接事关消费。

第四，如果以上三项仍解决不了在扩大消费统筹测算中居民消费率提高的目标，自然应进一步考虑扩大居民的财产性收入。其中一项战略性措施，能否“国退民进”？就是卖掉一部分国有股份，在增加一部分居民投资性财产收入的同时，政府售股换取的现金，用来专门救穷人？通过救穷人，可以扩消费、促增长、稳社会。

总之，扩大消费、改善总量增长中的结构，是中国经济近阶段“顶层设计”中一项最基本的、最不可忽视的内容，又能集中解决现在社会中最大的民怨。对此，“顶层设计”必须要有制度改革的战略勇气，“GDP蛋糕”必须向老百姓倾斜切，国企必须往后退。否则，要解决经济的不可持续问题、要解决由两极分化严重而引起的社会稳定问题，不会找到财源。财源出路找不到，增长方式就不可能转化。应该说，这个战略愿景是很清楚的。如果老迟迟不动，中国经济就没有出路。

3. 关于财税改革问题。这里暂且不去讨论中国税负水平高不高的问题。仅从中国目前已积累的风险看，要打破海外人士“中国崩溃论”的预言，必须化解已经存在的系统性风险。在房市泡沫风险已经形成，其中“土地财政”是其成因之一的情况下，现在必须整顿房地产市场。其风险传递机制是：要整顿房地产市场，房市价量均跌；由此地价需求减少，土地收入减少（已减 30%左右）；地方融资平台风险进一步暴露；银行体系风险增加；在中国上市公司 2000 多家中银行股只有十几只的情况下，银行利润却占整个市场的 50%。如果银行风险加大，股票市场就更加难以阴转晴。从实体经济看，房地产投资占全部投资的四分之一，整顿房市，2012 年房市投资要减 10 个百分点。尽管用保障房投资来顶替，但个别地方政府已反映，当地财政就是不吃不喝全部用于保障房，资金还不够。那么今后正常的投资需求怎么保障？由此看，由来已久的土地财政问题，确实已到了不能不解决的时候了。这个问题不仅扭曲了经济发展方向，而且带来了巨大的系统性风险，带来了社会的民怨。现在是，土地财政问题、系统性风险进一步恶化，需要财税改革；解决扩大消费、发展生产、鼓励创新，同样需要财税改革。财税改革已涉及“顶层设计”内容中的方方面面。

4. 关于城镇化问题。众所周知，城镇化是未来中国经济发展的一个重大战略，是结构调整的重要环节。但是，从逻辑讲，城镇化本是经济发展方式转变后中国继续稳定增长的一个结果，而不是原因。不改变现有的制度，城镇化愿望是不会自动实现的。因为讲城镇化内容，有户籍制度改革，有农民工变城市居民的各种权益享受问题（涉及要多增一块财政支出），有城市基础设施建设问题（涉及钱从哪里来），也有这么多农民工变城市居民后的长期就业问题（涉及“非公 36 条”的落实）。因此，城镇化问题其实是涉及社会、经济、城市规划等一系列制度的问题，其核心是，要鼓励投资小城镇、创办各类企业，来扩大农民就业，这样才能增加当地财政收入、实现对农民的公平财政。因此可以说，户籍制度只是个水到渠成的结果，而这一系列制度的改变，则是需要相当多的行政部门去放松管制政策。因此要落实城镇化战略，涉及一环扣一环，必须有各部门共同协调到“顶层设计”。部署城镇化从哪撬动，先解哪个结，后解哪个结。只有形成一定的良性机制，才能慢慢铺开。而不是一讲城镇化，就是政府拿钱、搞基础设施建设。

5. 关于资源价格问题。这是市场体系中影响经济领域方方面面的最基本的机制。除其他的价格机制例如利率、汇率另作改革外，资源价作为实体经济中最基本的市场机制，应该尽快拿出改革规划。1年不行2年，2年不行4年，必须要有个清晰的改革思路，否则，太误事。这项改革已是明显拖了后腿。

6. 关于金融体制改革。涉及面很广，眼下人们讨论更多的问题，其实不是"顶层设计"意义上所应关注的，而是日常早应解决而没解决的问题，是短期问题，譬如债券市场统一问题、金融机构分业或混业经营问题等。如果就金融领域而言，有"顶层设计"意义的，主要有两条：一是金融体系如何配合国内经济进一步的市场化。这不仅是在利率，而且包括金融机构与金融产品的市场准入、金融市场架构完善等方方面面内容，需要尽快通盘考虑，打破各种行政限制，实现充分的市场化。绝对不是限于利率市场化、中小企业融资问题。二是配合中国实体经济的进一步全球化，在美元金融霸权下，如何在汇率、资本管理、人民币国际化、金融国际与区域合作等方面，拿出渐进、有序配合的工作进程表。同时，上述国内与国际金融之间又是如何衔接、互相照应，这确实需要在顶层层面有个通盘的、粗线条的考虑。太细了，在动态的国际环境中不现实。但是在整体经济中，"金融这个核心"老是滞后，实体经济面的各类"顶层设计"确实也难以落实。

7. 关于创新机制。创新直接关系到今后世界上中美两个大国在危机后，谁能走得更远、能笑到最后的关键。眼前几年可以靠多发票子来刺激经济。长远看，一国是不是真能抓住战略机遇，唯有创新是真正的发动机。但是创新这个问题涉及的面又实在太广，涉及许多经济主管部门、企业，涉及教育、科技、军工，又涉及知识产权管理。单靠科技管理部门吆喝没有用。所以，在这次"顶层设计"中，应该作为专门的一项内容，予以格外重视，从多部门、多角度作出布局和制度安排，给予有长期"后劲"的支持。

8. 关于国企改革与"国退民进"。我认为这个问题的现象，表现为民营企业在市场竞争中意见较大。实质问题首先是要搞清楚，从长远看，一个国家的稳定、一个国家的有效治理，到底是靠法制，还是靠政府手中掌握更多的企业资产？是否不讲时间、条件与环境，政府手中掌握的资产越多，执政基础就越牢靠？不见得。如果是靠法制，那么在很多问题上，就不应该存在国企与民企的差异。政府主要是提供公共产品的，包括国防产品、社会保障，也可包括基础实施。其余的产品谁提供，都可以一视同仁。因为政府可以通过依法制约，通过体现市场公平原则的宏观调控，让不同属性的企业统一服务于国家利益和老百姓利益。在这个问题上恰恰要认识到，只有这样才是国家应坚守的最大的意识形态。我们现在往往由于处理不好这一关系，才会长期陷于国有与非国有经济谁主谁次的讨论，才会产生整个经济社会的效率低下、方方面面的不公平，并滋生了大量的浪费与腐败。而且，在中国目前结构转型、“财力有限”的痛苦时期，在全球危机后许多国家财政一片哀号之中，我们往往没有看到，在世界上，可能唯独是中国政府掌握了最多的国有资本和资源，这正是加快结构转型和扩大财政支出的最有利条件，却又没有用好、用足。因此，在“顶层设计”中，如果能就这个问题进行战略性调整，做到国有资本的“有进有出”，而不是一味追求经营规模和资本增值的最大化原则，将会大大增加中国在未来一个时期把握发展战略机遇期的筹码，也会给以上各项“顶层设计”所需的财力安排和实际操作，提供充分的回旋空间。要认识到，这一点正是其他很多国家政府羡慕不已的。因此我们应主动抓住机会，去加快推进国际力量格局间的演进，维护中国崛起的好势头。

最后，也许关于“顶层设计”的内容，见仁见智，大家可以说很多内容。我认为，关于房地产市场，确实是当前直接牵连中央政府、地方政府、投资者、市场和老百姓各方的一个“心结”。但之所以未列入“顶层设计”的内容，是因为该市场更多的是暴露了历史积累的问题。而且总体上说，该领域发展的方向是明确的，是早该解决而没解决好的单个领域问题。当然，如果说“顶层设计”，该领域本身确实需要有一个通盘考虑，就长期方向与短期政策，行政调控与市场、税收的长效制度，对市场有个交代。同样，绿色问题、环境问题、产品质量与食品安全问题也是极重要的问题。但应该说在国内，解决此问题的复杂程度，远不如以上所列的各个问题。当然，不排除该领域本身也需要有一个通盘的发展规划。从其他角度看，还有科、教、卫等领域，这些事务的改革事宜，有的在其他“顶层设计”中自然会包括在内，有的通过“十二五”的规划可以来覆盖。

三、关于“顶层设计”的方法问题

要保障这次“顶层设计”不停留于学者专家的言谈、思想和文章，不停留于官方的口号式文件，必须从设计到落实，要有保障措施。

1. 针对中国目前的行政管理体制，要设计跨部门、跨地方的总体改革方案，必须要有跨部门的班子。而且，这个班子中央必须高度重视。这个班子应该直接向中央负责。要有一定的权威性，才能全面获取“顶层设计”所需的各种材料、资料。至于是不是要成立一个部级编制单位，这并不重要。关键是中央要给予授权。另外，根据设计内容，可由这个班子下设八个子方案组，由这个班子统一领导、协调，并统筹汇总“顶层设计”的总方案。

2. 对“顶层设计”方案最终要讲落实，因此方案中不仅要提出明确的政策与措施，而且要提出各子项目分别的改革进程表。

3.“顶层设计”要讲究国家综合配套改革的统一意志、统一原则，但同时仍应积极鼓励地方创新。只要在不违背国家前瞻性的统一意志、统一原则的前提下，若时间允许，应对某些改革内容，允许个别地方和部门先搞试点，探索经验。

由于综合改革涉及多个部门的职能交叉重叠，必然会削弱有些部门的权力。因此，最终如何形成今后的科学决策程序，这件事越发重要。因为国情越来越复杂，世情越来越复杂，中国在世界的位置又越来越高，越来越“中心”，在这个背景之下，什么是科学的决策机制？怎么样形成科学的决策机制？我认为从方法论讲，这是保障“顶层设计”方案落实的最重要的事情。

第四次全国金融工作会议前夕答记者问[①]

（2012 年 1 月 6 日）

1. 1997 年 11 月第一次全国金融工作会议上确立了金融业分业经营、分业监管的大框架，然而在过去 10 年中，混业经营已渐成大势。您认为未来金融业究竟是会向分业，还是混业的模式发展？

答：关于分业经营、分业监管这一原则的提出，不是 1997 年那一次中央金融工作会议（那次不叫全国金融工作会议）。其实早在上世纪的 1990 年，人民银行还在履行证券监管职能时，已明确提出证券业和银行业是分离的。到了 1992 年下半年，出现海南泡沫经济、全国金融秩序混乱，1993 年底中共中央、国务院发文，正式提出了“分业经营、分业管理”的原则。后三年内因金融界没有很好地贯彻，所以在 1997 年又一次作出了明确重申。有关详细情况我在 2000 年 4 月 3 日答《中国证券报》记者问中曾作了具体介绍。

至于混业经营问题，我曾说过，我国目前实际上是“跨行业投资、分业经营”，并不是标准意义上的混业经营，即不是独立的银行与证券

① 此文是受《21 世纪经济报道》记者之邀改写的采访稿，刊载于该报 2012 年 1 月 6 日版，题为“夏斌金融改革论：‘充分市场化’与‘有限全球化’”。

法人分别直接经营不同行业的证券和银行业务。而现在允许银行投资设立租赁公司、信托公司投资设立基金公司等，只是跨行业投资。因为下属投资公司经营的是非母公司的主营业务，是分业经营的，而且母公司与子公司分别接受不同的监管制度的约束。

2. 如果允许混业经营，如何建立必要的防火墙和适当的监管措施，避免出现监管套利机会和监管真空？

答：如果把我说的金融机构“跨行投资、分业经营”称之为混业经营，进一步研究对它的监管问题，这是研究什么？是研究对母公司与子公司“同一控制权”活动的监管问题，这实际上是在研究对金融控股公司的监管问题。至于下属子公司各业务活动已分别接受各自监管部门的监管。对金融控股公司的监管，我在2000年7月17日的《人民日报》、2000年8月的《财经》杂志上曾说过，监管内容主要有五条：一是资本充足问题，防止资本重复计算；二是高管人员的任职监管问题；三是面对复杂的法人结构、业务活动结构和管理结构而带来的监管问题；四是因集团内不同子公司会计准则不同而带来的问题；五是由于各国监管之间、一国内不同监管部门之间，因政策不同容易造成的监管“盲点”问题。

如何落实这些监管内容，避免出现监管套利？自然要进一步明确谁是金融控股公司的主监管者，以及监管部门之间的监管信息如何充分信息共享。对此，快12年过去了，中国经济已实现了惊人的发展，但在这个问题上，我们的金融监管还处于讨论、研究、磋商阶段，我只能表示遗憾与可怜。

3. 在《中国金融战略：2020》中，您提到，“尽快恢复‘一行三会’的协调机制并下设常驻机构，首先要实现功能性监管，通过协调会议下达各监管部门应落实的监管内容，就每一项功能监管出台各部门都需遵守的规章制度或指引。”如何建立这个协调机制？如何保证沟通的效率，以及解决利益冲突的问题？

答：说起“一行三会”间的协调，我始终认为，不要泛泛而谈，“眉毛胡子一把抓”。讲协调，第一，首先要明确协调什么？对象是什么？范围的边界在哪？第二，针对这些协调内容，国务院应该制定规范协调的制度。对“一行三会”的部长、局长甚至一般办事人员，要有直接的制度约束力，这是关键。而不是前一阵子涉及几个金融部门的事，由副总理主持“旬会”制度来处理。因为有些事是日常很基础性的工作。至于如果建立了协调制度后仍会出现部门意见不一致的状况，协调制度本身应内含解决的办法。当然，可能需要的是，应建立帮国务院领导定夺决策的咨询机制，对不一致意见拍板的协助机制。由此，各级的权责都会清楚，决策效率就会提高。我认为，解决中国的事，不是不要“设庙”、不应“设庙”，而是不要动不动靠“设庙摆神”，靠新设机构来解决，关键要靠制度。应该从上到下慢慢培育不靠谁官大、靠制度来解决问题的风气。

4. 有人建议，成立一个独立的金融国资委，把主要的金融国有资产都纳进来，与现在的国务院国资委并列。您觉得这是不是一个好的方案？

答：针对目前对中央与地方各类国有金融机构五花八门的管理，全国确实应该统一，这是大局、是大前提。具体理由不展开。要统一管理当然要有个载体。这个载体放哪里？放在财政部内肯定不合适，因为工作性质、内容等不同。那么是另起炉灶建机构？还是在“中央汇金公司”基础上改造？我认为并不重要，关键比较成本效率。依我看，完全可以在改造后者的基础上搭建。在这个问题上，我认为最重要的是，国务院不要陷于部门间在这个机构如何搭的不同意见的裁决中，而是重点要对这个新设机构如何管理全国巨额的金融国有资产，提出明确又严厉的要求。应根据中国经济未来的发展进程和经济发展方式的转变，着眼于中国经济发展长远战略，对这个机构的工作提出管理目标、管理原则和一些短期的策略性措施。这个机构在管理中要讲市场原则、商业原则，但不应该一味追求金融资产管理“规模越做越大、增值越来越快”的原则。应该着眼于培育中国金融机构在国际同业中的竞争力。对不同类金融机构的股权，总体上应实行“有进有出、有增有减”的原则。

5.“三会”主席同时换人，是否意味着是一个建立新的监管体系的好时机？还是说，这种更迭，正说明了很难建立新的监管体系？

答：不排除个人在推动历史进程中的特定作用意义。但要清醒看到，在中国目前的体制下，即在目前的政治与经济关系、国务院主管全国各项经济工作的前提下，不要过高看待“三会”主席的个人作用。评估一个人的作用，最好是放在特定的复杂环境中去评估，会公正些。

6. 我国几乎所有的金融机构都存在政府的隐性担保，金融机构的“大而不能倒”可能导致金融机构超过真实的风险承受能力而进行一些高风险的交易，但却由全社会埋单。而且随着交易越来越复杂，监管难度也逐步增加。您认为应当如何解决这一问题？

答：你这个问题很有启发意义。我想到的不只是“大而不能倒”的问题，更是想到如有人所提醒说的，我国银行经过近几年改革，并在这轮危机后，个别大银行已进入全球大银行的前 5 名、前 10 名，照目前的态势发展下去，再过 10 年，全球前 20 名、前 50 名大银行中会有一大批是中国的银行，包括股份制商业银行。这一定是好事？这使人想起日本泡沫破灭前，日资银行曾占到全球前 10 家银行中的多数。如何分析这个问题？一是可以看到我国的直接融资发展还不够，这对经济长期稳定意味着什么？二是这几年我国银行是突飞猛进，但是在资本账户没完全开放、是在利率、汇率机制尚未充分自由化、是在宽松货币政策刺激下流动性泛滥、是在增长方式和经济结构未实现彻底转变之前发展起来的。然而目前这四个因素同时都在发生不同程度的变化，以后银行赚大钱的局面就能一直维持？还能照目前这个速度发展？肯定不会。由此，在看到“明天”的同时，对“今天”的银行现状，对银行的资金期限搭配、贷款期限要有个冷静的评估，要看到在经济增长速度下降、货币回归合理供应状况下银行的系统性风险问题，并制定防范方案。

7. 您觉得到什么时候，能够建立起金融机构的市场化退出机制，例如出台金融机构破产法？

答：解决这个问题的关键，先要把存款保险制度建起来。这个问题也已讨论十几年了。记得我还在央行工作的时候就已讨论过若干次了。

8. 除了“大而不能倒”，您也提到“小而不能倒”，就我理解，指的是出于对地方政府的信用，以及银行的信用和客户关系的考虑，小的金融机构也不能倒闭。不知道我的理解是否正确，您可否具体解释“小而不能倒”的意思？

答：我在《中国金融战略：2020》一书中提到，在中国当前，要重视“大而不能倒”的问题，更要重视“小而不能倒”的问题。因为普遍存在的是“小而不能倒”的问题常常无法得到解决。这是中国目前的现实。大的问题，经过前一轮改革压力减轻了。国际教训对我们也是个提示。小的问题，更是现实问题。有一些机构已经不行了，因为没有存款保险制度，不敢真正实施金融机构破产。由于金融机构只能生，不能死，那么整个金融改革就难以向纵深推进。所以从这个意义上说，人家在说“大而不能倒”的时候，我反倒说，要认清中国突出的问题恰恰是“小而不能倒”的问题。

9. 据说，中国债券市场的统一问题也已讨论了好多年，这次金融工作会议要解决。您认为解决的时机是否成熟，应该怎么解决？

答：解决的时机早已成熟。早在1996年就决定把各银行从交易所债券市场分离出来，当时是因为金融秩序混乱，管不住大量违规资金入股市，在此背景下，银行系统在央行领导下自身搞了个债券交易市场，当时有一定的必要性。但此一时彼一时，后来金融监管逐步严厉、金融秩序治理得到改善，我在2002年离开央行时说，市场应该统一，有利于提高市场效率。但后来此事反复讨论、反复印证、反复研究了好多年。我认为根本没这必要，统一相比不统一，绝对是利大于弊，只是领导下决心的问题。没有必要拿纳税人的钱去反复讨论了。如果银行有大额债券交易需在场外询价、交易而不进交易所市场，那是另一回事。

在债券统一监管问题上，上世纪末央行把企业债监管职责移交时，从未来市场统一角度出发，也动议想交证监会统一监管，但只是因证监会个别领导怕债券市场历史问题太多不愿接受而未实现统一监管，其结果才产生后来的证监会管公司债、发改委管企业债的现象，才产生后来一些专家从理论上去论证公司债与企业债之不同的可笑现象。

10. 解决中小企业融资难问题，从国务院到各地方政府，从企业到舆论，大家都非常关注。我相信在这次金融工作会议上是不可能不议论的一件大事。从金融支持角度看，发展中小金融机构自然是一个重要的方面，对此，您是如何认识的？

答：发展中小金融机构支持中小企业发展，固然是重要的一方面。除去大力发展当前大家都议论到的小额贷款公司、村镇银行两类机构外，关于金融支持中小企业发展我想说三点：第一，在全国广大的县及县下要支持中小企业特别是小微企业，仍要真正培育好农村合作金融组织，这是分布全国农村及小城镇的金融主力军。要鼓励它们真正发挥合作金融的特点。第二，对交通不便、信息不灵和经济落后、边陲地区的小金融组织，要充分尊重当地实际，不要过分追求不切实际的现代治理架构和监管方式。切忌将监管上海陆家嘴、北京金融街的现代化商业银行监管模式、政策，简单套用在合作金融组织、特殊的金融组织头上。合作金融组织应以县为法人，不要统一到省联社。省联社应只是服务、指导性机构。第三，对起步于中小城市的中小金融机构，不管是哪类机构，包括有些已经做大的城市商业银行，业务范围应坚守于中小城市，为中小企业服务，这是全国金融模式合理布局的需要。政府监管政策切忌以其经营业绩为诱导，鼓励其跨区域、跨省域经营，任其将中小城市资金引导到大城市中去。

11. 您对政策性银行的发展方向是如何看的？特别是国家开发银行？

答:我记得,本来考虑各政策性银行的经营特点不一样,准备出台"一行一条例",对三家银行分别制定不同的管理条例。现在对三家政策性银行,大家争议比较大的是国开行。因为国开行规模做大了,业务做广了,做到了投行业务。

对此,我的观点很明确。在一国经济崛起、赶超过程中,要发挥好银行的支持作用,更要重视其"政策性"功能。关于这一点,在这次全球金融危机中,发达国家同样是很重视政策性金融的作用。无非与中国当今相比,政策内容不同而已。对中国的政策性银行,我们不必去追求股份制。改善治理机制,股份制并不是唯一条件。更不必去引进海外战略投资者。而且,当前中国不缺商业银行,缺的是有实力的、经营好的政策性银行。因此,不应鼓励政策性银行转化为商业银行,更不应鼓励其向兼有政策性业务和商业性业务的综合性银行转制。为了发展政策性金融业务,某些业务只要政府明确制度与政策优惠,可以公开招标的,由商业银行承担。

面对现在长期已积累下来的问题,只能是在坚持国家创办政策性银行宗旨的前提下,坚持原则,仔细算账,稳妥处置。

12. 关于信用评级机构您认为应该怎么发展?这次美国危机中,三大评级机构信誉下降了,但最近它们的评级结果对欧元区各国的冲击可谓不小。

答:我注意到了央行周小川行长最近关于评级机构的一篇文章,有很多精彩的观点,我都同意。我只是想在评级机构"走出去"方面说几点。一是应支持中国的大公评级公司"走出去",中国相关方面应给予大力支持。它们在国际上还很嫩,但中国经济的进一步发展,需要有更多的评级机构参与竞争,公正评级。二是我一直呼吁中国的民间力量应与亚洲特别是东亚、东盟各国民间力量联合,成立亚洲自己的联合评级机构,为发展亚洲债券市场服务。在这方面,中国是亚洲的第一大经济体,目前相关国家又对我们的猜忌和防范心理很重,所以我们更应高姿态,求同存异,追求把事办好的原则,不必去追求名分或形式上的东西。

13. 前些日报纸上在讨论《基金法》的修改，提出了要增加私募的内容；发改委也刚公布了私募股权投资基金的管理细则。您曾在10年前作过一些研究，在社会上影响很大，现在的看法是如何？

答：大约10年前讨论《基金法》时我坚持设“关于特定投资者”的一章，即要写上关于规范私募基金的内容。后不知哪位领导最后定夺删了这一章。最近听说修改《基金法》，有人又提出要增加上，我想这是历史必然，无非是现在有些滞后了。

至于发改委说的产业投资基金，就是私募股权基金，即PE，我一直呼吁，各地政府、各投资者成立PE，不用跑发改委审批，根据《中华人民共和国公司法》、《合伙企业法》就可以注册设立。发改委没有必要去直接监管这些投资企业，更不应该实行审批制。如果要管，应该管入股这些企业的政府资金、纳税人的钱。目前发改委往后退了，说实行备案制，很好，但要严格遵守国务院定义的“备案”内容。备案绝对不是行政审批，通俗说，备案只是“告知”的意义。

14. 关于宏观审慎管理，央行在说，银监会也在说，市场反应似乎两家都在争这方面工作的话语权，对此，您的看法是什么？

答：关于宏观审慎管理，或者叫宏观审慎监管等，在上世纪70年代初海外已提出，真正开始认真思考、研究并为国际社会普遍重视，是这次美国危机之后。关于这方面的内容与范围，各国学者的认识也不完全一致，它既涉及央行的政策，也涉及金融监管机构的政策。在我国，目前“一行三会”对此并没有取得共识。但在实际工作中，有些部门的政策已在体现宏观审慎管理的要求。我认为，联系中国实际，研究这一问题，恐怕这次金融工作会议是解决不了的，还需要会后进一步研究、磋商与协调。这是件重要的事，但需要慎重的处置。例如，贯彻动态差别存款准备率与贯彻巴塞尔协议是什么关系？存贷比管理与《巴塞尔协议Ⅲ》、与央行灵活的宏观调控是什么关系？在中国当前，金融的对外开放、地方融资平台的风险与体现宏观审慎管理本质要求下的整个金融体系稳定是什么关系？可以说，在这些方面都没有破题。

15. 今天我们谈了不少问题。对汇率、资本账户开放与人民币国际化等问题还没展开。当然，我了解在您《中国金融战略：2020》一书中，对中国金融的开放及三者间的关系有不少论述。为准备这次全国金融工作会议，有关部门也集中人力归纳研究了十五个问题。您在全书的结尾一章，却是以另外的视角，即从中国金融战略意图、四大目标、四项工作原则、七项主要任务和十五项具体任务出发，对未来10年中国金融的国内改革和对外开放作了详细阐述。在此能否简单给予介绍？

答：从中国未来实体经济发展的需求出发，同时结合现实中国金融供给的特征，即“金融滞后”和“金融弱国”特点，未来金融战略的取向，必须也只能是在一个历史过渡时期内，国内金融加快“充分的市场化”，涉外金融包括汇率、资本账户和人民币国际化等内容应追求“有限的全球化”。当然，作为一个大国经济体并作为正在赶超世界第一大经济体的大经济体，我相信最终其运行必然是融入国际主流的金融运行方式、运行机制中。但是在这过程中，在林林总总、繁多的金融改革与开放任务中，不管是推进什么事项，其战略视角，一定要着眼于以下两点：一是未来的中国金融，应以充分的市场化为导向；二是未来的中国金融，应同时具备在开放中应对任何外部冲击的能力。这是两条最基本的要求。

微博摘录：房市的关键在于政府明确的政策预期[①]

（2012年4月30日）

迄今人们之所以对房市预期仍存在歧义或幻想，在于对房市健康发展方向的长效制度、政府传递的信号还不够清晰。限于短期房价水平的讨论本身不是制度。是否还要进行调控仍属短期思考。关键是对精确打击投机炒房的制度是什么？如果长期看不是眼前的限购又是什么？支持刚需的长期制度又是什么？

① 此微博发表于"新浪微博"、"腾讯微博"、"网易微博"，题目为编者所加。

如何思考中国经济的中长期问题？[①]

（2012 年 7 月 21 日）

一、先讲两个基本判断

第一，从短期看，按照目前的改革力度和调控方向，今年经济遇到的问题恐怕明年同样存在，而且风险更大，日子更难过。可以说现在经济与社会中积累了大量的矛盾，是危机和转型在赛跑，给我们留下的时间并不多，我们应该把问题看得严重一些，有利于主动开展工作。如果短期关都过不去，根本谈不上去解决长期问题。

第二，从长期看，要解决多年积累的大量的经济问题，单纯从经济角度考虑，已经很难。必须从社会、经济、政治三个方面统筹考虑，作长期安排。我个人意见，当前治国主要应抓三件事：第一，严惩党的腐败，让百姓拥护，巩固执政基础；第二，把已做大的 GDP 蛋糕向穷人倾斜切一块，在稳定民心的同时，提高消费；第三，只争朝夕抓改革，只有真正加快改革，才是解决各种长期问题的唯一出路。

---

① 此文根据作者在 2012 年 7 月 21 日“中国经济 50 人论坛”内部会议上的发言整理。

二、如何思考长期的重大问题?

去年 12 月 19 日“50 人论坛”会议,就“顶层设计”我讲了四条原则、八大问题和三点方法,后在“人民日报”和“人民网”上公开登了。其中八大问题是:土地、结构、财政、城镇化、资源价、金融、创新及国企改革。现在的问题确实很多,讨论中专家观点肯定仁者见仁,不容易统一,最后怎么归纳?我想从方法论角度谈一些补充意见,重点讲讲各种问题之间的因果关系,从而去提炼应纲举目张的更大的问题。

首先,这么多问题从哪切入?总的原则应该是“问题导向”,从问题着手。譬如,如果从扩大内需直接引出长期的重大问题是城镇化,这是对的。但面对现实经济中这么多复杂的问题,还是不容易厘清这些问题之间的关系及解决思路。因为城镇化是一个政策调整、执行的结果,而不是原因,不是一个能直接解决的事。要城镇化,就要让农民工能先住下来,就要讲户籍改革,讲包括上学、看病等安全网建设中的财政投入问题。其次,要让进城的农民住得舒服,就有水、电、气等城市基础设施投资中的资金问题。谁投?怎么投?再次,要让农民能长期住下来,就要有就业机会,就业就要放松管制,允许大量的民间创业投资,这又涉及民营资本怎么进入,服务经济怎么发展,国企怎么退出等问题。所以城镇化不纯是一个让不让农民进城的户籍改革和光靠有限财政资金的问题。

因此抓长期重大问题,我认为从抓总量和系统性风险两大问题入手,可以纲举目张,厘清应解决其他什么问题?解决的方向又是什么?而这些问题又都是日常需紧迫解决的。

一是抓 GDP 总量长期平稳增长的问题,这是经济中的最大问题。速度过度下滑,不仅眼前日子过不去,还会暴露一系列经济、社会风险。当前这个问题的核心是什么?就是要提高居民消费率。居民消费率 2000 年 46.4%,到 2010 年降到 33.8%,10 年降了 13 个百分点。包括政府消费在内的总体消费率由 62%降到 47%,10 年降了 15 个百分点。21 世纪第二个 10 年,已经肯定不存在第一个 10 年那么旺的全球需求了,因此中国发展主要靠内需,而投资已不能一味拔高,只能靠提高居民消费率入手。要真解决消费问题,必然会涉及一系列问题,会起到纲举目张的作用。例如,当前国务院在抓收入分配改革方案,这很重要,但不可能从根本上提高居民消费率,还要抓社会安全网的建设,包括医疗、教育、养老,这就会涉及财政问题,民间投资问题,甚至是国退民进的问题。又比如,要提高农民的消费,因为这是今后中国消费增长中可能最快的一块消费,怎么提高?必然要涉及宅基地的安排、土地的流转制度、小城镇土地规划等问题。又比如,居民财产收入是一国进入中等收入国家后提高居民消费的一大途径,如何提高?不能靠炒房地产,这靠不住,有风险,还是要靠民间创业。这涉及土地收入减少后政府改革、中央与地方财税安排、国退民进,“新非公36条”的落实。如果嫌以上措施力度不够,还要进一步解决居民收入与消费的增长,长期负利率是不合适的,利率要市场化、金融改革要配合等。因此如果真从解决消费入手,必然会提纲挈领,涉及经济中大量的重要问题,涉及很多制度要改革。所以抓住居民消费,可以统领总量增长所遇到的各种长期问题。

二是抓住系统性风险问题。美国鲁比尼说,2013年中国经济要出事;国外机构又预测,2016年中国整个银行体系要崩溃。我认为,我们应该把这些预测当苦口良药吃,起警示作用,反而有利于中国经济的稳定增长。

如果从风险传导看,很容易理解当前增长速度下来后出现的一系列问题之间的逻辑关系。首先,当前中国速度下来是必然的,是合理的。而坚持房地产调控方向也是必需的。因此打击投机炒房,就会传导到交易量和价格下降;价格下降一方面从实体经济讲,引起其他投资、工业利润、税收下跌,另一方面从资金链讲,自然引起土地价格下降;地价下降传到土地财政收入减少,再传到地方融资平台出问题,最后会引起银行体系不稳定。中国2400多家上市公司,银行股只有16只,但利润却占2400多公司利润的近一半。如果银行资产质量下降,股市还能“由阴转晴”?

所以现在房地产调控是当前宏观调控的关键,但是国务院在不停地喊话调控，为什么市场、地方政府仍在与中央政府博弈？我们能不能把打击炒房、支持刚需政策说得更明朗些、更彻底些、更长期化些？我猜测，估计不行。一明朗，炒房的人纷纷抛房，马上引起多米诺骨牌风险爆发效应。而采取不明朗的预期策略，就是想稳住当前的增长，但这绝不是长远的策略。所以我说今年的经济困难明年上半年仍然会存在。今后这个问题怎么办？关键要看房地产投资下来后其他投资能不能跟上，否则会很麻烦。目前政府财力已有限，能不能真正落实“新非公36条”？来一个大的国退民进？因为中国不缺资金，只要放开管制，民间其他投资就能替代房地产投资，替代中小城镇化建设中的财政投资。

现在不少人对中国经济很悲观，富人移民的很多，部分情绪已体现在股市上。原因除了经济增速合理下降之外，主要是因为看不清对这些明显正在传导中的系统性风险，政府准备怎么解决？现在大家是既认同中国未来可继续增长的潜力（但仅仅是潜力），又看不清前途，没有信心，所以经济就不会好，这是主要问题。这个问题既涉及当前、又涉及中长期。因此抓住化解系统性风险这一牛鼻子，一定会要求政府对经济中已积累的很多麻烦事必须作出系统、正面的回答。而只有把一系列需调整的政策说清楚了，解决了投资替代问题，同时再设法提高一块消费，才能逐步化解已积累的系统风险，解决好房市泡沫问题，真正实现理性地稳增长。否则的话，最终只能以危机形式来强制实现调整，但这后果太可怕，难以预测。

当然，要解决好以上两大问题中的一些具体问题，都会涉及中央与地方财税制度的重新安排问题。看来下决心改革财税体制也是不能再回避了。

总之，寻找今后5—10年的重大问题，不妨可从以上两大问题切入，层层剥皮，顺藤摸瓜，一定会起到纲举目张的效果。所以我建议：第一，重复本人在2009年国务院制定十大行业规划时曾提的建议：抓紧制定国家关于促进居民消费的发展规划，来统筹结构转型和发展方式的转变。第二，在内部，尽快制定一个化解系统性风险的预案，重点围绕用一定的时间消除房市泡沫、稳住经济平稳增长这一主题，提出组合性的政策储备,择机逐步出台,在平稳增长中真正做到结构的逐步调整。

此外,作为其他单项的重大问题可以从配合的角度,分别考虑,例如,金融改革,鼓励创新,资源价格改革,扩大世界市场等。特别是最后一项,要看到,在今后5—10年全球需求减少为大概率的情况下,如何消化中国已经形成的巨大产能和保持今后中国平稳增长中又新增的一块产能?新需求在哪里?因此必须把开拓新的世界市场作为一个重大问题抓。除拉美外、重点是非洲市场。16亿非洲人的手机、冰箱、洗衣机、汽车、食品需求还会大大发展。“中非论坛”承诺未来3年我们给200亿美元贷款,远远不够。作为战略考虑,应结合人民币国际化的意图和现有3万多亿的美元储备,在内部,搞一个有长远意图的对外投资、贷款与援助的国家综合性指导意见,但不必叫“马歇尔计划”。由政府统筹安排,扩大人民币和美元的“双币”对外投资、贷款与援助,让资金出去,来进口国内产品,消化国内产能,稳住国内增长。同时在支持对方国形成一定的投资能力、形成有竞争力的商品中,扩大对非洲的进口,包括资源的进口,以平衡中非的贸易。

后记：

30 年伟大实践的理论①

——关于建立渐进改革有效理论框架的认识

（2008 年 6 月）

占全球人口近五分之一的中国，连续 30 年以 GDP 年均 9.4%的速度高速增长，人均 GDP 由 1978 年底的 280.4 美元提升到 2007 年的 2460 美元，增长近 8 倍，这完全是人类经济史上的伟大奇迹。

对这一奇迹如何总结？一种是成就与经验的总结，成就总结侧重于事实与数据。经验总结毕竟不是理论总结，更多的乃基于中国国情的特殊性，对成功经济转轨中的政策与制度选择方式的分析和归纳，但是这不具有全球意义。另一种是按照理论思维应有的方式进行纯理论的总结，即试图从 30 年中国奇迹的各种经济表象中抽象出一组概念，进行理论的概括与演绎，以解释人类经济史上由一种经济体制大规模地向另一种经济体制成功转化、变迁的内在逻辑，并且以期具有全球意义。本人能力有限，拙文并非想就理论总结的全部内容作出

① 此文曾编入中国经济出版社出版的《中国经济：五十人看 30 年——回顾分析》一书，未在其他刊物发表过。

答案,只是仅就如何形成渐进改革有效理论的框架,该框架内容应包括哪些基本的内容,谈一些认识,以抛砖引玉。

一、问题与意义

总结中国30年奇迹的理论,首先碰到的是视角的差异:是总结经济增长速度快慢的原因,还是总结由计划经济体系向市场经济体系转化、变迁中又能保持经济增长速度相对较快的原因?就前者而言,可以基本不涉及经济体制的变化。如当今"金砖四国"中的巴西等国,在已有的市场经济体制下,同样出现了较高速度的经济增长。就后者而言,是在两种经济体制的转化中,由于转化方式不同,出现了增长过程中速度的显著差异。本文的总结,侧重于如何由于"转化方式不同"而带来经济增长速度的显著差异,如中国与俄罗斯、东欧等国的比较。如果是确实存在较优的"转化方式",那么其背后有没有理论?若有,是什么?

由社会主义高度集中的计划经济模式向市场经济模式的转化中,不同的转化方式集中于两条:中国的"渐进改革"道路,同行的是以俄罗斯为代表的一些东欧国家,走上了"休克疗法"的道路。因此总结中国奇迹30年的理论,又不可避免地会碰到关于"休克疗法"和"渐进改革"两条道路到底孰优孰劣的讨论。此讨论目前在国际学术界是相当的热闹①。我估计,这场在中国境内基本没有市场的讨论在国际上并

① 因为关于"渐进改革"与"休克疗法"两条改革道路孰优孰劣的讨论,在世界上仍难以有定论。在中国也许已是不言自明的结论,但得到世界顶级大学的著名经济学家(萨默斯,Lawrence Summers;克鲁格曼,Paul Krugman等)的支持,并转而成为国际组织政策建议所指向的,往往仍都在肯定"休克疗法"、"大爆炸式"的改革道路。一些赞同"华盛顿共识"的经济学家基于"华盛顿共识"对世界上穷国改革内容开出的政策清单,仍在孜孜不倦地扩充,已由原来的仅仅几条扩展,补充到20条。在看到根据"华盛顿共识"进行改革的国家经济增长令人失望的窘局,他们的结论仍是:问题不在于改革本身,而在于改革没有走得足够深足够远。这方面的详细论述可参见美国哈佛大学教授丹尼·罗德里克(Dani Rodrik)近年内写的《寻找可行的经济发展战略——对"1990年代的经济增长:十年改革之得失"的评论》,译文见《经济社会体制比较》2008年第2期。

不会马上结束，也许还会无休止地争论下去。这是因为不同环境下生存的人们，由于对于人类历史文化与累积知识获取的内容和方式的不同，自然对历史事件的认知是永远不可能相同的。同时，笔者潜意识地认为，也许 30 年的时间还短，如果从 50 年、100 年，甚至更长的时间看这场争论的结论及意义，也许会比我们这一代人看得更清晰。

因为，如果我们不是从仍处于改革过程中所取得的成就数据而是从改革最终制度目标角度看，休克疗法和渐进改革两条道路的选择，从更长的历史时间看，我相信，其最终结果可能是相同的。不同的是，后者艰难地渡过了一个相对的过程（其实走休克疗法的道路，同样存在一段时间内由于产出下降、失业率上升而进行制度不断调整的渐进的过程），最终较彻底地建立了“彼岸”的市场经济体制。因此在后人看来，我们这一两代人围绕改革道路选择的讨论，也许都是多余的。进一步说，我们如果沿着新制度经济学家、诺贝尔经济学奖得主道格拉斯·C. 诺斯，思考人类经济史一万年间仅有两次经济革命这样一种大历史跨度的制度变迁思路分析，即以更长时间的历史眼光思考，当今的全部讨论内容，几乎更是无意义的。因为当今这场讨论的内容似乎都可以囊括在诺斯基于新古典经济学方法基础上的产权理论、国家理论和意识形态理论之中。可以说，上述的讨论，似乎显得更是苍白，毫无多余的信息。

但是尽管如此，我认为仍需要认真指出的是，世界经济在经过二战后近 30 年的稳定发展，各种矛盾凸显，美国单极霸权地位下降，此时如果出现一个后来居上的国家，由于最初改革道路选择的不同，相对于资源有限的地球上的其他国家（不管是原有的市场经济体制国家还是计划经济体制国家），其在较短的历史时期内，实现了人均产出的快速、惊人发展，及时惠及了全体国民的福利，自然对这一国家获利一代的国民而言，其意义肯定是不言自明。不仅仅如此，更重要的历史意义也许还有：对不同的国家而言（人口大国或资源大国，也可包括后来居上的经济大国），如果由于最初改革道路选择的不同，在较短时间内迅速提升了一国的经济实力，其结果，基于不同国家的历史、文化诸因素，最后以不同的方式影响了世界政治、军事、文化等人类文明因素,从而在相对较短的历史时期内,改变了世界格局及其发展趋势,自然对全球经济发展甚至对人类历史的演变,可能有着当代人难以估量和预期的历史性影响。由此看,对改革道路选择上的讨论,或许我们不能太近视,不能仅仅局限于当事国一两代人的经济利益。

因为重要的是,人类文明的历史本身又不仅仅是由经济因素所组成的。尽管经济因素决定、制约人类文明社会的其他因素,但人类社会文明的进步往往又是在经济因素与其他因素交错复杂的关系运动中实现的。因此探究人类经济发展史中的重大事件及其影响,同样对探究人类文明史有着重要的意义。尽管一国决策者在改革道路选择的当初也许并没有经过这样深思熟虑的考虑。但是历史是不管你是否考虑过,仍在按照客观的进程不断地续写。由此可见,尽管当代人讨论当代事,结论不易显现,尽管上述两条改革道路到底孰优孰劣的讨论,短时间内肯定不会有令人满意的结论,但是作为身经 30 年中国奇迹的中国经济学家和他国对此有兴趣的经济学者,仍有责任去求解发生于 20 世纪末的人类重大经济事件背后的理论。

二、如何研究渐进改革有效理论

如果存在渐进改革的有效理论,就是相对于休克疗法,旨在揭示渐进改革道路中制度是如何变迁的,在制度渐进变迁中又是同时如何确保了产出高速增长,即指明渐进改革道路的有效性。在这方面,我是倾向于借鉴新制度经济学及其最新研究成果所揭示的分析框架。如诺贝尔经济学奖得主道格拉斯·C. 诺斯所说(2005)①:

"经济学范式——新古典理论——并非为解释经济变迁的过程而创立。我们生活在一个不确定的并且不断变化的世界,这个世界不停地以全新的方式演化。标准理论在这种背景下解释力有限。"因为"新古典经济理论能够解释发达国家的市场运行情况,但是没有解释市场

① 道格拉斯·C. 诺斯(Douglass C. North)著:《理解经济变迁》,中译本由中国人民大学出版社出版。

和整个世界是如何演化的。”

诺斯对于迄今为止运用经济学范式知识来理解经济制度变迁为什么不满意？道理很简单，新古典理论及其后来的发展，是对市场经济长期发展后复杂经济现象进行高度概括后的抽象，是用以解释成熟市场经济现象因果变量间的关系，是纯而又纯的经济分析。而人类经济的发展绝不是纯经济因素的单维发展。同样，对经济制度的演变分析是包括经济因素在内等各方因素交互作用的结果。

新制度经济学认为，既然经济学是一门关于人们在稀缺的社会如何进行选择的理论，在一个不确定极为普遍的世界，人们需要通过认知科学、经济学、政治学、法学、社会学以及相关的分析来解决不确定问题(诺斯，2000 年)。新制度经济学是想整合相关的社会科学学科，构建一个反映真实世界的经济学理论体系。当然，其中不乏包括经济学前人所阐述的新古典理论等产权理论。但是，这个试图真实反映世界经济变迁的理论，不仅限于新古典等经济学分析，而是进而分析由其他非经济原因引起真实世界变迁的因素。在这方面，诺斯从新古典出发，走向研究人的心智结构和认知科学，由此进一步挖掘对制度变迁和经济变迁的理解。阿夫纳·格雷夫(Avner Greif)则是从博弈论角度为研究制度变迁的建构提供了一个新的分析框架①。

中国 30 年奇迹及其背后的制度演化逻辑同样清楚地表明，近 30 年内的经济变迁也绝非纯经济制度演变因素所能概括。所不同的是，诺斯等所探索的是整个人类经济史变迁的解释科学，如前所述，不仅仅是局限于经济因素的分析。今天，我们所探索的不是从人类更长的历史跨度，而是从人类经济史看来短短的几十年、上百年，并且是仅仅限于两种不同经济体制过渡过程的特定领域，仅仅局限于研究“解决制度如何供给”、制度供给中的内容和特征问题，即从理论上回答，一个计划经济的社会“为什么”，以及又是“如何”内在不断地提供相对新的市场导向的经济制度，并同时推动了 13 亿人口大国(或是其他一个

① 详尽分析与阐述见阿夫纳·格雷夫著“自我执行的制度：比较历史制度分析”，载《经济社会体制比较》杂志 2008 年第 2、3 期。

转轨国家)人均产出能够保持持续的高增长。这里有相同之处,即有相同的重在制度分析的内容。也有不同之处,即我们当今的探索,(1)重在制度分析,并且重在经济制度分析;(2)仅侧重于特定的由计划经济制度向市场经济制度过渡这一狭窄范围内的制度变迁问题;(3)省去了从人的认知、信息及博弈论角度分析影响经济制度变迁的因素分析,而是以此为暗含前提,仅是分析转轨中制度变迁本身的全部内容和特征。这恰恰是总结中国奇迹30年背后的理论与新制度经济学不同的理论要义。

多少年来,中国许多出色的经济学家基于中国的转轨经验,都在努力探索渐进改革理论①。例如,樊纲关于“非帕累托改变和补偿问题”的讨论(1990年);盛洪基于科斯“社会成本”理论衍生的“计划权利交易”的观点(1991年);张军从中国价格双轨制入手解决中国改革的经济学逻辑(1997年);林毅夫关于应放弃现有古典经济学体系中企业具有自生能力的暗含前提的讨论以及比较优势的观点(2002年);李稻葵关于渐进改革中政治官僚的合作与激励问题(2002年),姚洋关于将意识形态纳入规范经济学模型的创新、关于“中性政府”的精辟分析(2008年),以及其他包括华裔经济学家在内的一批海外优秀经济学家,都在从新古典经济学或新制度经济学的某一角度探索、丰富改革经济学理论。但是从总体说,似乎感到,迄今我们仍然缺乏关于“如何改革”的全面知识。因为西方经济学只告诉一种最优均衡的结果和状态,但从来没有解决如何设计、营建新体制的问题(张军,1997年)②,也就是说尽管亚当·斯密本人有着深远的历史眼光,在他之后逐渐形式化的正统经济学家却缺少动态特征,他们只告诉人们应该怎样,却没有告诉人们如何这样,如何改革的问题(盛洪,1994年)。缺乏系统阐述由计划经济向市场经济过渡这一特定历史阶段、特定领域中的经

① 盛洪主编的《中国的过渡经济学》(上海人民出版社,1994年第1版),较集中地汇集了中国经济学家从新古典理论、公共选择理论、制度变迁理论、产权理论等,多视角探索中国经济改革成功的理论。应该说,这些探索都是很出色的。

② 张军:《“双轨制”经济学:中国的经济改革(1978—1992)》,上海人民出版社,1997年第1版。

济制度变迁的全部内容和特征。

那么，具体如何构建上述特定领域中较为完整、系统的改革经济学（transformation economics）或称转型经济学（transition economics）、过渡经济学（transitional economics）？早在经济学史上有“演进的理性主义”和“建构的理性主义”的争论，这场争论的深刻性，最终曾升华到了哲学层面。[①] 其中，美国马里兰大学彼得·默雷尔（P. Murrell）教授从哲学和世界观的方法论角度充分肯定了渐进式改革的道路。[②] 近20多年来，海外一批学者在这方面也作出了不懈的努力，包括东欧的经济学家和西方的经济学家。在转轨经济研究领域中颇具影响力的美国伯克利加州大学教授热若尔·罗兰（Gérard Roland），曾对两种不同的改革道路选择做过详细的总结性论述。他在挖掘、阐述休克疗法（或称华盛顿共识）和渐进改革（或称渐进—制度观点）两种道路选择背后的知识和哲学方法基础上，以当代经济学发展新动态为基础[③]，试图通过总括描述渐进改革中的激励与市场的关系、产权与激励的关系、法律与社会规范的关系、政府与经济组织的关系以及改革中的利益集团关系等诸方面内容，以创建转型经济学。但是，罗兰教授在对转型经济学作出一系列理论贡献的同时，却又自生怀疑：转型经济学是不是一个专门的研究“领域”？他认为经济学研究可以从三个领域界定，一是对特定问题的限定的特定方法论的研究，如博弈论。但是博弈论的讨论又不仅限于经济学内容，同时也可以涵盖政治学与社会学等多种学科。因此，可以说这只是经济学的一个次

① 详细的分析可参见方颖：《俄罗斯式改革与中国式改革的比较：哲学、经济学和改革速度》，载于《世界经济文汇》，1997年第三期。

② 有关这方面内容的中文文献的详细解读，可参见张军与方颖的文章。

③ 罗兰教授认为，“好的转型经济学研究，应当总是得出对经济学具有一般意义上的结论。这一观点之所以是正确的，主要是因为好的模型可以适用于许多不同的情况，还因为经济学家使用共同的工具去分析不同的情况，这些工具有共同的语言。没有理由相信转型经济学所研究的经济的种种相反作用，是与其他的经济的相互作用完全分离的。”为此，他的研究不仅遵循新古典经济学的一般均衡理论，同时尽可能运用经济学研究中的新成果来解释渐进改革的理论基础，例如，不完全合同理论、市场信息不完备理论，等等。

领域。二是由特定的现实经济领域界定的,如讨论一般均衡、公共财政、宏观经济学等。三是制度经济学,包括发展经济学和经济史。如果把转型经济学定义为一个领域,它显然属于这一组。然而,罗兰教授转而又认为,转型的面显然更窄,甚至可以看做是这些领域的次领域。因为转型是一个正在形成中的历史,迟早又会成为经济史的一个次领域。因此,可以把转型看成具有特殊初始条件下的发展经济学的次领域。① 罗兰这一席话,无非是表示了对处于渐变"过程"之中的"非稳态"的经济状态,能否建立、是否存在与此相应、可以完全解释"非稳态"状态,又区别于当代经济学的转型经济学的怀疑。

笔者认为,如果对在此领域研究颇深的罗兰教授的思想作一主观概括,可以说,其充分运用了现代经济学及其最前沿的理论成果,对渐变的改革过程确实做了大量的精彩的理论解释。但是,罗兰教授同时仍在对转型经济学这个"狭窄的课题"能否建成独立的理论体系表示怀疑。因为他同时承认:一般均衡理论是我们非常了解彼此依赖的市场之间的相互关系,但是我们仍然不太了解市场经济体系的制度要素之间重要的相互作用关系。在转型过程中,这些关系都在以不同的速度,各式各样的变形,先后不同的顺序以及不同的初始条件演化并逐渐形成。

而且,笔者认为罗兰教授概括的改革新理论的三要素(总和的不确定性、改革的互补性和政治约束),仍然是静态的,而非动态的分析。因为其更多的仍是在阐述包括政治制度变量在内的各项经济制度变量间的关系,即只是回答了制度动态变迁中的"是什么",即改革过程理论应包括的"三要素",并没有回答"为什么",即各种新的制度变量哪怕是局部的制度变量,为什么会以各种不同的变形状态、不同的顺序、不同的速度,甚至在与其他制度有时不衔接的状态下逐渐地演化?

① 见热若尔·罗兰(Gérard Roland)的《转型与经济学》(*Transition and Economics : Politics ,Markets and Firms*),麻省理工学院出版社出版(2000 年)。文中有些论述又可见中国《比较》杂志(*Comparative Studies*),中信出版社(CITIC PUBLISHING HOUSE),2002 年第 3 期。

而这恰恰是渐进改革有效理论的内核，是讨论渐进改革过程动态的重要内容。就此出发进行思考，笔者认为，罗兰教授的分析内容尽管可以给人以许多新的启发，但是仍然可以说，其讨论的内容几乎已囊括在道格拉斯·C. 诺斯的丰富的经济制度变迁理论框架中，并没有就计划经济向市场经济转轨的特定领域的经济制度与安全内容作出创新。

三、理论的边界：过程理论

相对于休克疗法，中国渐进改革强调的是改革的逐步推进。这意味着，由计划经济向市场经济的过渡、转型，需要有一个在时间上不确定的**过程**。因此可以说，研究渐进改革理论，实质是研究**过程理论**。

既然是“过程”，其状态肯定是非完全的**过程始点前状态**，也是非完全的**过程终点后状态**，即非完全的高度集中的计划经济状态，也非完全的市场经济状态。是一个相对于“过程前与过程后”的两种不同状态的中间不稳定状态（非稳态）。此状态完全可以被中国改革30年中无数的经济现象所证实与覆盖。因此，作为对这一“非稳态”过程的理论解释，肯定是既非过去的马克思主义政治经济学所能**完全解释**，也非新古典经济学所能**完全解释**。

由于“过程”本身是一个渐变的特定过程，是一个由计划经济特质所含的一系列制度向市场经济特质所应含的一系列制度逐步的、局部的变迁过程。因此在最终收敛于市场经济制度体系（注意，是体系）之前的变迁过程中的任何时点上，往往是某些新制度与某些旧制度的同时并存。自然，以成熟市场经济的“结果状态”抽象出来的新古典经济理论来解释正处于不同质的“动态过程的状态”，毫无疑问，一定有其局限性。或者，会遇到某些理论假设条件的不成立，或者，会遇到诸如用“公共选择理论——应用于政治学的经济学——在解决政治决策方面其成功充其量是有限的”（诺斯，1981年）等故事。

讨论到这里，作者似乎感到，要研究解释渐进的、在时间上又具不确定性的改革过程理论,从一定意义上说,也许不存在与改革过程前与改革过程后相应的马克思主义经济学与当代主流经济学可以相提并论的、能够自成体系的改革经济学理论。似乎如果说称得上理论,无非是在改革过程的初期或者中期,在对当代经济学包括新制度经济学在内的经济理论的假设条件或部分内容作出调整后,可以对改革中非稳定状态作出当代经济学的"补充性解释"。然而,随着改革进程中市场制度要素的逐渐增加、转型经济体制中市场成分的逐渐扩大,一些曾经能得到实证解释的"补充性解释"的概念、理论,往往又显示其苍白性、短暂性,转瞬即逝,最终仍不得不让位、收敛于逻辑严密的当代经济学。例如,中国改革中曾出现的承包制现正为现代产权制度与公司治理制度所替代,原先的 B 股制度已转化为现在的 QFII 制度,等等。当然,其中不排除在改革非稳定状态中运用部分经修正后的当代经济学逻辑作出的分析,仍是有力的、具有一定时间维度上的现实指导意义。另外,也不排除有的局部性理论解释本身已可基本归结于当代经济学理论的逻辑分析框架。敢于作出这样一种判断,是因为在解释中国经济改革 30 年成功的理论文献中可以列举许许多多的事例。由此,应该可以进一步判断,如果要研究和创新改革经济学,重要的不是寻找解释"非稳态"过程中经济变量之间能被当代经济学理论解释的"稳态"情景下的因果关系理论,而是应该要寻找解释"非稳态"过程中为什么一项又一项推出不久的新制度又会不断地过渡到另一项新的制度,同时又在逐步地收敛于最终能被当代经济学完全充分解释的"稳态"状况下的因果关系理论。

从此意义上讲,本文认为,要抽象渐进改革的有效理论,按照渐变的动态过程特质,在新制度经济学的分析框架下,重要的是要回答:

为什么在不同阶段(注意,在改革过程中可以不断划分新的不同阶段)的初始条件下,引入市场制度 A 而不是制度 B?(这其实是在回答一定的市场制度选择的客观环境条件是什么。)

A 或者 B 局部制度的引入,对经济发展与稳定意味着什么?会不会带来什么新的矛盾和新的"非稳态"?(这其实是在回答即使选用某项市场制度,当代经济学的解释为什么仍会面临窘境。)

是由于什么原因，或在迫于考虑什么新的制度因素的积极效应后，需要进行什么样的纠错？或者说，又为什么必须进一步引入新的市场制度来克服“非稳态”？

局部的市场制度的持续引进，最后是如何以及为何必定收敛于成熟的市场经济制度体系？（这其实是在回答此时已不存在所谓改革经济学的解释，而是完全可以让位于当代经济学的解释。）

之所以如此思考渐进改革理论框架的重点，是因为迄今关于改革过程的理论基本是局限于运用当代经济学的概念在解释渐进改革，但是渐进改革却又是一个过程，是一个既不能完全被当代经济学理论所能解释，又不断收敛于能被当代经济学理论解释的过程。所以，如果说存在渐进改革有效理论的话，重要的肯定是要回答，一系列的渐进改革内容，并且有些是“扭曲”的改革内容，为什么会不断收敛于成熟的市场制度体系？并且是如何不断收敛的？是一个什么样的“过程”？这就是要研究的过程理论。

回答上述一系列问题，也许正是建立改革过程理论需要探讨的全部内容和价值所在。因此，从上述问题的提法和括号中提示的内容可以看出，建立该理论体系，重要的不应该是从当代经济学理论框架中去衍生改革经济学理论①，而是必须对渐进改革有效性理论自身进行原创性的探讨。重要的不是去证明人类经几百年经济活动演化抽象的经济学理论能否有力解释渐进改革过程中经济制度的变迁（只要假设条件具备，经济学理论肯定能解释），而是要寻找转型过程中制度是如何变迁的轨迹。就此意义讲，这一理论特征如上述罗兰教授所说，是对特定问题的特定方法论的研究（如同博弈论），更多的也许是方法论上的意义。

在这方面，其实十几年前，中国共产党决策者基于中国经济体制

---

① 这里无非想表示对形成独立的、自成体系的改革经济学理论的怀疑。但是丝毫不排除在研究改革过程理论中出现的如软预算理论等（Janos Kronai），它们不仅是对社会主义计划经济模式进行理论分析的贡献，同样对分析当今资本主义现象有着重大的理论意义。

改革取得的初步成绩,曾经做过经验式的探讨,并且用非经济学的语言作出了精彩且具东方智慧的总结,即:要处理好改革、发展与稳定的三者关系①。尽管这是非经济理论的语言,但是仔细琢磨,与经济学大师诺斯等人有关经济制度变迁的理论解释,背后有着极为相似的思维方式与过程,即思索经济制度的变迁,同样离不开政治框架、社会因素及人们的信念、习惯与认知等。这对于亲身经历中国 30 年奇迹的经济学者来说,这一思维似乎更能体现中国奇迹的真谛和主旋律,更能贴近于解释过去的 30 年历史,也似乎更能给予我们今天进行理论抽象以启发。

四、假设的不完全讨论

毫无疑问,大规模的动态的制度变迁过程,一定是在特定的初始条件下开始的。这一特定的初始条件既包括一定的经济制度,也包括一定的政治架构、文化理念、人们的习惯和决策者的认知能力等。如果严格按照西方马歇尔、诺斯、格雷夫等分析经济制度变迁的方法分析中国渐进改革过程,则对初始条件及其分析的要求将相当复杂。因为,就中国渐进改革最初的 1978 年以及后来又不断表现为改革不同阶段的相对的初始条件而言,都存在特定的政治制度、文化理念、习惯、经济制度以及不同的经济形势环境。就时间维度看,特定的内容条件及其以后不同发展进程而带来的相互作用后的结果,对下一阶段改革进程的影响意义又是不同的。特别是随着中国渐进改革在上世纪末大规模融入全球化之后,各国经济、政治战略博弈下的世界经济环境的新变化相对的初始情况更加复杂。因此,为了便于渐进改革有效理论阐述的简洁需要,恐怕设定一定的前提条件甚为必要。特别是要在非国人面前清楚阐述在中国共产党执政下中国奇迹的渐进改革理论如成立的,而且该理论如存在被其他国家借鉴可能性的话,则更

① 即经济体制改革是动力,经济发展是基础,社会稳定是前提,三者是有机的统一。

需要对假设前提条件有一个交代，特别是对中国共产党执政的问题。因为其他正处于经济体制转型的国家未必是共产党执政。

因此，抽象中国30年奇迹背后的渐进改革有效理论，本文首先提出两点假设。

假设1：国家权力为了追求国民经济利益的不断提高，始终愿意主动不断地修正阻碍国民经济利益提高的相关政治制度以及其他法律制度，并相对有效地组织不断的市场化改革。

在这里，国家权力可以表示为一党执政，同样也可以暗含不同程度的民主制度和公众投票机制下产生的国家权力。尽管代表国家权力的政治架构不同，意味着对渐进改革的发动及其进程的推进如同改革中的产权制度一样重要，但是，理论讨论中如果舍掉了政治架构的具体内容，假设一定政治架构下的国家权力是始终确保追求国民经济利益的不断提高，这并不影响反而有利于理论讨论的简洁展开。在现实生活中，当然不排除在一定时期内肯定存在国家权力与追求国民经济利益提高发生矛盾的现象。如果存在短时间的矛盾，无非意味着会耽误改革的进程，但是相信最终仍会以国民经济利益提高为目标而改善国家权力。但是，如果此矛盾激化并长时间得不到解决，尽管本文下面要提出的渐进改革有效理论框架内容可以存在内在逻辑的一致性，但并不意味在该国的改革过程中得到实证，即只是表明该国的渐进改革最终是不成功的。

关于国家权力的理论，按照诺斯研究人类一万年经济史后归纳的国家理论解释，包括契约理论和掠夺与剥削理论。诺斯是倾向于以契约理论方法解释，产权是能够促进经济的有效增长，能够减少交易费用，以促进社会产出的最大化①。事实上，30年来中国经济渐进改革初步成功的故事也在不断证明：迄今为止的中国政治架构（为分析方便起见，也包括国家权力主导下的意识形态和非经济的法律制度），确实是推进了中国30年经济总产出举世瞩目的发展。30年中，中国在经济领域不断引入市场制度的同时，也在不断修订与完善有利于产出

① 道格拉斯·C. 诺斯著：《经济史上的结构和变革》，商务印书馆2007年版。

增长的政治、法律制度;目前中国国家权力机器倡导的意识形态,也是充分地意识到为适应经济体制改革需要不断推进民主政治体制的改革,并且在实践中也在不断地择机实施。因此,在讨论渐进改革有效理论框架时,设定上述假设,基本上能够体现理论逻辑与迄今为止中国 30 年历史事实的一致性。展望未来,如果由于假设条件的中断或者不具备而导致渐进改革进程的不彻底、最终的不成功,这并不意味着理论本身的非有效性。

有幸的是,迄今为止中国 30 年改革历史在不断证明,不仅上述的假设条件与历史事实是相吻的,而且重要的是,30 年改革中国民福利的明显改善,使得民众在中国必须进一步改革,包括政治改革,才能真正实现中华民族的全面复兴、国民利益才能全面提高这一认识上,已经取得了高度一致的共识。这进一步增强了上述假设的客观性和自我执行能力,进而进一步强化了制度变迁的内生性。这是中国渐进改革最终取得成功的根本保证,也是本文提出的渐进改革有效理论可能得以成立的最大支撑。当然,这同样进一步暗示,中国要不断推进渐进改革,确保中国奇迹的轨迹继续延伸,实现中华民族的真正复兴,还必须为适应经济体制的变化而不断推进民主政治的改革。否则,已取得伟大成绩的渐进的经济改革仍将会面临中途夭折的危险。

假设 2:渐进改革的市场导向始终是确定的,但是渐进改革具体的过程内容和顺序是不确定的。

中国共产党作为执政党,在引领 13 亿人口的大国启动这次大规模的持续的改革,就是想通过确立市场导向性的制度体系以全面提高国民的福利,就此目标而言,这是确定无疑的。尽管这确定无疑的目标并不意味与经济发展成功的美国、日本、德国等国的市场经济制度体系完全一样。中国共产党基于长期计划经济下"穷社会主义"的深刻认识,确定无疑的是相信市场机制能有效配置资源这一信念,而不是简单完全模仿美国、日德的市场经济体制。这一理念的确立,到底是基于 1949—1978 年执政近 30 年的深刻教训,还是一种理念、信仰追求的改变,在此的讨论并不重要。但是同时,改革从何开始?分几个阶段实施?每个阶段应包括哪些内容?多个经济领域的改革顺序如何排列？改革在何时宣布结束？一句话，改革具体如何展开，最初是不清楚的，这一切始终体现着不确定的原则。

改革过程内容的不确定假设，表面上看也许与决策者的认知能力相关，因为面临13亿人口大国的大规模变迁中经济及必然引致的政治、文化诸制度变迁的复杂性，同时又要担心不要因改革影响了一国的政治社会稳定。这反映了人的认知能力的局限和执政角度的某种担忧。其实，这种不确定假设，本身又是只要选择了渐进改革道路而不是休克疗法道路的必然，是与渐进改革过程的特质充分的相吻。因为整个改革过程中的可能的偶然因素导致的不同阶段、不同领域的局部改革，其结果必然会排列出多种的组合。因此，不确定原则与华盛顿共识的确定原则①正好相反。它又是客观上容忍了被“华盛顿共识”看来似乎是错误的改革顺序。

另外，不确定原则始终贯彻于渐进改革的每个阶段，是一种客观存在，而不是脱离改革实践的幻想假设。不将其包括在抽象渐进改革有效理论的概念范畴范围内，而予以假设形式存在，是有利于概念理论的演绎。例如，最为典型的是，几乎贯彻于长达30年改革过程中，关于计划经济与市场经济的争论与表述，是计划经济与市场经济相结合？还是计划经济为主、市场经济为辅？以及有中国特色的社会主义市场经济的表述，始终在争论（相信仍会延续下去）。但现在回头看，在执政者提倡“不争论”意识形态前提下，似乎又基本不影响产出的不断增长和国民福利总体水平的提高。当然，此时有人会说，恰恰是因为由于争论才推动了产出的不断增长等。对此，本人想回答的是，第一，这也正说明此假设不是幻想的，是客观存在的，反映了人的认知过程对经济与制度变迁的影响力。最初的争论是有意义的。第二，从30年改革史看，此类的争论不仅仅局限于计划与市场的争论，还可以举出很多很多的例子，譬如，股票姓“社”还是姓“资”、奖金物质刺激的是与非，等等。争论——实际上是决策前人们的认知过程——的结果，才体现在可被抽象概念解释的经济制度演化上。是争论的原因导致

① 华盛顿共识强调休克疗法带来的是确定的效率改进。

了制度演化的结果,而不是结果本身。在此讨论的重点是要讨论“结果”间演化的全部内容和特征,舍掉一系列复杂原因的讨论并不是否认原因的存在,只是为了“结果”讨论的简洁。因此将类似争论的不确定性设定为假设,只是为了集中讨论从经济制度变迁中的矛盾—演化层面,而不是从决策者的认知层面,去阐述渐进改革有效理论的内在逻辑。

以上是为了理论阐述的抽象需要,作出不确定的假设。其实在中国渐进改革史的背后,在“中国奇迹”的骄人数据背后,客观上也存在似同假设的非经济理论的影子,即邓小平“摸着石头过河”的著名表述。这一经典表述的实质,就是对不确定性假设最好的形象解释。要“过河”的目标是确定的,“如何”过河,“摸哪块石头”过河? 事先并不确定。但是这一指导性思想,又始终隐隐约约贯彻于中国的渐进改革史,成就了渐进改革奇迹的不断出现。

这里需要补充的是:本文提出的不确定性假设与新制度经济学家道格拉斯·诺斯指出的不确定性不同。诺斯提出的不确定性是从人类认知的局限性,从人类学习、人类意识、人的心智结构的高度,指出人类在参与经济变迁过程中形成的外部世界的不确定性,①是最为广义的不确定性。本文假设的不确定性,不排除渗透诺斯的思想方法,但是在此主要专指在探索由计划经济制度向市场经济制度演化这一

---

① 诺思教授关于不确定性的论述非常丰富与独到,殊不敢随意解释。为便于读者了解其思想,仅摘录几段:

“经济学家自己在这个主题上表现出了很大的模糊性,在很大程度上好像不确定性是一种不同寻常的状态,因而通常的不确定性状态能够保证建立优美的数学模型,二者恰是正统经济学家的特征。但是,不确定性并不是一种不同寻常的状态;它一直是形成整个历史和史前的人类组织的结构变化的潜在条件。

“社会科学还没有出现可以与物理科学中的定理相媲美的基本‘公理’。一个更为基本的原因是我们不断加以改造的世界的非多态历经的本质。

“随着时间的推移,知识会贬值。

“在一个不完美感知的世界里,不确定性是知识和制度的函数。

“我们所构建并试图去理解的这个世界是人类心智的建构物。”

“人类的建构是‘理性’信念和‘非理性’信念(迷信、宗教、神话、偏见)的混合体,它们共同影响人类作出的选择。”

个特定领域内的、短暂阶段上的、经济制度演化内容和顺序的不确定性。

本文提出的不确定假设，同样与热若尔·罗兰教授所讲的不确定性有差异。罗兰所讲的不确定性是相对于“华盛顿共识”强调的“休克疗法”、“大爆炸式”改革会必然带来产出增长、效率改进而言，指出转型改革是“结果的总体不确定性。即使照搬较好的模式，也可能出错”、“怀疑社会工程”①。本文所指不确定性，不是指渐进改革总体的结果不确定性（结果追求的方向如前所述，是确定无疑的），而是仅仅指“过程”的不确定性，包括改革每一阶段性的改革内容和顺序。由此可以推导出与罗兰教授的不同看法，即并不认同渐进改革本身是否有效，“一切取决于改革的顺序”等观点（详细分析见下文）。

五、粗浅认识：概念与演绎

理论，是在对现实世界中一系列繁杂现象抽象出若干概念的基础上进行的逻辑推论或者实证推论。因此，要建立渐进改革有效理论，同样首先要从中国经济改革30年中繁杂的、时而是倒退的、时而又是循环的繁杂的历史事实中，抽象出能概括上述大量现象的特征概念，才能由此展开不管是实证的还是理论的逻辑演绎。

目前，海内外不少经济学家已经对中国30年改革总结作出了相当大的努力，对渐进改革现象有着许许多多的概念抽象，譬如：双轨制、二元制、增量改革、体制外改革、计划权利交易、企业内在自身能力质疑等。但是，理论或者说理论规律是人们对经济现象的抽象，是人的感官直接感觉不到的。感官能感觉到的不是理论。例如，抛向空中的苹果、石头等任何物品都会自由落地，是眼睛能看到的，但是，各种物品都能自由落地背后反映的地球万有引力规律，是感官感觉不到的，是思维的产物，而不是感官的对象。又如，某村相对去年，今年西

① 见热若尔·罗兰著：《转型与经济学》，北京大学出版社中译本，第307、308页。

瓜产出减少 1000 公斤，市场购买量增加 500 公斤，因此价格就上涨，这是经济现象，背后反映的理论规律却是供需决定价格。同样，中国改革中突出的事例有，最初乡镇企业的崛起、价格的双轨制等，这些都是渐进改革中的制度现象，而不是促进渐进改革成功背后的制度变迁理论，因为理论要回答的是，价格双轨制度为什么以及如何变的，其结果为什么能促进渐进改革的成功？

所以，实事求是地说，如果要对上述经济学家抽象的大量概念进行评论，首先，要评估这些反映经济现象的特征概念，能不能全部囊括对改革过程中频频出现的，实体经济和虚拟经济中的大量繁杂现象的解释？也就是说，是不是真正体现了理论概念应具有的高度抽象特征？从系统论角度看渐进的改革，这些概念是不是同样反映了客观经济系统在渐进改革过程中应该存在的改革动力、信息反馈与决策改善三个重要环节的内在联系？对此，可以说仍存在可以进一步推敲的余地。其次，我们知道，一个理论体系，是包含若干个概念，应该存在若干概念间内在的可演绎的逻辑。既然研究过程理论，则要求概念能够体现改革从始点向终点演绎的全过程特点，即能不能反映“过程”改革中一概念向另一概念演绎中逻辑一致、必然收敛这一最显著的特点？如果由此看，可以说迄今涉及渐进改革过程理论的文献，提出的一些概念似乎又多少显示出是零星的、断裂的、不够完整的。某个概念确实在解释经济某一个领域、改革中某一侧面、某一阶段是成立的，但仍不能囊括改革全过程的内在逻辑。

所以，个人认为，如果试图建立渐进改革有效理论，对经济学家既是挑战又是几乎接近成功边缘的是，首先，要能抽象出一组能够解释整个改革过程现象的概念，即每个概念自身应能基本抽象反映改革的全过程，而不是短暂的、片断的。例如承包制能反映上世纪 80 年代的企业改革特征，却不能反映当今企业改革的全部内容。例如双轨制，即使在解释迄今为止的商品价格现象仍有空间，但在描述不断放开管制的资金价格上，已显示其解释力不足了(起码与商品价格比)。其次，运用这组基于大量经济现象抽象出的概念能作出哪怕是自圆其说的逻辑演绎，即能解释从计划经济的始点必然能过渡到市场经济的终点。而且，由于是研究渐进改革过程的有效理论，重点是过程，所以可以想象，这些概念应该肯定是有别于当代成熟经济学的常用概念。作者下文以大胆而且可能粗浅的探索，试图先提出若干概念，以概括中国30年奇迹背后渐进改革的全部现象，并展开理论的演绎。

非一致性。非一致性是指相对于马克思主义经济学和当代主流经济学体系的内在逻辑的严密一致性而言，渐进改革过程中的诸种经济制度之间，往往在理论逻辑上存在矛盾的、阶段性的非严密性。

就是说，如果我们不从价值判断的是与非出发，即不管是马克思的经济学由劳动价值论、剩余价值论推演至资本主义经济的困境及其破灭，还是当代主流经济学的产权理论、新古典价格理论，推演至一般均衡理论，两者都存在严密的逻辑体系。而贯彻于整个渐进改革过程中不同阶段的经济现象非一致性的制度特征，往往既是计划的，又是非计划的，既带有市场属性，又带有非市场属性。例如早期改革中的承包制，中期改革的股份制，当前改革中的资本市场与汇率制度等，往往表现为既是对计划经济制度的一种改革，却又带有非彻底市场化改革的特征。为什么会产生这一特征？其根本原因是由“渐进”、“过程”的特质本身所决定。因为只要一旦选择了渐进的而不是一次性“大爆炸式”的、局部的而不是整体的改革道路，此特征现象的出现就是必然的。因此，一国经济在打破了马克思经济学指导下的均衡但又尚未完全归属于另一当代经济学指导下的均衡之前，其经济制度难以简单为某一接近完美的理论逻辑体系所能解释。而进一步理解非一致性的特征，需要关注以下若干命题：

命题1:非一致性是渐进改革理论的首要特征和初始条件。在上述假设2的前提下，因为在改革最初和改革过程中的某一阶段，如何启动改革，并不是确定的。决策者往往是基于对市场经济最初的粗浅认识(学习过程)、从释放过去计划经济下长期被压抑的人的积极性以增加产出出发，又基于转轨中可能产生大量问题的担忧、政治社会基本稳定的考虑，进行经济博弈(尽管主观上并非刻意在运用博弈理论)并寻找能解决当期问题的制度突破。即由于往往是选择了一个或若干突破口而不是全部，即选择了部分制度改革，而不是全部制度的改革,打破了原有的均衡,自然产生了非一致性特征。而这一特征本身又酝酿了下文所说的纠错性特征以及渐进改革可能产生的全部矛盾,所以非一致性是渐进改革的首要特征。这一状况,似乎在中国改革30年中,在企业、金融、贸易、财税、价格等任何领域都可以举出许多生动的例子。同时,说非一致性又是渐进改革的初始条件,是因为从纯经济制度的本质特征而言,形成非一致性特征前的中国经济就是计划经济,如果由此再去讨论初始条件到底是什么,就"过程理论"边界起点而言,即如同讨论非一致性前的计划经济的初始条件是什么?是没有任何意义的。

命题2:非一致性带有一定的偶然性。尽管非一致性是贯彻改革全过程的特征。但是,当决策者基于一国政治、文化和经济状况自身条件等各种因素,在改革最初阶段或改革过程中非一致性矛盾充分体现的某一阶段,在经济体系的相关领域选择何种改革措施时,往往是在平衡社会稳定、经济产出关系之后,选择对社会震动最小、短期产出最大的经济制度矛盾焦点进行改革,加上均衡博弈中决策者的认知局限,最终选择的改革措施完全可能是不一样的。不仅是在中国,即使在采取渐进改革道路的其他国家也是如此(遗憾的是社会发展无法实验与重复),这是带有一定的偶然性。因此,不管是何种不同的措施,由于是渐进、局部的改革,加上是特定的动态的各种因素博弈的结果,非一致性必然带有一定的偶然性。其现实意义是,决策者最初选择何种改革方案并不至关重要,因为从本文理论体系的概念演绎角度看,毕竟选择的任何改革措施都可以容忍非一致性的存在,意味着都可以归入渐进改革的首要特征和初始条件。由此,进一步从改革实际分析,判断渐进改革的成效大小和能否成功,理论上可以存在一个先后的顺序,但是实际经济变迁中偶然的带有非一致性的非最优制度选择并不可怕,也是客观的存在,因为按照本文的理论逻辑,其又是暂时的、过渡性的,最终仍会收敛的。

命题3:非一致性特征不仅贯穿于渐进改革的全过程,同样也体现在渐进改革过程中的方方面面。它既可表现在企业改革、价格改革、金融财政改革、会计制度改革等领域之间制度的非一致性,也可表现为企业改革、价格改革、金融财政改革、会计制度改革等领域自身内部各项制度间的非一致性。而且在不同的改革阶段，非一致性的程度又是不同的。但是随着改革深入，非一致性是逐渐趋于一致的。

命题 4：非一致性恰恰是渐进改革的持续动力源。相对于过去的计划体系，部分市场导向制度的演进尽管重视与激发了个人出于物质追求的生产积极性和分散决策的能动性，可以表现为总体产出的阶段性增长。但是与此同时，因为是部分制度的演进，同时意味部分制度的原封不动，结果必然表现为总体制度体系内显现矛盾、冲突特性，表现为总体产出相对的低效率和经济的内在不稳定，例如改革初期经济制度间的较高程度不衔接而导致的高通货膨胀。但是，在假设 1 的条件下，决定了必须进行进一步的制度变迁，才能克服总体制度体系的矛盾与宏观经济的不稳定，由此又推动了改革。因此可以说，不断改革的动力种子本身已深埋在非一致性中，是内生的。

命题 5：非一致性并不影响总产出的增长。只要总体制度体系的矛盾、冲突的负面影响小于部分制度演进后累积的正面效应，总产出仍能延续阶段性的增长。

命题 6：非一致性意味着宏观经济运行隐藏着不稳定的风险因素。由于在渐进改革过程中始终存在程度不同的制度性矛盾，表现在实际经济运行过程中，必然存在宏观经济均衡上不稳定的潜在危险。可以说这也同时始终贯彻于中国奇迹 30 年的历史中。也正因为如此，在经济总产出上中国可以表现为全球的最优，但在以“华盛顿共识”为代表的西方理论逻辑解释上，中国的改革往往表现为非最优的，或者甚至不及格的、解释不通的。

“摸着石头过河”，既是渐进改革不确定性假设的最形象的表述，严格说，又是渐进改革策略的指导思想，或者说是一种改革方式，是一种方法论。而非一致性恰恰是这种渐进改革策略、方式下的必然结果。例如说增量改革、双轨制、非彻底产权改革的承包制以及股市上 A+B 股、股票非全流通等制度现象，都是上述“石头论”的体现与表象。在理论特征上都可以归属于非一致性。

纠错性。纠错性是指不断地对渐进改革过程中经济制度之间显现的矛盾及其表现的总体经济运行不稳定状态的解决与矫正。

渐进改革中纠错性特征产生的原因,就本质而言,不完全取决于改革决策者的认知能力(当然不否定某一时段上改革决策者的认知能力出现明显的错误而导致纠错的需要),而是渐进改革自身内生的,是由上述第一特征所决定的。由于渐进改革是制度的部分演进而不是整体经济制度的同时改革,存在着非一致性,所以必然引起改革中整体制度内多项制度间的摩擦、矛盾,从而引起总体经济运行的不稳定,这就决定了由一国改革中政治、社会稳定所要求的,经济要稳定发展,必须进行及时的纠错。其实,中国渐进改革中各项试点及特区的设立,是最好理解纠错特征的案例,因为没有把握,怕犯错误,就需要先搞试点。

而且,中国 30 年改革过程在不断表明,纠错的直接动因,绝不是因为改革的措施与“近乎理想”的当代经济学优美逻辑发生矛盾时需要纠错,往往是为了解决当时经济运行中的稳定与产出的矛盾,迫不得已进行纠错。由于是由上述的直接动因决定了纠错时具体的市场制度的选择,其结果必然不存在按“华盛顿共识”看来是唯一最优的改革内容和顺序。往往是经济制度中发生什么问题,就解决什么问题。当时什么问题急迫,就先解决急迫的问题。因此,鉴于假设 2 的存在,纠错的结果是,往往又会产生新的阶段上的非一致性,即又埋藏了进一步纠错的内在需求。因此,从表象看,纠错的结果本身与成熟市场制度体系比,似乎可能又是扭曲的。然而,因为纠错是间断性的连续过程,某一时点上尽管没有一步到位,但是从整个改革过程看,在制度体系的市场导向属性方面,纠错的需求和频率却逐步趋于减少。从总体趋势看,不断纠错的结果,整个制度体系中的市场属性成分在不断地增多。所以,纠错特征是内生的,同时纠错本身又确实推动了改革的进程。

由于整个改革过程存在纠错性特征,今天再回顾 30 年的过程,必然产生以下的结论,就不会感到令人奇怪:

从改革的市场导向看,30 年的改革进程往往是走走停停,反反复复。因为具体在纠错的某一时点上,当宏观经济运行出现不稳定,过去实施的部分改革性措施可能暂时停止实行，恢复原有的制度措施；或者是新的制度改革措施暂时搁浅，不敢及时推出；或者以暂时的补充政策制度扭曲了正在执行的市场制度。

纠错的过程中在多大程度上掺有非最终市场导向性改革意愿所指向的制度与政策，这是基于假设2，以及与先期部分制度改革中，带有偶然性的制度间衔接的复杂程度及其决策人的认知能力有关。因为在这过程中，不能排除在每个改革阶段上，面临的最初引入的部分市场制度，往往是始于个别了解西学的知识分子引入的当代经济学理论中最抽象意义上的个别制度(即照搬西方发达国家部分制度)，或者是误解了复杂的市场经济体系，仅仅从产权、价格市场化入手，忽略了应同时引入配合关键性市场制度所必需的其他社会要素、中介因素等制度，导致了改革结果出现事与愿违或总体经济的不稳定，事后不得不采取暂时的"矫枉过正"的临时行政措施，或者以推出新的制度措施予以补充纠正。

纠错特征所呈现的另一重要现象，是为海外人士所经常批评的中国法制的不健全现象。其实这是误解。在过去的30年中，中国各级政府、各个部门在探索市场制度体系中，并不是没有追求法律层面的制度规定，而是可以说曾制定过成千上万、几十万种法律、法规、规章、暂行条例和暂行规定(在此方面国人没有人能精确统计清楚，海外人士更是几乎不甚了解)。无非在追求法制经济过程中，不断地废止原规定，推出新规定，不断地进行修订包括法律层面的约束制度。新旧制度无数的交替，如此的频繁程度，就是在法制健全的成熟市场经济中也是难以理解与碰到的。

纠错的具体时点选择，往往取决于前阶段部分改革的制度体系扭曲程度的集中暴露时间、暴露程度和决策人的认知能力、决策机制。此种现象在30年中可以举出大量的事例。正是这种状况，又放大了渐进改革中纠错内生特征所引起的改革"走走停停"、"反反复复"的现象。

收敛性。是指由一致性和纠错性特征所决定，渐进改革过程中的经济制度总和是不断地收敛于成熟的市场经济制度体系。

由于渐进改革过程中某一时点上总体经济制度体系中各项制度

的非逻辑一致性,导致迫于经济总产出增长和社会稳定的压力,即纠错是内生的,必然产生纠错的需要。而纠错的过程中不管出现何种曲折,存在何种程度的不确定,但由于方向始终是明确的(假设 2),就是要不间断地以体现资源配置效应最大化原则的、新的也许仍是局部的市场制度替代原有的计划制度,其制度不断更替的累积,整个经济制度体系必然会逐渐收敛于体现社会资源配置效应最大化的市场制度体系。因此,这一特征,是上述假设与两个特征下的逻辑必然。

目前,中国渐进改革到了 2008 年,仍处于收敛尚未达到终点的过程之中。但是从 30 年过程现象可以充分证明:第一,收敛是一个连续不断地对非市场制度纠错的过程。那是因为纠错不是一次结束,而是表现为一个在时间维度上连续的间断的点,是不断纠错的集。第二,在纠错、收敛过程中,不排除在某一时段上非市场制度因素成分时而会放大(实际经济现象中似乎表现为改革的倒退),但总的趋势是不断趋于市场制度体系。例如图中表现为 A 点体现的阴影部分比 B 点体现的阴影部分要大。也就是说,在收敛于市场制度体系前,实际运行中可能存在个别制度在相对某一时点前是不充分地体现市场因素,但从较长的时间历程看,个别制度的加总仍是体现收敛于市场制度体系,即纠错的方向是收敛的。第三,总体经济中各个领域的制度收敛速度可能是不一样的,具体表现为总体制度体系中局部制度之间的改革次序、速度的不一样,但由于上述纠错过程是间断的连续,因此最终仍会表现为总体的收敛性。第四,部分制度的收敛结果,不断暴露渐进改革中的新的非一致性,从而推动了新的纠错过程的产生,这是不断累积的制度变迁的动力,增强了总和收敛的势能。最后,与当代经济学的关系而言,在最终收敛时点上,制度变量间的因果关系,可以为当代经济学静态式的充分描述,理论解释的可信度基本确立。但是在此之前,阶段性的收敛点,从总体上说,C 点比 D 点往往体现更多的非一致性特征和纠错的内生性。如果此时运用当代经济学进行理论解释,往往需要增设更多的假设条件。与此同时,从 B 点(以及更多的 B 点)出发,开始了新的改革阶段,开始了趋于 A 点(以及更多的 A 点)的新的收敛循环过程。正是由于上述的收敛特征,决定了整个渐进改革的过程是阶段性递进的、反复的和有效的。

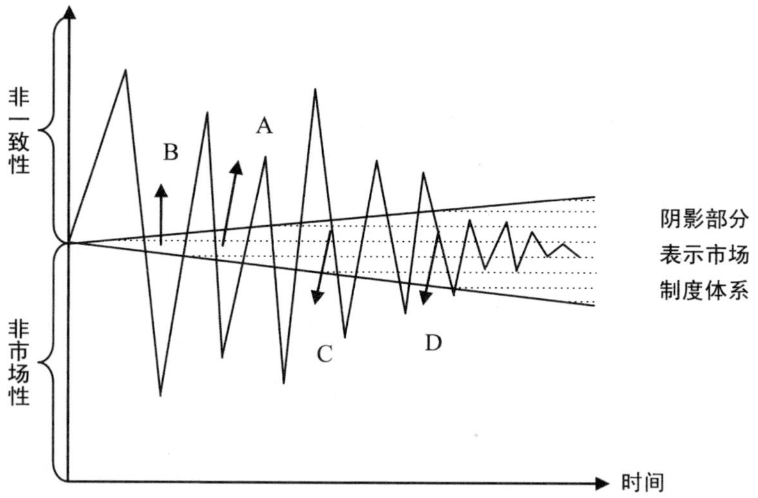

图1　渐进改革收敛图

当然，收敛是有条件的。从本文阐述的过程理论看，不确定假设下的渐进改革必然内生非一致性特征；非一致性产生新的改革动力；在改革进程中必然表现为在时间维度上间断性的内生纠错，不管在纠错过程中会否出现暂时扭曲性的纠错，从总体结果趋势看，仍是逐渐收敛于市场制度体系总和。因此，从理论上可以说，只要改革一经启动，就容易走上不归之路。问题的关键是，改革能否持续下去，最终能否成功，不仅仅取决于经济制度演化的内在动力，同样需要有政治的推动。因此，收敛必须有假设1条件的存在，要有国家权力不断推动的保障。当然这里不展开关于国家权力内容本身是个动态发展过程的讨论，即随着市场经济制度的变迁和市场因素的增多，必然反过来会对国家权力内容发生冲击与改善，使得假设1条件因素的内部具体构成发生变化，使得目标市场制度体系变迁中的内生性和自我执行能力在不断放大，最终使得改革出现良性循环。但是，不排除在渐进过程中，如果由于多方面的，或者是强烈的因素所致，缺失了假设1的条件,不排除在一定时点上尽管已经历经不间断纠错的累积,整个经济制度体系最终仍不会收敛于市场制度体系,意味着最终改革的失效。

六、需要进一步回答的三个问题

(一)理论演绎与实证论证的关系

汇总上述两个假设和三大特征性理论概念及其演绎,应该可以说基本可以抽象反映整个渐进改革可能呈现的全部经济现象,基本可以反映渐进改革是一个不间断递进而且收敛的过程,从而是有效的过程。也基于以上可以推论:在其他任何国家,其渐进改革只要存在和遵循此两个假设和三大特征内容,其改革也应该是成功的。但是,因论文篇幅关系,上述的讨论还仅仅局限于理论概念的演绎,需要详细的实证演绎,包括可能的数量建模,以具更好的说服力。

中国 30 年的改革过程是极其丰富的。抽象的理论为实证演绎和数量建模提供了基础。当然详细丰富的实证演绎和精确的数量模型,能进一步佐证理论的确定,使得国人与海外人士能够更深入了解占全球人口近四分之一的中国近 30 年的奇迹,绝非人类经济史中的偶然片段,绝非一切都是歪打正着,而是背后存在必然的理论逻辑。本文目的之一,就是希望有更多的人士参与渐进改革有效理论的创建研究中,特别是进一步丰富实证的演绎和数量建模。

(二)理论与经验的关系

抽象理论的讨论不同于经验、启示的讨论。理论具有一般性,可以不分国别,它是事物现象的本质抽象,具有推广价值。经验是人们不断趋近于理论本质的政策制度的主观选择行为。不同国别情况不同,基于理论,自然会有一般的经验与特殊经验之区别。这里结合中国奇迹 30 年的实践,也试图对中国渐进改革成功经验以初步的、概略性总结,从另一意义上以区别理论与经验的差别。

1. 强有力的领导保证。[①] 假设1本身是极其重要的经验。假设1表明，要取得渐进改革的成功，决策者的气魄、战略思维、务实态度至关重要。在中国，迄今为止30年渐进改革中共产党执政的正确，以及改革之初邓小平的第一推动作用、伟人在历史上的地位与作用，需要认真地评估。

2.“摸着石头过河”是体现了人类认知的科学真理，是推进渐进改革最有效的指导原则。假设2的客观存在表明，面对巨大繁杂且长时间持续的改革工程，改革知识的缺乏是必然的，但并不可怕，关键是要有正确的认知。不教条主义，不迷信抽象成熟市场经济成熟制度后的静态的书本知识。特区试点是个极其丰富的案例。

3. 渐进改革中改革内容和顺序的具体选择要从实际出发，切忌从书本出发。不管是改革的最初时期还是改革中又一新阶段的开始，选择什么内容、遵循什么顺序进行改革，最优的方案绝对不是从最优经济理论体系中的逻辑起点(如产权)开始，绝对不是从“华盛顿共识”教条揭示的最优顺序开始，而是以提高国民福利待遇为目标，从平衡改革、发展、稳定三者间关系出发，寻找最容易解决、社会震动最小的现有制度矛盾焦点，同时瞄准市场化方向来选择改革措施。如中国最早期的农村改革、外贸外资政策的开放和面向居民消费品生产企业融资激励政策的首先实施，都是如此。这是上述第二条经验在具体改革政策选择中的延伸。

4. 渐进的改革要正确处理好市场与政府干预的关系。务实的渐进改革特征决定了，市场化改革不可能一步到位，同时市场存在失灵。因此，为了保障改革过程中的宏观平衡，不必在乎世人议论市场与非市场的混合弊端、改革的不彻底性。重要的是要鼓励区别于“华盛顿共识”的各国制度渐进式的创新。“双轨制”、“增量改革”、“政府干

① 由2001年诺贝尔经济学获得者迈克尔·斯彭斯(Michael Spence)和罗伯特·索洛教授(Robert Solow)参与2006年4月成立的世界“增长和发展委员会”，历经两年工作，对全球二战后13个经济体连续25年保持年均7%的经验研究，概括普遍存在的五条经验是：高效政府、市场机制、参与全球经济、高储蓄率和教育、医疗和住房等基本服务。

预”、“部分行政管制”等制度安排,恰恰是中国渐进改革某一阶段上最优的策略选择和“亮点”。

5. 要正视改革中必然产生的谬误与倒退。这是纠错性特征所决定的,是渐进改革过程中的必然,是副产品,不必大惊小怪。关键是要坚定不移地以改革的态度,市场化的思维,不失时机地解决改革中的问题;以全球化的视野、开放的态度在参与全球化过程中实施改革。

6. 取得改革、发展、稳定三者间的均衡博弈,是渐进改革操作艺术的灵魂,是中国渐进改革的主旋律。改革为了发展,是手段;发展是第一要务,是目的。只有经济的不断发展,才有实力解决渐进改革所必然带来的负面问题,才能保障社会的稳定,才能引导更多的人拥护改革,推进改革。改革又必须兼顾宏观的总体稳定和社会的稳定,稳定是基础,是保障,社会不稳定,改革将难以深入,最终将影响到发展这一根本目的。

7. 经济学的基本问题是解决公平与效率的关系。效率有动态效率与静态效率。渐进改革相对于“休克疗法”,从表象上更容易产生利益主体分配的不公平。[①] 因此,阶段性地不断调整利益分配以及人均 GDP 达到一定水平后及时解决居民教育、医疗、住房和社会保障等问题,是渐进改革持续性的源泉和保证。

8. 大国改革(人口或资源大国)不同于小国改革。大国改革一旦启动且经济实力明显提高后,将影响世界经济格局,包括产业格局、产品格局、进出口格局以及由此带来的投资格局和货币格局,引起世界多方面的摩擦与冲突,从而反过来又影响大国自身改革与发展策略的选择。因此,为了确保改革的持续性,在进一步的改革步骤、政策措施选择上,既要确保连续性改革中的自身利益,又要兼顾国际经济秩序相对稳定中的他国利益。为此,在保持全球经济秩序相对稳定的过程中,必须寻找有利于自身持续发展利益的新的改革着力点上的均衡。

---

① 在“华盛顿共识”看来,局部改革即渐进改革会给特定集团带来寻租机会,滋生腐败。

(三)渐进改革有效理论与当代经济学的关系

当代经济学中新古典理论是对成熟市场经济制度下经济现象间因果变量的理论抽象。渐进改革有效理论要解决的是,对完全收敛于成熟市场经济制度之前的经济制度变迁过程的理论抽象。制度不同于现象。经济制度决定经济现象,不同的经济制度决定了不同的经济现象。前者专注解释静态下成熟市场经济现象之间的因果关系。后者专注解释计划制度"为何"、"如何"演化为市场经济制度的制度变迁的因果关系。可见理论研究的对象与着眼点并不完全相同。由于渐进改革本身又意味着在持续不断地引入市场制度,在表现为改革的一定时点上,经济制度体系总和往往是混杂的,因此如前面所述,当需要解释渐进改革过程中的经济现象间因果关系时,在对新古典理论的假设条件或部分内容作出调整后,仍可以对改革中"非稳态"过程状态作出合理的"补充性解释",而且不排除有些解释是有逻辑分析力的。特别是当一国经济制度体系中市场经济制度成分日益增大的时候。

相反也应该看到,抽象转轨经济与渐进改革经济现象的一些经济概念,同样又在不断丰富新古典理论。这些概念未必仅是渐进改革制度变迁现象的精确抽象,对解释一般市场经济下的经济现象间因果关系仍是有力的。例如柯尔奈(1980年)提出的软预算约束概念,从银行救援问题(美国上世纪80年代储贷危机、瑞典90年代早期的银行危机)到东南亚危机,这类研究对更好地理解存在软预算约束的资本主义体系也是有贡献的,其解释力已远远超出转轨国家和渐进改革的范围。上述正反两方面的事例,在全球许多转轨国家研究中可以举出很多。

当代经济学中的新制度经济学及其结合认知科学、心理学和博弈论的前沿研究框架,对于专注研究动态制度变迁过程的渐进改革有效理论而言,无疑在分析框架上,是丰富的宝藏。尽管本文在阐述渐进改革有效理论时,把政治制度因素作为前提引入假设条件,在阐述三个理论特征时没有从认知科学、心理学和博弈论理论展开对决策者认知的详细分析,但并不是否定与排斥这一系列因素的客观存在。应当承认在这方面,中国 30 年的改革实践,同样可以举出许许多多的事例。本文没有展开分析,只是因为专注于经济制度自身变迁特征与内容的分析需要。

但是,新制度经济学及其前沿研究成果,毕竟是以人类经济变迁和制度变迁为对象,是从最为广义的、更为抽象的、全视角因素进行研究,试图通过构建综合的社会科学以解释经济的变迁。其重点不在于封建制度向资本主义制度、向社会主义制度如何过渡转化的过程,也不在于计划经济制度又如何向市场经济制度过渡转化的特殊过程。而本论文阐述的渐进改革理论恰恰是基于新制度经济学的分析框架,探索上述的"特殊过程"理论。由于研究的着眼点不同,自然在分析的框架和运用的概念范畴上会有所差异。

当然,仍然不能排除渐进改革有效理论的研究,同样有助于丰富新制度经济学理论。例如,强调市场和价格理论转向合同理论、重视社会和政治环境因素,可以激发对市场经济体系中不同制度互补性的重新认识。以非一致性、纠错性和收敛性为特征的渐进改革理论同样可以丰富制度变迁理论的动态性研究。

作为结论,毫不回避地说,如果能够对中国渐进改革 30 年伟大奇迹案例构建出理论逻辑框架,肯定有助于丰富当代经济学。本文仅仅是作出初步的探索。

附录

上卷导读

多视角看人民币汇率问题 （2003 年 11 月 16 日）
借您一副眼镜看中国的货币政策 （2005 年 8 月 5 日）
国际货币体系失衡下的中国汇率政策 （2005 年 11 月底）
解决全球经济失衡：美国应负起大国责任 （2006 年 2 月 10 日）
放慢股票境外上市的节奏 （2006 年 2 月 17 日）
警惕货币供应偏多　规范非银行融资体系 （2006 年 4 月 3 日）
中国外汇储备最优规模应为 7000 亿美元 （2006 年 4 月 11 日）
新形势下金融开放政策应实现八方面调整 （2006 年 5 月 22 日）
关键在决策 （2006 年 8 月 3 日）
新时期中国的开放政策应进行策略性调整 （2006 年 8 月 4 日）
“第一届中国金融市场分析年会”演讲实录 （2006 年 8 月 12 日）
抓住机遇　用好外汇　加快推进我国和谐社会的建设 （2006 年 8 月）
天津金融改革不能简单复制深沪 （2006 年 9 月 10 日）
主要经济体都要调整结构 （2006 年 10 月 6 日）
小步改革外汇储备管理体制时机已成熟 （2006 年 10 月 30 日）

要善于在世界经济矛盾中寻求不断发展　(2006 年 12 月 3 日)
从汇金到汇投:国家外汇储备操盘哲学四问　(2007 年 3 月 11 日)
中国金融开放应坚持“以我为主”战略　(2007 年 4 月 5 日)
“金融弱国”的应有思维　(2007 年 4 月 15 日)
中国资本市场的“短腿”:私募股权基金　(2007 年 6 月 6 日)
关于当前汇率调整的策略思考　(2007 年 6 月 27 日)
论经济失衡:以政策组合拳遏制中国宏观经济“三过”
(2007 年 8 月 13 日)
关于房地产调控的若干意见　(2007 年 9 月 21 日)
谨防货币政策受困于经济结构调整　(2007 年 11 月 22 日)
密切关注不确定性 相机抉择从紧政策　(2007 年 12 月 25 日)
关于 PE 市场的四点意见　(2008 年 1 月 19 日)
近 37 年全球国际储备快速增长意味什么?　(2008 年 5 月 6 日)
关于宏观形势若干问题的主要看法　(2008 年 6 月 23 日)
压物价不应是宏观经济政策的首要目标　(2008 年 7 月 5 日)
全球通胀下的中国五策　(2008 年 7 月 15 日)
全球化背景下的物价上涨和中国对策　(2008 年 7 月 15 日)
美国金融危机的历程、影响及我国的应对策略　(2008 年 9 月 24 日)
我们应注意观察进军风险　(2008 年 10 月 6 日)
对美救市措施的评估及我国应取的策略　(2008 年 10 月 9 日)
不要对世界金融峰会抱有太大希望　(2008 年 10 月 30 日)
中国应寻求石油交易中的货币多元化　(2008 年 11 月 3 日)
关于在 G20 金融峰会上我国利益诉求的建议　(2008 年 11 月 5 日)
尽快启动海外贷款策略,追求国家的长短期利益
(2008 年 11 月 7 日)
会见美国前副财长亚当斯先生的谈话　(2008 年 11 月 12 日)
在“世界知识论坛”上的演讲　(2008 年 11 月 15 日)
关于解决中小企业融资难的 12 条建议　(2008 年 11 月 20 日)
全球经济衰退下的中国两大历史机遇　(2008 年 11 月 21 日)
从全球通胀到美国金融危机　(2008 年 11 月底)

会见美联储理事沃什时的谈话　（2008 年 12 月 3 日）

如何总结美国金融危机教训？　（2008 年 12 月 26 日）

全球化趋势和中国科学发展　（2009 年 2 月 16 日）

对当前宏观经济形势的评估　（2009 年 2 月 28 日）

短期就业至上　中长期消费为纲　（2009 年 3 月 9 日）

是“百年一遇”还是“史无前例”的危机？　（2009 年 3 月 21 日）

现在正是用外汇储备买技术的好机会　（2009 年 3 月 23 日）

G20 后的中国路线图　（2009 年 4 月 11 日）

消费为纲：中国应对危机的首要对策　（2009 年 6 月 7 日）

2009 年 7 月初的一次发言　（2009 年 7 月 7 日）

如何实现消费为纲？　（2009 年 7 月 14 日）

下半年应发出稳定货币的信号　（2009 年 7 月 15 日）

关于我国金融中心建设的若干看法　（2009 年 7 月 23 日）

夏斌：中国生产的酒　中国人要自己喝　（2009 年 8 月 2 日）

中国经济：复苏中的结构问题　（2009 年 8 月 10 日）

中国房地产市场应以消费品为发展导向　（2009 年 8 月 17 日）